Das
Preußische Vormundschaftsrecht

mit Einschluß

der

bezüglichen Vorschriften aus dem Familienrechte.

Dargestellt und erläutert

von

Arndts und Leonhard,

Kreisrichtern.

Berlin, 1862.

Verlag von J. Guttentag.

Vorwort.

Das Gebiet der Preußischen Vormundschaft ist, verglichen mit anderen Rechtsmaterien, bisher nur wenig bearbeitet worden. Abgerechnet die demselben gewidmeten Abschnitte in Lehrbüchern des Privatrechts und einzelne Abhandlungen in juristischen Zeitschriften, sind darüber entweder nur solche Werke erschienen, welche, allein für den Gebrauch des Praktikers bestimmt, eine an sich verdiensliche übersichtliche Zusammenstellung der geltenden Gesetze, Verordnungen und Rechtssprüche enthalten, oder solche, die andrerseits, ohne auf die einzelnen Vorschriften einzugehen, die Principien, namentlich in Rücksicht auf das immer wieder angeregte Bedürfniß einer Reform der ganzen Materie, prüfen und erörtern. Dagegen fehlt es an einem Buch, welches ausgehend von dem Grundgedanken der Verfasser des Allgemeinen Landrechts, nach welchem die Bevormundung eine Pflicht des Staates ist, die dadurch gegebene wesentlich administrative Seite des Instituts zugleich mit der rein rechtlichen, beide aus einander haltend, in systematischer Ordnung darstellt, hierbei, was zur Vollständigkeit unerläßlich scheint, die auf die Vormundschaft sich beziehenden Vorschriften aus anderen Rechtsgebieten, insbesondere das seinem Wesen nach dazu gehörige Verhältniß der Obervormundschaft gegenüber den Kindern in väterlicher Gewalt, in den Kreis seiner Betrachtung zieht und die speciellen Bestimmungen aus den Materialien, den vorhandenen Rescripten und Vorentscheidungen und dem Gerichtsgebrauch in gedrängter Kürze erläutert. Eine dahin zielende Arbeit aber — so sagten wir uns — müßte, auch wenn sie in vielen Stücken nur ein Versuch bliebe, nicht nur einem Bedürfniß des Praktikers abhelfen, welcher oft nur mit Mühe aus dem zerstreuten Material die geltende Regel für den gerade vorliegenden Fall entnehmen kann, sondern auch — als eine systematische, auf den Materialien ruhende Uebersicht des positiven Rechts — demjenigen ein willkommenes Hilfsmittel gewähren, welcher zur Mitwirkung bei der hoffentlich nicht mehr allzu fernen Reform unseres Vormundschaftsrechtes berufen ist. — Mit Rücksicht hierauf geschah es, daß die Unterzeichneten bei ihrem gemeinschaftlichen Studium des Vormundschaftsrechts den Entschluß faßten, ihre ursprünglich nur zum eigenen Gebrauch bestimmten Notizen durchzusehen, auszuarbeiten und zu veröffentlichen. Auf diesem Wege ist das nachfolgende Werkchen entstanden, und es erklärt sich zugleich hieraus, daß wir zwei dabei thätig gewesen sind. Die Einheit der Darstellung hat, wie wir hoffen, dadurch nicht gelitten. Wir sind wenigstens bestrebt gewesen, diesem Mangel durch sorgfältige Systematisirung des Stoffes, durch mündliche Verständigung über die leitenden Punkte, endlich durch wiederholte gemeinschaftliche Durchsicht der Handschriften vorzubeugen.

Ratibor, im Oktober 1861.

Die Verfasser.

I. Einleitung.

A. Geschichtliche Entwickelung.

§. 1. a. Allgemeiner Grund und Ursprung der Vormundschaft.

Unter Vormundschaft im Allgemeinen wird dasjenige Verhältniß verstanden, mittelst dessen Personen, die aus natürlichen oder rechtlichen Ursachen unfähig sind, ihre eigenen Angelegenheiten oder auch nur gewisse Geschäfte zu besorgen, zu diesem Zwecke unter öffentlicher Autorität Vertreter oder Beistände gegeben sind.

Das Bedürfniß eines solchen gesetzlich gegründeten Schutzverhältnisses ist mit jeder staatlichen Vereinigung von selbst vorhanden; denn die Ordnung einer solchen läßt es nicht zu, daß die dazu gehörigen hilfsbedürftigen Mitglieder allein auf den zweifelhaften Beistand angewiesen bleiben, welchen sie von der natürlichen Liebe ihrer Mitmenschen erwarten können. Daher findet sich ein Vormundschafts-Verhältniß bereits bei den ältesten Völkern, — freilich in einer so großen Verschiedenartigkeit der Formen, wie sie durch die Verschiedenheit der übrigen bürgerlichen Einrichtungen bedingt ist. Als eine durchgehende Uebereinstimmung läßt sich nur die allerdings nahe liegende Rücksicht erkennen, den schutzbedürftigen Personen zunächst in der engeren Familien-Verbindung, der sie angehören, den erforderlichen Schutz zu bereiten und die Mitwirkung des Gemeinwesens nur als eine subsidiäre gelten zu lassen.

§. 2. b. Auffassung des Römischen Rechts.

So ordnet das ältere Römische Recht die gesetzliche Vormundschaft den Rechten und Pflichten des pater familias unter und läßt sie nach dessen Tode, Mangels einer letztwilligen Verfügung, nach den Regeln der (zuerst nur agnatischen) gesetzlichen Erbfolge auf die nächsten Anverwandten übergehen. 1) Hieraus hat sich bei der immer entschiedener hervortretenden lästigen Seite des Verhältnisses die Auffassung gebildet, daß die Führung der Vormundschaft ein onus sei, welchem das commodum successionis entspreche, und daß die erstere demnach die Erlangung des letzteren be-

1) Rudorff: das Recht der Vormundschaft rc. Berlin 1832, Bd. I. §§. 1 u. 27.

dinge. Dieser Grundsatz ist, bis auf unbedeutende, erst später vertilgte Ueberreste, bereits von den Juristen zur Zeit der wissenschaftlichen Blüthe des Römischen Rechts verworfen worden. Sie erkannten dagegen den Vortheil des Schützlings als die allein maßgebende Rücksicht an und gaben der Vormundschaft den Charakter eines an bestimmte Fähigkeiten des Uebernehmers geknüpften, weder vererblichen, noch übertragbaren Amtes, das in objectiver Hinsicht, d. h. sofern es in der Verwaltung von Privat-Angelegenheiten beruhte, ein munus privatum, aber in subjectiver Hinsicht, sofern es durch ein imperium des magistratus jedem fähigen Bürger, allenfalls durch Zwang, aufgetragen werden konnte, ein munus publicum oder civile war. 2)

§. 3. c. Auffassung des Deutschen Rechts.

Auch nach Deutscher Rechtssitte war die Vormundschaft zuerst eine reine Familiensache, obwohl sie sich hier durch das eigenthümliche Volksleben der germanischen Stämme wesentlich anders gestaltete. Die alten deutschen Völker lebten in einzelnen Gemeinden neben einander, von denen mehrere wieder zu einem Gemeinwesen verbunden waren, eine Landesversammlung oder auch ein einzelnes Oberhaupt an der Spitze. 3) Bei dem unter den Gemeindegliedern allgemein geltenden Rechte der gewaltsamen Selbsthilfe gegen Verletzung der Person oder des Besitzes (Fehderecht), welches nur gemildert wurde durch die allmählich entstandene Sitte, nach der es dem Verletzten freistand, die Beilegung des Streites und Erlegung der Strafe Seitens des Beschädigers (compositio) vor Gericht klagend nachzusuchen, und bei der gebräuchlichen Einrichtung der Eideshelfer, durch welche die Partheien vor Gericht ihre Behauptungen bekräftigten, entstand naturgemäß ein inniges Schutzbündniß unter den Gliedern einer Familie, die für einander im Kampfe, wie vor Gericht, eintraten und Streitigkeiten, die sie mit einander hatten, unter Vermeidung der Selbsthilfe und der Klage vor Gericht durch den Familienrath schlichten ließen. Diejenigen — freien 4) — Personen nun, die (aus physischen oder rechtlichen 5) Gründen) wehrlos waren, d. h. unfähig, Waffen zu führen, und dadurch auch unfähig, vor Gericht aufzutreten, 6) bedurften vornehmlich eines Beistandes, welcher ihnen von der ganzen Familie durch ein dazu auserwähltes wehrhaftes Mitglied derselben gewährt wurde. Dieses Mitglied heißt „der Vormund", und seine aus dem allgemeinen Familienschutze entspringende Vertretung „Vormundschaft", unter deren Begriff daher auch das mundium des Ehemanns über seine Frau, wie das des Vaters über seine Kinder, fällt. 7) Da sonach die Vormundschaft in der Familienverbindung beruhte, und diese auch auf das Erbrecht

---

2) Rudorff: Bd. I. §. 1 Seite 3 u. 7 und die dort citirten Stellen.

3) Vergl. Kraut: die Vormundschaft nach den Grundsätzen des Deutschen Rechts. Göttingen 1835 Bd. I. S. 25 ff.

4) Unfreie stehen nach Philipps (Deutsche Geschichte Bd. I. S. 182 ff.) unter der „Gewere". Vergl. Kraut: Bd. I. S. 33 ff.

5) Wie Geistliche (Kraut: S. 31).

6) Kraut: a. a. O. S. 30.

7) Kraut: S. 39.

Einfluß übte, so war hiermit von selbst, ähnlich wie im Römischen Recht, ein Zusammenhang beider Rechte gegeben, so daß das Lossagen von der Eideshilfe oder der Erlegung der compositio der Regel nach auch den Verlust des Erbrechts nach sich zog. [8]) Desgleichen war das Erbrecht ein Mittel zur Verbrüderung mehrerer Familien, wenn der Schützling, der selbst wehrhafte Angehörige entweder gar nicht oder doch nur in unzureichender Anzahl besaß, deshalb sich unter den Schutz einer anderen Familie stellte. [9])

§. 4. Fortsetzung.

Dies änderte sich, als mit dem Erstehen der Königlichen Gewalt in Deutschland eine oberste Schirmherrschaft sich bildete, die ursprünglich nur den fehlenden Familienschutz ersetzte, wenn die wehrhaften Mitglieder einer Familie ausgestorben waren, bald aber mit dem Zunehmen ihrer Macht sich über den letzteren stellte, dergestalt, daß sie auch solche Personen in ihren Frieden aufnahm, welchen die mangelhafte Rechtsfähigkeit den Familienschutz versagte (z. B. Fremde), und daß sie nach und nach die ganze Aufsicht der Familie über die Vormundschaft in ihren Bereich zog und somit zu einer allgemeinen Obervormundschaft sich entwickelte. Die Führung der letzteren erfolgte an Statt des Königs durch öffentliche und zwar richterliche Beamte desselben, die für die Vertretung der Schützlinge vor Gericht (da die Fehde durch den Königsschutz ausgeschlossen war) durch Uebertragung ihrer Gewalt an die dazu erwählten Vormünder sorgten, in deren Stellung selbst eintraten, sofern es sich um Abschließung eines Rechtsgeschäfts zwischen Vormund und Mündel handelte, und, wenn der Vormund seine Pflichten nicht erfüllte, die Vormundschaft ihm abnahmen und einem andern übertrugen. Diese Befugniß ging als eine selbstständige mit der Landeshoheit auf die Reichsstände über und wurde seitdem als ein in letzterer enthaltenes Recht („der Fürst als oberster Gerhab") angesehen.

§. 5. d. Reception des Römischen Rechts und die Reichsgesetze.

Sehr wichtige Aenderungen des Deutschen Vormundschaftswesens bewirkte die Reception des Römischen Rechts. Dieses brachte hier, wie in allen Zweigen des Privatrechts, außer dem Vorzuge des geschriebenen Gesetzes den eines in sich abgeschlossenen Systems mit sich. Es unterschied namentlich in Bezug auf die Art des gewährten Schutzes solche Vertreter, welche die juristische Persönlichkeit des Schützlings zu ergänzen hatten und die Rechtsgeschäfte desselben durch die sogenannte interpositio auctoritatis zu vollgültigen machten (tutores), und solche, die zur Vermögens-Verwaltung (gestio) auf Antrag — des Pfleglings selbst, seiner Verwandten oder auch seines tutor — berufen waren (curatores), und ließ nach der Zeitfolge, von gewissen Altersstufen abhängig, die cura auf die tutela folgen. [10])

---

8) Kraut: S. 28.
9) Kraut: S. 63 ff.
10) Rudorff: Bd. I. S. 33 ff. S. 46 ff. S. 65 ff.

Mußte nun auch die cura, das Institut der Vorsorge für das Vermögen der Pflegebefohlenen, um so leichter Eingang finden, als die in Folge der allmähligen Organisation der Deutschen Stämme zu geordneten Staaten verwickelter gewordenen Verkehrs-Verhältnisse eine umfassendere Vertretung in dieser Richtung erheischten, so stand andrerseits die Tutel in ihrer ursprünglichen Bedeutung in zu innigem Zusammenhange mit anderen Institutionen des Römischen Civilrechts[11]) und dem Deutschen Volksleben zu fern, als daß sie nicht durch Verschmelzung mit einheimischen Rechtsnormen eine totale Umbildung hätte erfahren sollen.[12])

So kam es, daß der Unterschied zwischen „Mündigkeit" und „Minderjährigkeit" — zwischen dem „zu seinen Tagen" und „zu seinen Jahren" kommen — und mit ihm der Unterschied zwischen der Nothwendigkeit eines tutor und der eines curator, endlich folgeweise das Recht der Minderjährigen, sich einen curator zu erbitten, verschwand, und daß ein einziges Schutzverhältniß für die ganze Dauer der „nicht vogtbaren oder mannbaren Jahre" sich entwickelte, welches ebenso die Erziehung und Ausbildung der Person des Schützlings, wie die Verwaltung seines Vermögens betraf.[13])

§. 6. Fortsetzung.

Als ein solches Schutzverhältniß ist die Vormundschaft in der Reichsgesetzgebung ausdrücklich anerkannt.[14]) Dieselbe hat hinzugefügt, was wenigstens als ein allgemeines gesetzliches Erforderniß bis dahin nicht gegolten hatte:[15]) „daß ein jeglicher Vormunder, er sei gleich in Testamentsweis verordnet, oder durch das Recht oder den Richter gegeben, sich der Vormundschaft nicht unterziehen soll, die Verwaltung sei ihm dann zuvor durch die Obrigkeit decernirt und befohlen."[16])

---

11) Den sogenannten actus legitimi, bei denen eine freie Stellvertretung nicht zulässig, und bei denen die dem tutor obliegende interpositio auctoritatis nothwendig war, um der natürlichen Handlung des Pupillen den Charakter einer juristischen zu verleihen.

12) Rudorff: Bd. I. S. 113. Kraut: Bd. I. S. 100. 109.

13) Vergl. Kraut: Bd. II. S. 94 ff. — Vor Erlaß der Reichspolizeiordnung war bereits der Satz: adultus curatorem habens similis est pupillo in dispositionibus inter vivos, sicut pupillus non obligatur unter den Juristen allgemein anerkannt. — Die Römische pubertas hatte nur einzelne, von der Vormundschaft unabhängige Wirkungen, wie z. B. die Fähigkeit zur Eingehung einer Ehe, zur Eidesleistung, zur Testaments-Errichtung, welche auch in Partikulargesetzgebungen übergingen. Ebenso die Altersstufe der impubertas, mit welcher die Fähigkeit anfing, Gewinn bringende Handlungen vorzunehmen. Dagegen war in allen, die Vormundschaft betreffenden Beziehungen hinsichtlich der Handlungsfähigkeit gemeinrechtlich kein Unterschied zwischen einem minor und einem impubes und demgemäß auch keiner zwischen curator und tutor im Sinne des Röm. Rechts. Der deutsche Altersvormund hatte vielmehr im Ganzen die Stellung des Römischen curator, da sein consensus (statt dessen aber eine völlige Vertretung des Pupillen durch den Vormund gebräuchlich wurde) die Rechtshandlungen des Mündels verbindlich machte.

14) Reichspolizeiordnung von 1577 Tit. 32 §. 3.

15) Kraut: Bd. I. S. 96.

16) Reichspolizeiordnung von 1548 Tit. 31 und von 1577 Tit. 32 §. 2.

Hierin ist der Grundsatz ausgedrückt, daß der Schutz der Vormundschaft ein Ausfluß der Staatsgewalt ist. Obwohl dieser Grundsatz weder mit der Obervormundschaft des Römischen Rechts übereinstimmte, welche die obrigkeitliche Bestellung der Vormünder nur in dem einen danach benannten Falle der tutela dativa kannte und die Aufsicht der Behörden über die Vormünder im Allgemeinen auf die Veräußerung von Mündelgütern und die Legung der Schlußrechnung beschränkte,[17]) noch andrerseits zu der Germanischen Auffassung paßte, nach welcher das Staatsoberhaupt doch nur an Stelle der alten Familie der Obervormund war, so wurde er doch in neueren Partikulargesetzgebungen aus dem Gesichtspunkt der größeren Sicherheit des so gewährten Schutzes mehr und mehr ausgedehnt und endlich geradezu, unter Beseitigung des Einflusses der Familie, zum leitenden Princip erhoben.

§. 7. e. Das Preußische Recht.

Am weitesten hierin ging die Preußische Gesetzgebung.[18]) Nachdem sie in einzelnen Verordnungen[19]) die Befugnisse der Obervormundschaft näher bestimmt und namentlich die Bestellung der Vormünder, die Annahme der von ihnen zu leistenden Caution, die Abnahme der jährlich zu legenden Rechnung, die Prüfung bei Veräußerungen der Mündelgüter als zu dem Aufsichtsrecht des Staates gehörig vorgeschrieben hatte, wurde von den Verfassern des Allgem. Landrechts die Vormundschaft generell als „ein Recht und eine Pflicht des Staates,"[20]) der Bevormundete als „ein Pflegebefohlener des Staates,"[21]) der Vormund endlich als ein „Bevollmächtigter des Staates"[22]) erklärt, und demgemäß auch dem Recht der Vormundschaft seine Stellung unter den „Befugnissen und Verbindlichkeiten des Staates gegen die Landeseinwohner" (im 18. Titel des II. Theils) angewiesen.

B. Allgemeine Charakteristik des Preuß. Vormundschafts-Rechts.

§. 8.

Von diesem Gesichtspunkt, welcher ihr eigenthümlich ist, soll die Preußische Vormundschaft in der folgenden Schrift abgehandelt werden. Sie stellt sich darnach dar: als die durch eine natürliche oder rechtliche Unfähigkeit gewisser Personen bedingte Vorsorge des Staates für dieselben, betreffend sowohl die Person, als auch das Vermögen, vermittelt unter dem be-

---

17) Rudorff: Bd. I. S. 311. Bd. II. S. 384. 419 ff.

18) Ueber die freiere Stellung der Vormünder in anderen Partikulargesetzgebungen vergl. das Oesterreich. Gesetzbuch Art. 216. 233. 237 ff. — Code civil art. 450. 464 ff. Kraut: Bd. I. S. 67 Anm. 40.

19) Bei Koch: Privatrecht Bd. I. S. 26 citirt. — Hervorzuheben: die Vormundschafts-Ordnung vom 23. September 1718 im Corp. Const. March. Bd. II. Abth. II. Nr. XXXII. §§. 19—23. 25. 34. 36. 50. 66. 73.

20) §. 1 Thl. II. Tit. 18 A.L.R. — Suarez's Schlußvorträge (Jahrb. Bd. XLI. S. 184).

21) §. 6 Thl. II. Tit. 18 A.L.R.

22) §. 35 ibid. —

schränkten Einfluß der Familie durch dazu bestimmte Organe, welche nach dem Umfange der ihnen übertragenen Wirksamkeit Vormünder, Curatoren oder Beistände heißen. Die sämmtlichen hierauf bezüglichen Rechtsverhältnisse bilden das Preußische Vormundschaftsrecht[23]). Dasselbe ist nach der Auffassung unsres Gesetzbuchs ein Theil des Staatsrechts, weil es hauptsächlich die rechtliche Beziehung der Staatsgewalt zu den Staatsangehörigen betrifft. Es hat jedoch zugleich wichtige privatrechtliche Seiten, insofern die verordnete Vormundschaft auf die Handlungsfähigkeit der Pflegebefohlenen Einfluß äußert, und insoweit aus dem Verhältniß der Obrigkeit zu den Vormündern und Pflegebefohlenen und aus dem Verhältniß zwischen den letzteren und den Vormündern privatrechtliche Wirkungen entstehen.

Mit dem Familienrecht dagegen hat die Preußische Vormundschaft nur einen geringen Zusammenhang, indem die Einwirkung der Familie auf dieselbe nur von untergeordneter Bedeutung ist.[24])

Gemeiniglich wird zwischen der Vormundschaft und Obervormundschaft unterschieden. Unter dem Begriff der ersteren faßt man alle Vorschriften zusammen, soweit sie nicht die Direktion der Vormundschaftsführung durch die Obrigkeit betreffen. Das Verhältniß dieser Direktion wird Obervormundschaft genannt, womit man auch die damit betraute Staatsbehörde bezeichnet. —

Will man das geltende Recht im Sinne der Gesetzgeber wiedergeben, so darf man sich nicht dagegen sträuben, bei der systematischen Darstellung von der Leitung der Staatsbehörde als dem wesentlichsten Faktor des vor-

---

23) Die folgende Darstellung umfaßt das Vormundschaftsrecht nach den Vorschriften des Allg. Landrechts, welche sich daselbst hauptsächlich im Titel 18 und den drei ersten Titeln des 2. Theils vorfinden. — Das dargestellte Recht gilt, wie das Landrecht überhaupt, (nach den §§. I.—VI. des Publikations-Patents vom 5. Februar 1794) als subsidiarisches Recht für den ganzen Umfang der Preußischen Monarchie, mit Ausnahme: a. des Bezirks des Appellationsgerichts zu Köln, b. des Bezirks des Justizsenats zu Ehrenbreitenstein, c. Neuvorpommerns mit Rügen. — Nur in Bezug auf diejenigen in den Bereich der Abhandlung gezogenen Vorschriften, welche das Landrecht unter dem Ehe- und Familienrecht abhandelt, ist wegen des beschränkteren Gebiets ihrer Geltung noch Folgendes zu bemerken: Durch §. VII. des Publikationspatents sind die drei ersten Titel des 2. Theils, soweit dieselben Vorschriften umfassen, welche das gerade Gegentheil eines klaren und unstreitig recipirt gewesenen Römischen oder anderen fremden Gesetzes enthalten, vorläufig suspendirt worden. Die Suspension ist jedoch später für die meisten Provinzen wieder aufgehoben worden und dauert jetzt, dazu mit vielfachen Modifikationen, nur noch fort: 1. in der Churmark, 2. in der Neumark mit Einschluß des Cottbusser Kreises, 3. in dem Lauenburg'schen und Bütow'schen Kreise in Hinterpommern, und 4. — nach Maßgabe der §§. III.—V. des Publikationspatents, der §§. 2—4 des Patents vom 21. Juni 1825 (G.S. S. 153) und des §. 21 des Gesetzes vom 16. April 1860 (G.S. S. 165—171) — in der Provinz Westphalen, dem Fürstenthum Siegen mit den Aemtern Burbach und Neuenkirchen (Freie- und Hückengrund) und in den Grafschaften Wittgenstein-Wittgenstein und Wittgenstein-Berleburg (hier nämlich: a. im Herzogthum Westphalen, soweit daselbst Dotalrecht und nicht Gütergemeinschaft gilt, b. sonst nur in Ansehung der durch das Gesetz vom 16. April 1860 nicht betroffenen Rechtsverhältnisse).

24) Dagegen Koch: Privatrecht Bd. II. S. 715. — Ueber die Stellung der Vormundschaft im gemeinrechtlichen System ist man ebenfalls uneinig. Puchta (Pandekten §. 332) behandelt sie unter den Geschäftsobligationen. Nach v. Savigny (System Bd. I. S. 383 ff.) gehört sie zum Familienrecht.

mundschaftlichen Schutzes auszugehen und das Amt des Vormundes lediglich als das, was es ist, — das Organ der Vermittelung dieses Schutzes — zu behandeln. Man darf dies um so weniger, als nach dem Allgem. Landrecht die Obervormundschaft sich weiter erstreckt, als die eigentliche Vormundschaft, insofern nämlich die Vorsorge der Staatsbehörde auch solchen Personen zu Theil wird, welche, wie Kinder unter väterlicher Gewalt und Ehefrauen, keinen Vormund haben.[25])

C. Plan der Darstellung.

§. 9.

Demgemäß wird in dem folgenden System das Amt des Vormundes ebenso, wie die Mitwirkung der Familie und des Pflegebefohlenen selbst, in dem allgemeinen Theile erörtert werden, der im Uebrigen die allgemeinen Sätze über die Gründe der Bevormundung und die vormundschaftliche Behörde (deren Zusammensetzung, Competenz, Haftungsverbindlichkeit) umfassen soll, während der darauf folgende besondere Theil die einzelnen in der Vormundschaft liegenden Rechte und zwar bei Einleitung, Führung und Endigung der Vormundschaft, unter besonderer Rücksicht darauf, inwieweit sie bloße Verwaltungsvorschriften sind oder auf die Handlungsfähigkeit des Pflegebefohlenen Einfluß haben, untersuchen soll. —

Daß die Reform unseres Vormundschaftswesens nach der Richtung hin, in welcher die Mitwirkung der Familie des Pfleglings auf die Vormundschaftsführung selbst (nicht blos auf die Bestellung oder Remotion der Vormünder) eine umfassendere, in den die Person betreffenden Verhältnissen sogar die principale wird, und der Vormund eine von der Obrigkeit unabhängigere Stellung angewiesen erhält, ein dringendes Bedürfniß ist, wird jeder praktische Jurist bestätigen, der die Unverträglichkeit der jetzigen Formen mit dem schnellen Fluß der Verkehrsverhältnisse täglich erfährt.[26]) Der Vorzug der größeren Sicherheit, welchen der vormundschaftliche Schutz des Staates vor dem der Familie haben soll, wird illüsorisch, weil den verwaltenden Behörden die Mittel abgehen, das nur von individuellen Umständen abhängige Wohl des Pflegebefohlenen zu übersehen, wenn sie nicht eben deshalb den Vormund oder die Familie befragen:[27]) er wird sogar zum Nachtheil, wenn, wie nicht selten geschieht, einer an sich billigenswerthen Maßregel des Vormundes der Consens der Behörde nur deshalb versagt wird, weil diese, unter dem Einfluß der mit dem ganzen Institut nahe zusammenhängenden strengen Vorschriften über ihre Regreßverbindlichkeit, von der strikten Instruktion, die den speziellen Fall übergeht, nicht abweichen

---

25) Vergl. §§. 90 ff. Thl. II. Tit. 2 A.L.R. §. 239 Thl. II. Tit. 1 u. §§. 2. 8 Thl. II. Tit. 18 A.L.R.

26) Vergl. Koch: Preußens Rechtsverfassung. Breslau 1843 S. 81. — Villaume: das Preuß. Vormundschafts-Recht und seine Reform. Breslau 1846.

27) Oder auch die Geistlichen, Schullehrer, Dorfgerichte, Polizeiverwalter, welche, abgesehen von der ihnen aufgebürdeten Arbeit, meist von einseitigen Standpunkten aus urtheilen. Vergl. Koch: Commentar zum A.L.R. Bd. IV. S. 701.

zu können glaubt. Desto deutlicher treten die allgemeinen Mängel der Einrichtung hervor, die darin bestehen, daß der Schutz nicht schnell genug geleistet wird, daß die Autorität der Vormünder leidet, die andererseits doch wieder wirksam sein soll, und daß der Staatsbehörde eine große Last unfruchtbarer Arbeit entsteht.[28])

Diese Nachtheile lassen sich jedoch beseitigen, ohne daß man deshalb den reiflich erwogenen und andererseits vielfach erprobten Grundgedanken des A.L.R. von der Bevormundungspflicht des Staates aufzugeben und an seine Stelle die Schutzverbindlichkeit der nächsten Angehörigen, repräsentirt durch den selbstständigen Familienrath, zu setzen braucht. Eine rücksichtslose Reform nach dieser Richtung würde aus einem Extrem in das andere führen und die nicht bestreitbaren zahlreichen Mängel der damit dem Wesen nach recipirten französischen Institution den Staatsangehörigen, die sich bis dahin im Genuß einer ungleich bedeutenderen Garantie befunden, nur doppelt fühlbar machen. Dagegen wird die Reform gedeihliche Resultate liefern, wenn sie darauf ausgeht, die Amtsführung des Vormundes von der Leitung der Behörde mehr zu befreien, und den Einfluß der nächsten Angehörigen des Pflegebefohlenen dahin zu erweitern, daß sie das Urtheil derselben zum Theil als einen vorzugsweise zu berücksichtigenden Rath, zum Theil aber auch (namentlich in den die Person betreffenden Verhältnissen, wie Lebensart, Heirath,) als die unbedingt maßgebende Meinung erklärt.[29]) Insoweit aber erscheint die Reform unseres Vormundschaftswesens ein dringendes Bedürfniß, an dessen Beseitigung bereits geraume Zeit gearbeitet worden ist. —

Inzwischen thut es Noth, einer unwissenschaftlichen Auffassung entgegenzutreten, welche aus dem Institut der Staats-Vormundschaft die völlige Entbehrlichkeit der Vormünder folgert, das Verhältniß der letzteren zur Behörde unter den Gesichtspunkt eines Privat-Mandates stellt und demnach die Behörde, gleich jedem anderen Machtgeber, zum selbstthätigen Eingreifen an Stelle des Pfleglings für befugt hält. Diese Auffassung widerlegt sich aus dem Begriff der Vormundschaft, zu welchem erfordert wird: daß eine unfähige Person in ihren Handlungen durch eine fähige ersetzt wird — welche der Staat zwar bestellen und controliren, aber nicht repräsentiren kann. Die juristischen Vertreter der Pflegebefohlenen sind daher auch nach Preuß. Recht die Vormünder. Durch sie vermittelt der Staat den Schutz der Pflegebefohlenen; aber diese Vermittelung ist ein nothwendiges Requisit, welches durch die ausgedehnteren Befugnisse der Behörde nicht erübrigt wird.[30])

---

28) Koch: ebendas.

29) Ges.-Rev. Pens. VII. S. 37.

30) Dies gilt auch von Consensen der Vormundschaftsbehörde bei Handlungen der Kinder unter väterlicher Gewalt, die ihr freies Vermögen betreffen. Hier ist der Vater der tutor gerens.

II. Allgemeiner Theil.

A. Fälle der Bevormundung.

§. 10.

Die natürliche d. h. in der Familien-Verbindung beruhende und daher vom Staate nicht erst aufgetragene Vormundschaft führen:

1) Väter über ihre unselbstständigen Kinder und Großväter über uneheliche Kinder ihrer noch unter väterlicher Gewalt stehenden Töchter. [1])

2) Ehemänner über ihre Ehefrauen.

Dieselbe umfaßt: den Schutz der Person, die Vertretung vor Gericht, das Vollwort bei Rechtshandlungen, die Verwaltung des Vermögens, — die väterliche Vormundschaft außerdem: Unterweisung und Erziehung, sowie Bestimmung der Lebensart. [2]) Das Landrecht behandelt zwar diese Verhältnisse unter dem Familienrecht, und zwar unter „väterlicher Gewalt" und beziehlich: „Rechten und Pflichten der Eheleute." [3]) Sie sind jedoch ihrem Wesen nach, welches dem deutschen Recht entlehnt ist, ungeachtet der Beimischung einzelner hierzu nicht passender Normen des Römischen Rechts, wahre Vormundschaften, und dies um so mehr, als sie auch unter einer, wiewohl beschränkteren, Controle des Staates stehen. [4]) — In dieser letzteren Beziehung sind sie im Folgenden berücksichtigt.

Die im Gegensatze hierzu durch die Obrigkeit bestellten Vertreter (eigentliche Vormundschaft) [5]) werden unterschieden in

1) solche, welchen der Staat die Sorge für seine Pflegebefohlenen in Ansehung aller ihrer Angelegenheiten aufgetragen hat (Vormünder im engeren Sinne),

2) solche, welche den Pflegebefohlenen entweder nur zur persönlichen Aufsicht oder Erziehung, oder nur zur Besorgung gewisser Geschäfte und Angelegenheiten vom Staate bestellt worden, (Curatoren), endlich

---

1) Anh. §. 95 zu §. 614 Thl. II. Tit. 2 A.L.R.

2) §§. 62. 74 ff. 108 ff. 125. ff. 168. ff. Thl. II. Tit. 2 A.L.R. §§. 184. 188. 205 ff. Thl. II. Tit. 1 A.L.R.

3) Thl. II. Tit. 2 Abschn. 2. „Von den Rechten und Pflichten der Eltern und der aus einer Ehe zur rechten Hand erzeugten Kinder, so lange die letzteren unter väterlicher Gewalt stehen." Abschn. 3. „Von dem eigenthümlichen Vermögen der Kinder." — Tit. 1 Abschn. 4. „Von den Rechten und Pflichten der Eheleute in Bezug auf ihre Personen." Abschn. 5 „in Bezug auf ihr Vermögen."

4) §. 239 Thl. II. Tit. 1. §§. 90. 91. 99. Thl. II. Tit. 2 A.L.R. Kraut: Bd. II. S. 328 ff. S. 587 ff. Koch: Privatrecht: Bd. II. S. 610. 659.

5) §. 2 Thl. II. Tit. 18 A.L.R.

3) solche, welche Jemand bei gewissen Geschäften, die er für sich allein vorzunehmen entweder nicht fähig ist oder sich nicht getraut, zu Hülfe nimmt (Beistände). [6]) Von den letzteren ist hier nur zu erwähnen, daß sie, wenn sie sich ihrem Zwecke gemäß nicht verhalten, in der Regel nur für Vorsatz und grobes Versehen haften. [7])

§. 11. Vormünder.

I. Einen Vormund erhalten:

1) alle minderjährigen d. i. noch nicht 24 Jahre alten Personen, soweit sie nicht unter väterlicher Aufsicht stehen, [8]) oder diese ihnen nicht zu Statten kommen kann, [9])

2) die für wahn- oder blödsinnig erklärten Personen, welche nicht unter der Aufsicht eines Vaters oder Ehemannes stehen, [10])

3) die gerichtlich für Verschwender erklärten Personen, [11])

4) die Personen, welche taub-stumm geboren oder vor zurückgelegtem vierzehnten Lebensjahre in diesen Zustand gerathen, oder, obwohl erst später taub-stumm geworden, unfähig sind, durch allgemein verständliche Zeichen

---

6) §§. 3—5 ibid. — Die Definitionen in den §§. 3—5, welche Suarez als „dem heutigen Sprachgebrauch völlig entsprechend" gewählt hat, entbehren in Verbindung mit den §§. 1 und 2, wie auch §. 12 deutlich zeigt, der Genauigkeit: sie sind auch nicht streng festgehalten, wie §. 19 beweist. — (Ges.-Rev Pens. VII. S. 55.)

7) §§. 1005—1007 Thl. II. Tit. 18.

8) Auch die adoptirten nach dem Tode des Adoptiv-Vaters, selbst dann, wenn der leibliche Vater lebt. (§§. 697. 714. 147. 159 II. 2. A.L.R. und Rescr. vom 10. Oktober 1831 Jahrb. Bd. XXXVIII. S. 292. Gräff Bd. VI. S. 159.) — Desgleichen: minderjährige Ehefrauen oder Wittwen auch in denjenigen Theilen der Preuß. Monarchie, in denen das A.L.R. mit Ausschluß der drei ersten Titeln des II. Theils gilt, weil der 18. Titel des II. Theils sedes materiae und das Gegentheil gemeinrechtlich nicht zweifellos ist. (Publ.-Patent zum A.L.R. §. VII.) Ueber die entgegengesetzte Ansicht s. Erg. zu §. 9. d. T.

9) §§. 6—8. II. 18. §§. 25. 26. I. 1. A.L.R. Der Majorennitätstermin gilt im Gebiete des Landrechts als Principalnorm mit Ausschließung der Provinzialrechte. Cab.-Ordre vom 22. November 1808, enthalten in dem Circ.-Rescript vom 24. desselben Mts. — Rabe Bd. IX. S. 377. (Vergl. Koch: Privatrecht Bd. I. S. 151.) — Die Verkürzung des Termins, der dem Röm. Recht entlehnt worden, ist wiederholt, auch in neuester Zeit, angeregt: sie liegt ebenso im Interesse der Staatsbürger, wie des öffentlichen Verkehrs. (Kraut: Bd. I. S. 158). Daß z. B. das Alter von 21 Jahren ein zur Großjährigkeit für beide Geschlechter ganz ausreichender Termin ist, hat die Erfahrung in denjenigen Ländern, die (wie Baiern) der deutschen Rechtssitte gefolgt sind und diesen Termin bestimmt haben, zur Genüge bestätigt. (Kraut: a. a. O.) — Vergl. auch Villaume: das Preuß. Vorm.-Recht und seine Reform, und Ges.-Rev. Pens. VII, S. 44. ff. — Bezüglich der Juden: das Edikt vom 11. März 1812 (G.S. S. 17), vorläufige Verordnung wegen des Judenwesens im Großherzogthum Posen vom 1. Juni 1833 (G.S. S. 66), Deklaration vom 24. Januar 1844 (G.S. S. 51), Gesetz über die Verhältnisse der Juden vom 23. Juli 1847 (G S. S. 263. §. 1.) und Verfassungs-Urkunde vom 31. Januar 1850 Art. 12. (G.S. S. 17.)

10) §§. 12. 13. d. T. Dadurch ist die Provokation auf Blödsinnigkeits-Erklärung gegen solche Personen nicht ausgeschlossen (Rescr. vom 3. Februar 1840 J.-M.-Bl. S. 69. Koch's Privatrecht Bd. II. S. 666). In dem Erkenntniß über einen Antrag auf Blödsinnigkeitserklärung ist übrigens nicht besonders auszusprechen, daß Provokat unter Vormundschaft zu setzen sei. Erk. des Ob.-Trib. v. 5. Juni 1837 in den Erg. zu §§. 12 u. 13 d. T.

11) §. 14 das.

sich auszudrücken, sobald sie nicht mehr unter väterlicher Aufsicht stehen;[12]) desgleichen und unter derselben Voraussetzung auch taub-blinde Personen,[13])

5) abwesende, nicht mehr unter väterlicher Gewalt stehende Personen, deren Aufenthalt unbekannt, und von denen ein Jahr hindurch keine Nachricht eingegangen ist,[14]) — ausnahmsweise auch vor Ablauf des ersten Jahres, wenn sich Fälle von Wichtigkeit ereignen, wobei die Besorgung der Angelegenheiten des Abwesenden keinen Aufschub leidet, — oder deren Aufenthalt zwar bekannt ist, die aber nach eingelaufenen Nachrichten oder wahrscheinlichen Vermuthungen wider ihren Willen an der eigenen Besorgung ihrer Angelegenheiten verhindert werden, sofern sie keinen Bevollmächtigten zur Besorgung ihrer Angelegenheiten bestellt haben, oder die Vollmacht für einen gewissen Fall nicht ausreicht, oder — hier jedoch nur auf Antrag der Verwandten des Abwesenden — der Bevollmächtigte innerhalb dreier Jahre keine Nachricht von seinem Machtgeber erhalten hat, (ausgenommen: wenn er durch rechtsgültigen Vertrag zum Erben des Abwesenden ernannt ist), oder der Bevollmächtigte stirbt, die Vollmacht aufkündigt,[15]) das Vermögen übel verwaltet, oder sonst in Umstände geräth, die den Abwesenden, wenn sie ihm bekannt wären, zur Zurücknahme der Vollmacht wahrscheinlich veranlassen würden,[16])

---

12) §§. 15. 16 d. T. §. 7 Thl. II. Tit. 3 A.G.O. — Wenn vom vormundschaftlichen Gericht unter Zuziehung der Vormünder dafür gehalten wird, daß der taubstumm Geborene nach erlangter Majorennität seine Verstandeskräfte vollständig zu gebrauchen und sich durch allgemein verständliche Zeichen auszudrücken im Stande ist, soll derselbe der Curatel entlassen und ihm die Verwaltung seines Vermögens freigegeben werden, jedoch mit der Einschränkung, daß ihm bei gerichtlichen Verhandlungen ein Beistand beizuordnen. C.-O. v. 23. Febr. 1805 (Rabe Bd. VIII. S. 254). — Beistände sind auch — und zwar zur Vermeidung der Nichtigkeit der Verhandlungen — bei allen gerichtlichen Akten denjenigen Personen zu bestellen, denen der Mangel der Sprache und des Gehörs den Ausdruck ihrer Gedanken erschwert: auf ihren Antrag erhalten sie Vormünder. (§§. 17. 18 d. T.)

13) Folgt aus §. 24 Thl. I. Tit. 5 A.L.R. in Verbindung mit §§. 4 ff. Thl. II. Tit. 8 A.G.O. Besch. des J.-M. v. 11. April 1841 (J.M.Bl. S. 151).

14) Auch wenn der Vater noch am Leben ist. (Rescr. vom 27. Mai 1801 in den Ergänz. zu §§. 19—27 d. T.) Dagegen bedarf es keiner Bevormundnng, wenn der Abwesende eine Ehefrau zurückgelassen hat, weil diese gesetzlich seine Bevollmächtigte ist. (§§. 202. 326 Thl. II. Tit. 1 A.L.R.)

15) Was durch Anzeige bei Gericht geschehen muß.

16) §§. 19—27 d. T. Anhang §. 10 zu §. 468 Thl. I. Tit. 9 A.L.R. — Die Vormundschaft über Abwesende findet statt „zur Erhaltung ihres zurückgelassenen Vermögens und zur Besorgung ihrer übrigen Angelegenheiten." Sie bezweckt: Sicherung des Vermögens des Pflegebefohlenen, hat aber keinen Bezug auf seine Pesönlichkeit und ist daher — nach der Definition in den §§. 3 u. 4 d. T. — mehr eine Curatel, wie sie auch hin und wieder (§§. 24. 195 d. T.) genannt wird. Der Abwesenheits-Curator kann z. B. zwar die seinem Mündel angefallene Erbschaft für diesen antreten und ausgeantwortet verlangen (Erk. d. Ob.-Trib. v. 6. April 1848 Entsch. Bd. XVII. S. 87), nicht aber für einen abwesenden Ehemann die Rechtmäßigkeit eines von der zurückgebliebenen Ehefrau geborenen Kindes anfechten (Pr. 1204 v. 26. Fbr. 1842 Entsch. Bd. VIII. S. 321). Das Institut entspricht im Wesentlichen der cura bonorum absentis des Röm. Rechts, obwohl einzelne Vorschriften den Zusammenhang mit der deutschrechtlichen cura über Verschollene („einer Art missio in possessionem zur Sicherung des künftigen Erbrechts der Verwandten") verrathen, wie die §§. 26. 823 ff. d. T. (Vergl. Rudorff: Bd. I. S. 149. Kraut: Bd. II. S. 217).

6) die zu Zuchthausstrafe verurtheilten Personen, während ihrer Strafzeit.[17])

§. 12. Kuratoren.

II. Einen Kurator erhalten:

1) die noch ungeborenen Wesen (Leibesfrucht), soweit die geborenen wegen Unmündigkeit eines Vormundes bedürfen,[18])

2) alle vorgenannten Personen (§. 11) unter väterlicher Aufsicht, sofern sie bei Uebernahme vertragsmäßiger oder anderer Pflichten oder bei dem Aufgeben von Rechten ein mit dem des Vaters collidirendes Interesse haben,[19]) speziell a. wenn Veränderungen mit dem den Kindern ausgesetzten Erbschatz getroffen, b. Veränderungen oder Verpfändungen mit Fideicommissen, wozu die Kinder von dem ersten Stifter mitgerufen sind, vorgenommen werden sollen, c. wenn es sich um die Auseinandersetzung zwischen Vater und Kindern wegen des den letzteren von der Mutter oder sonst eigenthümlich zugefallenen Vermögens,[20]) oder um den Anfall einer Zuwendung, bei der die Verwaltung des Vaters ausdrücklich ausgeschlossen worden,[21]) oder um die Sicherheitsbestellung des Vaters für das Vermögen der Kinder[22]) handelt;

---

17) Der Grund ist: daß sie in dieser Zeit unfähig sind, ihr Vermögen zu verwalten und unter Lebenden darüber zu verfügen, nicht blos daran verhindert. (§. 11 des Str.G.B. vom 14. April 1851.) Demnach ist diese Vormundschaft nicht eine Art der Abwesenheits-Vormundschaft, wie die cura über Gefangene im Röm. Recht (Rudorff: Bd. I. S. 156) und die durch §§. 53 u. 568 der Crim.-Ordn. angeordnete Vermögens-Curatel über eingesperrte Verbrecher. — Anderer Meinung Koch: (A.L.R. Bd. IV. S. 708.) Des ungeachtet soll — dem praktischen Bedürfniß gemäß — die Vormundschaft, abgesehen von den Fällen, in denen dem Sträfling die natürliche Vormundschaft des Vaters oder Ehemanns zu Statten kommt, nur eingeleitet werden, wenn Vermögen vorhanden ist. (J.-M.-Bl. pro 1852 S. 324.) — Sie wird aber auch eingeleitet werden müssen, so oft der Zuchthaussträfling irgend eine Rechtshandlung vorzunehmen (z. B. zu einer Erklärung seiner Ehefrau den maritalischen Consens zu geben) hat.

18) §§. 10. 11. d. T. Derselbe hat die Sorge für die gewöhnlichen Bedürfnisse der Mutter und für die Konservirung des Vermögens, welches dem Kinde einst gehören wird (§§. 962. 966—968 d. T.), — desgleichen für die Verwaltung des Nachlasses, welcher dem zu erwartenden Kinde als ausschließendem Erben zufallen würde, die letztere jedoch als Verlassenschafts-Curator, wozu er besonders bestellt werden muß (§. 372. Thl. I. Tit. 9. A.L.R.). In der letzteren Eigenschaft bedarf er zu Verfügungen wegen der Substanz der Einwilligung der nächsten muthmaßlichen Erben. (§. 373 das.) — Die cura ventris et bonorum des Röm. Rechts diente dem Kinde nur zur Sicherung des Erbrechts, nicht auch anderer Rechte, und gab dem Curator der Leibesfrucht als solchem Besitz und Verwaltung der Erbschaft, die Verwaltung jedoch auch nur unter Mitwirkung der Erben bei einzelnen Akten, wie Inventur und Veräußerung. Rudorff: Bd. I. S. 76. 77.

19) §§. 28—38. d. T. Außer diesen gehört hierher der Fall der Litis-Curatel aus den Cab.-Ordres vom 4. Juli 1832 und 5. Dezbr. 1835.

20) Die Auseinandersetzung ist geboten, wenn der Vater zu einer anderweitigen Ehe schreitet. §. 35 d. T., vergl. unten §. 50.

21) Kann auch bezüglich des Pflichttheils geschehen, der den Kindern zukommt: nur der Nießbrauch desselben darf dem Vater nicht verschränkt werden, weil dies ein unerlaubtes gravamen legitimae wäre, wofür die Entziehung der Verwaltung nicht anzusehen ist. (§. 38 d. T.; G.-R. Pens. VII. S. 269.)

22) Die Fälle, in denen Sicherheit vom Vater zu bestellen ist, finden sich §§. 179 ff. Thl. II. Tit. 2 A.L.R., vergl. unten §. 50.

3) Kinder aus geschiedenen oder solchen Ehen, wegen deren der Scheidungsprozeß schwebt, wenn sich ergiebt, daß ein oder beide Ehegatten sich der Verschwendung des Vermögens oder der Vernachlässigung der Erziehung der Kinder verdächtig machen;[23])

4) volljährige Ehefrauen, die in Umstände gerathen, da bei anderen Personen die Bestellung eines Vormundes nothwendig wäre: a. zu solchen Verfügungen über ihr Eingebrachtes, wozu die Gesetze ihre ausdrückliche Einwilligung erfordern,[24]) und b. zu Verfügungen über ihr vorbehaltenes Vermögen, sofern ihr Interesse mit dem des Mannes collidirt;[25])

5) die Bevormundeten: a. wenn zwischen ihnen und ihrem Vormunde, in den Angelegenheiten des letzteren, etwas zu verhandeln ist,[26]) oder zwischen mehreren Pflegebefohlenen, die nur einen gemeinschaftlichen Vormund haben, wegen eines erheblichen Interesses Collision entsteht,[27]) (in welchem letzteren Falle der bestellte Vormund den einen und der Kurator den anderen Theil vertritt), — b. zu Angelegenheiten, welche eine vorzügliche Sachkenntniß voraussetzen, die von dem Curator, nicht aber von dem Vormunde sich erwarten läßt,[28]) c. wenn sie Güter und Vermögen in einer anderen Provinz besitzen, und der vormundschaftliche Richter den Richter der Sache um die Bestellung eines Kurators angeht;[29]) — d. in Bezug auf eine Zuwendung unter Lebendigen oder von Todeswegen, bei welcher der Zuwendende es verordnet hat;[30])

6) unbekannte oder — bei unaufschiebbaren Geschäften — verhinderte Interessenten.[31])

---

23) §. 33 und Anh. §. 153 d. T. §§. 97–100 Thl. II. Tit. 2 A.L.R. §. 32 Thl. I. Tit. 40 A.G.O.

24) Die Fälle finden sich in den §§. 232 ff. Thl. II. Tit. 1. Sie sind: a. Veräußerung, Verpfändung und bleibende dingliche Belastung der Grundstücke und Gerechtigkeiten, b. Einziehung, Verpfändung, Veräußerung der auf den Namen der Frau, ihrer Erblasser oder Geschenkgeber geschriebenen Kapitalien. —

25) Abgesehen von diesen beiden Fällen ist der Ehemann der Vormund seiner volljährigen Frau, wenn diese auch in Umstände geräth, die bei anderen Personen die Bestellung eines Vormundes erfordern, z. B. wahn- oder blödsinnig oder für eine Verschwenderin erklärt wird. (§§. 12. 39. 40 d. T. — §§. 226. 227 Thl. II. Tit. 1 A.L.R.) — Dies trifft nicht zu bei einer Ehefrau zur linken Hand („Hausfrau"), weil diese in Ansehung der Befugniß, mit Anderen verbindliche Geschäfte vorzunehmen, wie eine unverheirathete volljährige Frauensperson der Regel nach betrachtet wird, (§§. 861 ff. Thl. II. Tit. 1 A.L.R), und ihr Vermögen nicht unter der Verwaltung des Mannes steht. (§§. 873 ff. das. und §§. 43. 44 d. T.)

26) §. 46 d. T.

27) §. 48 d. T. Nach der Fassung: „so muß jedem von beiden ein Kurator bestellt werden" scheint es, als ob der Vormund gar nicht, auch nicht für den einen Theil, sollte mitwirken können. Dies widerlegt sich aber aus der präciseren früheren Fassung der Stelle (G.-R. Pens. VII. S. 270) und der ratio legis.

28) §. 47 d. T. Beispiel: der Litis-Kurator.

29) §. 82 d. T.

30) §. 175 d. T.

31) Beispiele: 1) der Fideicommiß-Kurator für die unbekannten Anwärter bei der Aufnahme eines Darlehns (§. 95 Thl. II. Tit. 4 A.L.R.) und bei der separatio des Fideicommisses von dem Allodialgut, wenn die Legitimation des Fideikommißfolgers bestritten ist (§. 32 Thl. I. Tit. 46 A.G.O.); — 2) der Nachlaß-Kurator: wenn gar

§. 13. Beistände.

Eines Beistandes bedürfen endlich:[32])

1) volljährige unverheirathete Frauenspersonen,[33])

2) Ehefrauen, die weder eines Vormundes noch eines Kurators bedürfen,[34])

3) blinde oder beständig kranke Personen,[35])

4) Taubstumme, welche keines Vormundes bedürfen,[36])

5) Personen, welche gar nicht oder nicht Geschriebenes lesen, oder nicht selbst schreiben können.[37])

Sie werden von der Parthei selbst gewählt oder vom Richter derselben zugeordnet,[38]) ohne daß es einer Bestätigung oder sonstiger Förmlichkeiten bedarf.[39]) Wo die Gesetze es ausdrücklich erfordern, muß der Beistand ein Rechtskundiger sein; sonst genügt jeder Mann, welcher selbst seinen Sachen vorzustehen fähig und berechtigt ist.[40]) Die Bestellung der Beistände geschieht durch die instrumentirenden oder verhandelnden Gerichtspersonen nach Maßgabe der über Aufnahme der Verträge und Willenserklärungen gegebenen Vorschriften.[41])

---

nicht bekannt ist, wer Erbe sei, zum Zweck der Konservirung des Nachlasses und Ermittelung der Erben (§§. 471—476 Thl. I. Tit. 9 A.L.R.); desgleichen: zur Vertretung des Nachlasses gegenüber dem sich angebenden Erben, wenn dessen Legitimation zweifelhaft ist (§. 487 das.). Der Kurator wird übrigens nicht dem Nachlaß, sondern dem unbekannten Erben bestellt, obwohl §§. 471 u. 490 a. a. O. das Gegentheil aussprechen, und die Praxis allgemein den Namen: „Nachlaß-Kurator" anwendet. (Rescr. v. 11. Febr. 1839, Rabe Bd. V. S. 40.) Die cura hereditatis jacentis des Röm. Rechts hatte andere Voraussetzungen, namentlich die bei uns nicht zutreffende: daß die Erbschaft bis zum Antritt herrenlos war; sie war ein Mittel gegen das früher bei Erbschaften erlaubte Spolienrecht. (Rudorff: Bd. I. S. 163.) 3) der von dem Subhastationsgericht bestellte Kurator zur Ermittelung der unbekannten Interessenten einer bei der Kaufgelderbelegung zur Hebung gelangten Post, der nach erfolglosen Nachforschungen das Aufgebot der Spezialmasse oder des auf die Post angewiesenen Kaufgelderrückstandes nachzusuchen hat. (§§. 405 ff. der Conk.-Ordn. v. 8. Mai 1855.) — Ausnahmsweise nur einen Bevollmächtigten erhalten solche Interessenten in den Fällen: a. des §. 224 Thl. I. Tit. 12 A.L.R. b. des §. 45 Thl. II. Tit. 1 A.G.O.

32) §. 51 d. T.

33) §. 88 Thl. II. Tit. 1 A.L.R.

34) §§. 200. 201. 343 Thl. II. Tit. 1 A.L.R. §§. 16. 18 Thl. I. Tit. 5 A.G.O.

35) §. 172 Thl. I. Tit. 5 A.L.R. §. 8 Thl. II. Tit. 3 A.G.O.

36) §§. 17. 18 d. T.

37) §. 58 Thl. I. Tit. 4 A.L.R. Anh. §. 5 zu §. 178. Thl. I. Tit. 5 A.L.R.

38) §. 54 d. T.

39) §. 55 d. T.

40) §. 53 d. T. Vergl. §. 343 Thl. II. Tit. 1 A.L.R.

41) Thl. II. Tit. 3 der A.G.O. ist sedes materiae. — Es war monirt worden, daß wenn der ganze Titel (Thl. II. Tit. 18) von Vormündern, Kuratoren und Beiständen handele, von den Rechten und Pflichten der letzteren in einem eigenen Abschnitt ebenso, wie von denen der Vormünder und Kuratoren, die Rede sein müsse. Darauf erst fügte Suarez die §§. 1005—1007 d. T. hinzu. Mit Recht wendet der Revisor gegen diese, wie gegen die §§. 5. 51—55 ein, daß sie zum Theil überflüssig sind (wie §. 1007), zum Theil sogar Widersprüche mit anderen Vorschriften enthalten (wie §. 51 sub 1 gegen §. 23 Thl. I. Tit. 5 und §. 51 sub 3 gegen §. 8 Thl. II. Tit. 3 A.G.O.), und endlich in den nach der Ueberschrift nur „von Vormundschaften und Kuratelen" handelnden Titel nicht gehören. (G.-R. Pens. VII. S. 52.)

B. Die Vormundschaftsbehörde.

§. 14. Im Allgemeinen.

Obwohl die Vorsorge des Staates für die dazu gehörigen schutzbedürftigen Personen an und für sich nicht einen Theil der richterlichen, sondern der oberaufsehenden Staatsgewalt bildet, so ist sie doch in Deutschland meist den Gerichtsbehörden zugewiesen, zu deren — früherhin allerdings ausgedehnteren und noch manche andere Theile der öffentlichen Gewalt umfassenden — Geschäftskreis sie von jeher gehörte.[42]) So ist auch bei uns die vormundschaftliche Verwaltung ein Annexum der ordentlichen Civil-Jurisdiktion und gehört als ein Theil der nicht streitigen Gerichtsbarkeit vor die „zweiten Abtheilungen" der Gerichte erster Instanz (Kreis- oder Stadtgerichte), denen nach Aufhebung des eximirten Gerichtsstandes die unbeschränkte Zuständigkeit in allen Civil- und Strafsachen beigelegt ist.[43])

Die Bearbeitung erfolgt durch einzelne Mitglieder, deren Geschäfte meist nach geographischen Bezirken getheilt sind: nur Fälle wichtiger Art nach Maßgabe des Geschäftsregulativs werden durch collegialische Berathung erledigt.[44])

Die Entscheidungen ergehen in Form von Dekreten oder Resolutionen, die entweder von dem Vorsitzenden der Abtheilung allein gezeichnet oder nur durch die Registratur beglaubigt werden. Gegen dieselben ist Beschwerde bei dem vorgesetzten Appellationsgericht zulässig, welches in derselben Form endgiltig entscheidet.[45])

In folgenden Fällen: 1) wenn Jemand, der zum Vormunde ernannt worden ist, sich deshalb entschuldigt; 2) wenn mehrere Personen darüber, welcher von ihnen die Vormundschaft gebühre, streiten; 3) wenn ein Vormund als verdächtig entsetzt werden soll, und 4) wenn einem Vormund während seiner Amtsführung Rechnungsmängel gezogen werden, — findet

---

42) Kraut: Bd. I. S. 84 ff. Rudorff: Bd. I. S. 369. — Die Vormundschaft den Gerichten zu entziehen und, wie vorgeschlagen worden, sie einer Jury von Nichtjuristen zu übertragen, ist, wenn nicht zugleich das materielle Recht von Grund aus verändert wird, kaum ausführbar; so sehr ist das letztere auf eine juridische Behandlung der Vormundschaftssachen berechnet. (Vergl. über diese vielfach erörterte Frage G.-R. Pens. VII. S. 19 ff.) Dagegen läßt sich, wenn die obervormundschaftliche Verwaltung nach Maßgabe der oben angedeuteten Reformen eingeschränkt ist, die Belassung derselben bei den Gerichten weder als geboten, noch auch als ersprießlich einsehen, da die Vorschrift des bonus pater familias mit dem Richteramt nicht harmonirt.

43) §§. 20. 22 der Verordnung vom 2. Januar 1849 (G.S. S. 1). — Die Bestellung von Kuratoren erfolgt ausnahmsweise durch Richter, vor welchen das Verfahren schwebt, zu dem sie erforderlich sind. (§. 405 der Konk.-Ordn. v. 8. Mai 1855. — Anh. §. 283 zu §. 5 Thl. I. Tit. 38 A.G.O.) — Wegen der Mitglieder der königlichen Familie, sowie der Fürstenhäuser Hohenzollern-Hechingen und Hohenzollern-Sigmaringen vergl. Artikel III. des Zusatz-Gesetzes vom 26. April 1851. — Wegen der früheren Reichsunmittelbaren vergl. das Gesetz vom 12. November 1855 (G.S. S. 686 bis 688) und die Instruktion vom 30. Mai 1820 (G.S. S. 81 ff.)

44) In solchen Fällen sendet der ständige Gerichts-Commissarius, zu dessen Competenz die Curatel- und Vormundschaftssachen seines Gerichtssprengels gehören, die Akten unter Beifügung eines motivirten Gutachtens an die zweite Abtheilung desjenigen Gerichts erster Instanz, dessen Mitglied er ist (§. 21 der cit. Verordn. und Art. III. des Zus.-Ges. v. 26. April 1851 G.S. S. 181) zur collegialischen Beschlußfassung ein.

45) §§. 25. 35 der Verordn. v. 2. Januar 1849.

ein in der Prozeß-Ordnung (Tit. 39) vorgeschriebenes besonderes Verfahren statt.[46]) Der Regel nach entscheidet auch hier die Vormundschaftsbehörde. Doch muß diese selbst (und zwar durch einen dem Pflegebefohlenen zu bestellenden Interims- oder Litis-Kurator) unter nachstehenden Voraussetzungen: a. wenn es sich in den oben sub 1 und 3 angegebenen Fällen um einen bestrittenen Anspruch auf Schadens-Ersatz gegen den sich entschuldigenden oder entsetzten Vormund handelt und b. wenn in dem Falle sub 4 der Vormund die gezogenen Mängel nicht anerkennt, die Klage bei dem Prozeßrichter anbringen.[47]) Das in diesen Fällen durch den Prozeßrichter gefällte Urtheil unterliegt der Anfechtung durch die gewöhnlichen prozessualischen Rechtsmittel in den für diese vorgeschriebenen Formen und Fristen.[48])

Die Untersuchung gegen vorsätzlich ungetreue oder unredliche Vormünder und deren Bestrafung gehört vor das ordentliche Kriminal-Gericht.[49])

§. 15. Competenz.

Competent ist dasjenige Vormundschaftsgericht, unter welchem der zu Bevormundende seinen ordentlichen persönlichen Gerichtsstand hat.[50]) Dieser wird begründet: 1) der Regel nach durch den Wohnort (forum domicilii)[51]), 2) ausnahmsweise durch die Herkunft (forum originis)[52]).

In letzterer Beziehung haben:

a. Kinder unter väterlicher Gewalt den Gerichtsstand des Vaters;[53])

b. die wegen Minderjährigkeit nach dem Tode des Vaters zu bevormundenden Kinder aus einer Ehe zur rechten Hand den Gerichtsstand, welchen der Vater zur Zeit seines Ablebens gehabt,[54]) und, wenn der Vater einen doppelten persönlichen Gerichtsstand hatte, den Gerichtsstand unter demjenigen Gericht, in dessen Bezirk er zuletzt „wirklich gewohnt", d. i. sich aufgehalten hat;[55])

c. die zu bevormundenden minderjährigen Kinder, die der Eigenschaft von Kindern aus einer Ehe zur rechten Hand nicht theilhaftig geworden sind, den persönlichen Gerichtsstand der Mutter zur Zeit der Bevormundung;[56])

---

46) Vergl. unten §§. 33 und 35.

47) §§. 22. 25. 27 I., 39 A.G.O.

48) §. 29 der Verordn. v. 21. Juli 1846 (G.S. S. 291).

49) §§. 22. 23 das. §. 246 ad 1 Str.G.B. Die Anzeige des Vormundschafts-Gerichts nach §. 22 I., 39 A.G.O. geschieht jetzt gemäß §. 5 der Verordn. v. 3. Januar 1849 (G.S. S. 14) dem zuständigen Staatsanwalt.

50) Wie im gemeinen Recht. (Kraut: Bd. I. S. 88. Rudorff: Bd. I. S. 372.)

51) §§. 3. 9. Thl. I. Tit. 2 A.G.O.

52) §§. 16—18 das.

53) §. 18 l. c.

54) Anwendung des §. 20 Thl. I Tit. 2 A.G.O.

55) §§. 56—58 d. T. Ist in diesem Falle der Vater, dessen Kindern ein Kurator bestellt werden soll, noch am Leben, so entscheidet Prävention. §. 59.

56) Anwendung des §. 21 Thl. I. Tit. 2 A.G.O. §. 61 d. T. Es fragt sich daher zur Competenz der Behörde nur: wo die Mutter bei Einleitung der Vormundschaft ihren Wohnsitz hat, nicht, wo bei der Geburt des Kindes. Hierbei ist bemerkenswerth: a. daß unverheirathete weibliche Dienstboten, deren Vater noch lebt, den Gerichtsstand ihres Vaters auch beim Wechsel ihres Wohnortes behalten (§. 18 Thl. I. Tit. 2 A.G.O. und Rescr. vom 19. Febr. 1823 Jahrb. Bd. XXI. S. 254), dagegen: b. der Gesindedienst selbstständiger Personen in Ansehung ihres fori als das Auf-

d. ausgesetzte Kinder, deren Eltern unbekannt sind, den Gerichtsstand bei demjenigen Gericht, unter dem sie betroffen werden.[57])

Ehefrauen haben den Gerichtsstand ihrer Männer, welchen sie, soweit er lediglich durch persönliche Eigenschaften des Mannes begründet wird, auch nach dem Tode der letzteren bis zur Wiederverheirathung behalten.[58])

In Ansehung aller übrigen zu Bevormundenden greift die Regel Platz, nach welcher das forum domicilii ihr forum pupillare ist, — bei doppeltem Wohnsitz der „wirkliche Wohnort" (Aufenthaltsort) in Betracht kommt, und, wenn sie zur Zeit an einem dritten Orte sich aufgehalten, die Prävention entscheidet.[59])

Die Vorsorge des Staats erstreckt sich nur auf Inländer, oder solche Fremde, die ihren Wohnsitz in hiesigen Landen zu nehmen im Begriffe stehen und über den Ort, wo sie ihren Wohnsitz aufschlagen wollen, sich bereits deutlich geäußert haben. Das Gericht dieses Ortes ist ihr forum pupillare. — Andere Fremde werden — durch das Gericht, unter welchem sie sich zur Zeit des eintretenden Falles aufhalten — nur vorübergehend bis zur Benachrichtigung der ausländischen Behörde unter Curatel gesetzt.[60])

Das competente Vormundschaftsgericht hat die Direktion über die Person und das ganze Vermögen des Pflegebefohlenen, gleichviel, ob dasselbe sich innerhalb seines Gerichtsbezirks befindet oder nicht.[61]) Nur dann, wenn der Pflegebefohlene Güter und Vermögen in einer anderen Provinz oder im Auslande besitzt, soll auf Ansuchen des Vormundschaftsgerichts eine

---

schlagen eines beständigen Wohnsitzes anzusehen ist (Pr. d. Ob.-Trib. 489 v. 25. Juni 1838). Ausnahmsweise sind jedoch minderjährige oder großjährige noch unter väterlicher Gewalt stehende Dienstboten, Lehrlinge, Gesellen, Handlungsdiener, Kunstgehilfen, Hand- und Fabrikarbeiter in Injurien-, Alimenten- und Entschädigungsprozessen, sowie in allen Rechtsstreitigkeiten, welche aus ihren Dienst-, Erwerbs- u Kontraktsverhältnissen entspringen, dem persönlichen Gerichtsstande ihres Aufenthalts unterworfen, und den minderjährigen wird, wenn die Väter oder Vormünder nicht an demselben Orte wohnen, ein Rechtsbeistand als Litiskurator zugeordnet. — K.-O. v. 4. Juli 1832 (G.S. S. 175). — Desgleichen haben minderjährige, noch unter väterlicher Gewalt stehende Soldaten in den Angelegenheiten der bürgerlichen Gerichtsbarkeit ihren ordentlichen persönlichen Gerichtsstand bei dem Gericht der Garnisonstadt. K.-O. v 2. Novbr. 1833 (G.S. S. 290). Doch wird bei diesen, wie bei denjenigen, welche lediglich zur Erfüllung ihrer allgemeinen Militairpflicht in den Dienst getreten sind, soweit es auf ihre jura status, sowie auf die Erbfolge in ihren Nachlaß ankommt, ihr eigentlicher Wohnsitz oder in Ermangelung eines solchen der Ort ihrer Herkunft beachtet. Deklar. v. 31. März 1839 zu §§. 12 u. 13 Thl. I. Tit. 2 (G.S. S. 155). — Kinder aus einer Ehe zur linken Hand haben den Gerichtsstand der Mutter (§. 99 Thl. I. Tit. 2 A.G.O), diese aber den ihres Mannes (§. 876 Thl. II. Tit. 1 A.L.R.). —

57) §. 62 d. T. Gilt auch von den Kindern der Vagabunden nach §. 22 Thl. I. Tit. 2 A.G.O.

58) §§. 87. 90 Thl. I. Tit. 2 A.G.O.

59) §§. 63—66 d. T.

60) §§. 70—72 d. T.

61) §. 81 d. T. Die Mittheilung der currenten Vormundschaftsakten an ein anderes Gericht kann nicht willkürlich verweigert, wohl aber vorher genaue Auskunft darüber verlangt werden, zu welchem Zweck und wegen welcher Punkte sie gebraucht werden, um darnach entweder nur Notizen mit Abschriften der betreffenden Verhandlungen oder die Akten selbst — jedoch mit dem Vorbehalt der Rücksendung binnen einer Frist von 4 bis 6 Wochen — zu übersenden. (Verf d. J.-M. v. 5. März 1842 — J.-M.-Bl. S. 102.) — Die Mittheilung muß im Interesse des Pflegebefohlenen versagt werden können, sofern die erforderte Auskunft ganz unzureichend befunden wird. Der Bescheid bezweckte nur eine Verwaltungsnorm zur Beseitigung gewisser in der Anfrage hervorgehobener Uebelstände. —

Mitwirkung des Richters der Sache stattfinden, die im ersteren Falle darin besteht, daß derselbe dem Pflegebefohlenen einen Kurator bestellt und diesen unter seine unmittelbare Aufsicht nimmt;[62]) im letzteren Falle, daß der auswärtige Richter die in seinem Bezirk gelegenen Güter und Grundstücke des Pflegebefohlenen in Verwaltung nimmt und die Einkünfte davon dem inländischen Vormunde zur Berechnung und Ablieferung einhändigt. Zu gleicher Mitwirkung, jedoch mit Vorbehalt des Retorsionsrechts, ist der inländische Richter der Sache dem ausländischen Vormundschaftsrichter gegenüber verpflichtet.[63])

Die Direktion der Vormundschaft verbleibt der Regel nach bei demjenigen Gericht, welches dieselbe eingeleitet hat, auch wenn die Pflegebefohlenen oder ihre Eltern ihren Wohnort verändern.[64]) Die Abgabe an das Gericht des neuen Wohnortes findet nur ausnahmsweise statt:

1) wenn dieser im Auslande gelegen, und zur Auswanderung der vorgeschriebene Consens der Obrigkeit nachgesucht und ertheilt worden ist,[65])

---

62) §. 82 d. T. — Die Oberaufsicht verbleibt dem vormundschaftlichen Gericht, bei welchem demnach der Kurator seine Instruktionen in den betreffenden Fällen einzuholen hat. Hierauf beruht: a. das Rescript vom 16. Juni 1834 (Jahrb. Bd. 43 S. 481—483), nach welchem Realklagen, die gegen den Pupillen in foro rei sitae angebracht werden, dem für die Gutsverwaltung bestimmten Spezial-Kurator mitgetheilt und von diesem dem Vormundschaftsrichter vorgelegt werden sollen, b. das Rescript vom 24. Mai 1828 (in den Ergänzungen zu §. 82), wonach die Leitung des Kurators in den Prozessen, die nicht blos die Nutzungen und die Bewirthschaftung, sondern die Substanz der Güter angehen, ferner bei der Auseinandersetzung wegen solcher Güter, dem Vormundschaftsgericht gebührt.

63) §§ 82—84 d. T. Mit dem „Richter der Sache" im §. 82 ist der Vormundschaftsrichter gemeint, unter welchem die Güter sich befinden. Die Vorschriften entscheiden lediglich für die Competenz des forum rei sitae (gegenüber dem forum domicilii), wollen aber nicht dem Vormundschaftsrichter als solchem die Thätigkeit entziehen (cfr. Marginale zu §§. 81 u. 83). — Koch (A.L.R. Bd. IV. S. 715). — Anderer Meinung ist der Ges.-Rev. Pens. VII S 74. Der Streit ist seit der Reorganisation der Gerichte bedeutungslos, da die Angelegenheit als nicht streitige jedenfalls vor die II. Abtheilung gehört. — Aus dem Grundsatz des §. 23 der Einl. zum A.L.R, daß persönliche Rechte eines Menschen nach den Gesetzen seines Wohnorts beurtheilt werden müssen, folgt übrigens:

a. daß im Falle des §. 84 d. T. der Antrag des auswärtigen, die Hauptvormundschaft führenden Richters abzuwarten ist, und

b. daß es für die Anwendnung des §. 84 sich immer fragt: ob der Pflegebefohlene nach den Gesetzen seines Landes noch zu bevormunden ist, was bei verschiedenen Majorennitätsterminen oder anderen Voraussetzungen der im Auslande ertheilten venia aetatis wichtig ist. (Ges.-Rev. Pens. VII. S. 76.)

64) §. 85 d. T.

65) § 129 Thl. I. Tit. 17 A.L.R. Dann giebt das diesseitige Gericht Akten und Vermögen an die ausländische Vormundschaftsbehörde ab, sofern nicht etwa nach ausländischen Gesetzen der Pflegebefohlene selbstständig — und demgemäß die Vormundschaft über ihn aufzuheben ist. — Rescr. v. 12. Januar 1837 (Jahrb. Bd. XLIX. S. 167.) — Dasselbe muß — wie gegen die Rescripte vom 23. April 1824 u. 10. März 1826 und den Ges.-Rev. Pens. VII. S. 77 anzunehmen ist — in dem Falle gelten wenn eine minderjährige Pflegebefohlene einen Ausländer geheirathet hat und zu diesem ihrem Ehemanne ins Ausland verzogen ist. Denn hierdurch hat dieselbe nach klarer Vorschrift des Gesetzes vom 31. Decbr. 1842 §. 15 Nr. 4 (G S. S. 15) die Eigenschaft als Preußin verloren; über Ausländer aber steht dem diesseitigen Gericht keine Vormundschaft zu. Die Bezugnahme auf §. 85 zur Begründung der entgegengesetzten Ansicht (nach welcher die Vormundschaft dem diesseitigen Gericht in einem solchen Falle verbleibt), ist nicht zutreffend, weil §. 85 nur auf das Verhältniß zweier inländischer Be-

2) wenn es das Beste der Pflegebefohlenen erfordert,[66])

3) wenn der Vater der Pflegebefohlenen, während dessen Lebens denselben ein Kurator bestellt worden, seinen Wohnsitz verändert und die Abgabe an das Gericht seines neuen Wohnsitzes ausdrücklich verlangt.[67]) Auch muß jedes Gericht, von welchem Kindern noch bei des Vaters Leben nur ein Kurator bestellt worden, die fernere Direktion dieser Curatel demjenigen Gericht überlassen, welchem die Bevormundung dieser Kinder nach des Vaters Tode obliegt.[68])

§. 16. Haftungs-Verbindlichkeit der Behörde.

Der Satz, daß die vormundschaftlichen Behörden den Pflegebefohlenen den aus der Vernachlässigung ihrer Pflichten entstandenen Schaden ersetzen müssen, ist in Deutschland erst seit der Reception des Römischen Rechts bekannt.[69]) Nach Deutscher Rechtsanschauung war der König als oberster Vormund und wer in seinem Namen die Obervormundschaft übte, solcher Verantwortlichkeit durch seine Stellung überhoben.[70]) Dagegen gab das Römische Recht (seit Trajan) in der sogenannten actio tutelae subsidiaria dem Pupillen und zwar nach beendeter Vormundschaft, ein Klagerecht gegen die magistratus municipales, späterhin auch diejenigen Beamten, welche in jener Namen die Bestellung der Vormünder, die Aufnahme der Inventur oder die Schätzung zum Zweck der Satisdation zu besorgen hatten, auf Ersatz des Schadens, welcher entstanden war, weil gar kein Vormund oder ein ungeeigneter bestellt, oder dem Vormund eine ausreichende Caution nicht abgefordert worden war.[71]) Dieses Klagerecht erfuhr im gemeinen Recht, in Folge der weiteren Ausbildung des vormundschaftlichen Amts, eine doppelte Erweiterung: in Ansehung des Gegenstandes, insofern es auf Ersatz auch desjenigen Schadens gestattet wurde, der aus der mangelhaften Auf-

---

hörden sich bezieht, wie indirekt durch das oben allegirte Reskr. v. 12. Jan. 1837 und neuerdings in dem Resrc. v. 25. Juni 1855 (J.M.Bl. S. 299) ausdrücklich anerkannt ist. —

66) §. 86 d. T. — Die Verpflichtung zur Uebernahme der Direktion muß von dem Gericht des neuen Wohnorts anerkannt, oder im Beschwerdewege entschieden sein. Gehören die konkurrirenden Gerichte zu verschiedenen Appellationsgerichtsbezirken, so trifft das Obertribunal die Entscheidung (Art. V. Nr. 2 des Zus.-Ges. vom 26. April 1851), — auch in dem Falle, wenn der letzte Wohnort des Vaters nicht zu ermitteln ist. (Bescheid des Ob.-Trib. v. 9 Dezbr. 1852 bei Koch A.L.R. Bd. IV. S. 716.) — Die §§. 85. 86 d. T. betreffen übrigens auch den Fall, wenn eine nach dem A.L.R. eingeleitete Vormundschaft an ein Gericht in der Rheinprovinz abzugeben, oder eine bei den Rheinischen Gerichten schwebende Vormundschaft zu übernehmen ist. Vor der Abgabe ist jedoch mit dem betreffenden Friedensgericht Rücksprache zu nehmen. (Reskr. vom 15. Febr. 1841 J.-M.-Bl. S. 101.)

67) §. 89 d. T. Auch wenn der Vater ins Ausland verzieht. (Reskr. vom 23. April 1824 Erg. zu §. 89.) — Es erfolgt nur die Abgabe currenter oder reassumirter Curatelakten, nicht auch der nach Beendigung der Curatel bereits reponirten, die bei dem ersten Gericht aufbewahrt bleiben, ebenso wie die daraus deponirten Dokumente der Curanden. — Eine Reassumtion findet z. B. Statt, wenn es auf Veränderung der vom Vater für das maternum der Kinder bestellten Sicherheit ankommt. (Verf. des J.-M. v. 30. Juni 1841. J.M.-Bl. S. 220.)

68) §. 87 d. T.

69) Kraut: Bd. I. S. 97.

70) Gleichwie im älteren Röm. Recht der Consul und Prätor.

71) Dig. XXVII., 8; Cod. V. 75 de magistratibus conveniendis. — l. 1 §§. 1. 6. 8. 11 tit. Dig. — l. 5 tit. Cod.

sicht der Vormundschaftsführung erwachsen war, und in Ansehung der verklagten Parthei, sofern es gegen jede vormundschaftliche Behörde zugelassen wurde.[72])

Für das Preußische Recht war durch die noch weiter ausgedehnten obervormundschaftlichen Befugnisse, zu denen unter Umständen sogar eine selbstthätige Einwirkung gehört, die Einführung einer strengeren Haftungsverbindlichkeit geboten. In Anerkennung dessen hat man folgende Vorschriften angenommen.

1) Der Vormundschaftsrichter haftet für ein mäßiges Versehen, welches er bei Bestellung des Vormundes oder bei Führung der Aufsicht und Direktion über ihn begangen hat.[73]) Nur grobes Versehen hat er zu vertreten wegen Bestellung einer gesetzlich unfähigen Person.[74])

2) Er haftet in der Regel nur dann, wenn weder die verwaltenden, noch die Ehrenvormünder, noch deren Erben oder Bürgen, den Schaden zu ersetzen schuldig oder vermögend sind,[75]) und nur ausnahmsweise vor diesen: a. wenn die vertretbare Handlung ohne Zuziehung des Vormundes oder gar wider dessen Willen — gleichviel: ob unmittelbar oder durch den dazu angewiesenen Vormund — vorgenommen worden;[76]) b. wenn das Versehen bei Beurtheilung der Sicherheit eines auszuleihenden Capitals oder bei Beurtheilung der Frage: ob ein Prozeß anzufangen oder fortzusetzen, gegen rechtliche Grundsätze begangen ist.[77])

3) Die Erben des Richters haften nur für ein grobes Versehen ihres Erblassers, ausgenommen wenn die Regreßklage noch bei der Lebenszeit des Erblassers angestellt und von diesem beantwortet worden, in welchem Falle sie denselben Grad der Schuld, wie der Erblasser, zu vertreten haben.[78])

4) Der Nachfolger im Amt haftet für ein Versehen des Vorgängers nur alsdann, wenn er die an sich mögliche Entdeckung desselben und die Abwendung der schädlichen Folgen aus einem groben Versehen unterlassen hat, und in jedem Falle erst nach dem Vorgänger und dessen Erben.[79])

5) Die Mitglieder eines vormundschaftlichen Collegiums sollen für die von dem letzteren ausgehenden Handlungen sämmtlich verantwortlich sein, und zwar, wie andere Staatsbeamte, nach den allgemeinen „von mehreren Beschädigern" geltenden Grundsätzen.[80]) Die auf einem

---

72) Reichspolizei-Ordnungen v. 1548 (tit. 31 §§. 2 u. 3) und v. 1577 (tit. 32 §§. 2 u. 3).

73) §. 301 d. T.

74) §. 170 d. T.

75) §. 303 d. T.

76) §§. 299. 300 d. T.

77) §§. 475. 476. 513. 514 d. T.

78) §§. 304. 294. 295 d. T. l. 2 C. h. t. (in heredes magistratus, cujus non lata culpa idonee cautum pupillo non est, non solet actio dari).

79) §§. 306. 307 d. T.

80) §. 305 d. T, §§. 127 ff. Thl. II. Tit. 10 A. L. R. §§. 29 ff. Thl. I. Tit. 6 A. L. R. — Hierzu: die Spezialvorschrift im §. 54 tit. I. der Deposital-Ordnung, nach welcher „bei Verlusten durch Untreue oder grobe Nachlässigkeit" zuerst derjenige verantwortlich ist, der die Untreue oder Nachlässigkeit begangen, — mehrere in solidum, — dann: die Mitverwalter der Kasse pro rata ev. in solidum, — endlich: vorzüglich die Vorgesetzten der Collegien und subsidiär — pro rata eo. in solidum — die „anderen Gerichtspersonen, wenn die gegebenen Vorschriften in Ansehung der Aufsicht über die Kasse nicht gehörig befolgt worden." —

Versehen beruhende Voraussetzung, daß hiernach Fälle vorkommen können, in denen jedes Mitglied nur für seinen Antheil haftet[81]) und das Bestreben, die ursprünglich allgemeiner gegebenen Normen zu mildern,[82]) haben hierbei zu einer Casuistik geführt, welche weder sachgemäß und praktisch, noch den allgemeinen Rechtsgrundsätzen gemäß ausgefallen ist, und welche in der Anwendung mancherlei Härten mit sich führt.[83]) Darnach gilt Folgendes:

A. Die Mitglieder, aus welchen zur Zeit der betreffenden Handlung das Collegium bestand,[84]) haften im Falle des Vorsatzes oder groben Ver-

---

81) §§. 128. 129 Thl. II. Tit. 10 A.L.R. in Verbindung mit den §§. 31—33 Thl. I. Tit. 6 A.L.R. Nach letzteren haften mehrere Beschädiger bei mäßigem Versehen, ein jeder nur für den durch sein Versehen angerichteten Theil des Schadens, und, wenn dieser sich nicht ausmitteln läßt, alle solidarisch. Diese „Ausmittelung" ist aber nicht denkbar gegenüber den Handlungen eines Collegiums, welche als das gemeinsame und untheilbare Produkt aller Mitglieder, die konsentirt haben, sich darstellen. Darnach würden also die Mitglieder der Collegien auch bei mäßigem Versehen immer solidarisch verantwortlich sein, was gerade der Absicht des Gesetzgebers zuwiderläuft, wie §. 129 a. a. O. zeigt. — Die Allegirung der „allgemeinen gesetzlichen Vorschriften" ist, wie aus den Materialien sich ergiebt, lediglich deshalb erfolgt, um die Unterscheidung der Haftung pro parte (bei nur mäßigem Versehen) und in solidum (bei Vorsatz oder grobem Versehen) zu motiviren, gegenüber der im §. 95 Tit. 5 Abth. II. Thl. I. des Entwurfes allgemein ausgesprochenen Haftung der Mitglieder pro parte, gegen welche erinnert worden war: „daß sie den allgemeinen Grundsätzen widerspräche, wenn der Schade durch Vorsatz oder grobes Versehen verursacht wäre." (Ges.-Rev. Pens. XII. S. 78.)

82) Vergl. Anmerk. 81.

83) In der Verfügung des J.-M. v. 6. Mai 1842 (J.M.Bl. pro 1842 S. 171), welche in Folge einer an das Königl. Kabinet gerichteten Beschwerde auf spezielle Veranlassung Sr. Majestät ergangen ist, werden Vorschläge gemacht, welche dahin führen sollen, „von den Behörden bei nachzuweisender gründlicher Erwägung des Sachverhältnisses die Besorgniß vor einem aus ihren Beschlüssen und deren Folgen herzuleitenden Regreß zu entfernen." Sie bestehen im Wesentlichen: in Einführung des schriftlichen Votirens und Ernennung zweier Referenten in allen wichtigeren Extrajudizialsachen, die entweder der Vorstand oder ein Mitglied des Collegiums dafür erachtet, oder die auf Beschwerden vom Justiz-Minister dem Collegium zum Bericht und zur Herbeiführung eines schriftlichen Collegialbeschlusses mitgetheilt sind. — Die zur Begutachtung aufgeforderten Obergerichte scheinen sich gegen diese Vorschläge ausgesprochen zu haben, da eine denselben entsprechende allgemeine Einrichtung nicht erfolgt ist. Koch (Rechtsverf. S. 81) hält den Gewinn einer solchen für das Vormundschaftswesen gleich Null und weist auf die dadurch bedingte Vermehrung des ohnehin schon auf das Aeußerste gesteigerten Schreibwerks hin. Das Letztere ist zuzugeben. So lange aber nicht eine totale Umformung der vormundschaftlichen Verwaltung und namentlich der Vorschriften über die Regreßverbindlichkeit der Beamten eintritt, erscheint die Maßregel als ein zweckmäßiges Mittel für den Richter, um seine pflichtmäßige Mitwirkung bei Collegialbeschlüssen nachweisen zu können.

84) Nur diese, nicht aber das Collegium als solches, wie man etwa aus dem Wortlaut des §. 130 Thl. II. Tit. 10 A.L.R. folgern könnte. Das Collegium repräsentirt den Staat, und dieser ist für Versehen der Vormundschafts-Beamten nicht verantwortlich. Eine solche Vertretungs-Verbindlichkeit ließe sich, auch wenn man von der staatsrechtlichen Seite des Beamten-Verhältnisses absehen und die Grundsätze vom Privatmandat anwenden wollte, nur denken — in dem Falle der Bestellung eines untüchtigen Beamten, für welchen jedoch im §. 75 Thl. II. Tit. 10 A.L.R. nur der Regreß an den Vorgesetzten zugelassen ist: im Uebrigen muß jede Pflichtverletzung des Beamten eine Ueberschreitung der Amtsvollmacht enthalten, welche den Machtgeber gegenüber dem Dritten nach §. 90 Thl. I. Tit. 13 A.L.R. nicht verbinden kann. (Vergl. hierüber die in den Ergänzungen, zweite Ausgabe, Bd. V. S. 404 u. 490 enthaltene Literatur, speciell: den Aufs. des Ob.T.R. Scholtz in der jurist. Wochenschr. p. 1836 S. 5 ff., 17 ff. 33 ff. 53 ff. 69 ff.)

sehens einer für alle und alle für einen,[85]) — im Falle des mäßigen Versehens nach Antheilen, die jedoch, sofern sie von dem einen oder anderen nicht beigetrieben werden können, von den übrigen zu gleichen Theilen vertreten werden müssen.[86])

B. Wenn ein Versehen durch den unrichtigen Vortrag eines Mitgliedes oder durch die von demselben geschehene Abfassung einer dem Schlusse des Collegiums nicht gemäßen Verfügung oder durch andere Pflichtwidrigkeiten oder Fahrlässigkeiten desselben entstanden ist, so haften:

a. vorzüglich dieses Mitglied,[87])

b. subsidiär der Vorgesetzte, wenn er durch Anwendung der ihm vermöge seines Amtes obliegenden Aufmerksamkeit das vorgefallene Versehen hätte verhüten oder abwenden können,[88])

c. endlich nur „in Ermangelung beider" d. h. wenn von ihnen oder ihren Erben wegen Unvermögens, oder (bezüglich der Erben), weil die oben sub 3. erwähnten Voraussetzungen nicht zutreffen, die Entschädigung nicht zu erlangen ist,[89]) die übrigen Mitglieder und zwar pro rata eventuell in solidum,[90]) jedoch „nur insofern, als besondere Gesetze ihnen eine vorzüglich eigene Aufmerksamkeit auf die Handlungen ihrer Collegen bei Geschäften dieser Art ausdrücklich zur Pflicht gemacht haben."[91]) Der hierauf

85) §. 128 Thl. II. Tit. 10 A.L.R.

86) §. 129 das.

87) §§. 130. 131 das.

88) §. 132 das.

89) §. 133. das. — Koch (A.L.R. Bd. IV. S. 161 Anm. 24.) — Die analoge Anwendung der §§. 297 ff. I., 14 A.L.R. (der Fälle, in denen der Gläubiger mit Uebergehung des Hauptschuldners sich sofort an den Bürgen halten kann) erscheint willkürlich. Vergl. Pr. des Ob.-Trib. vom 27. November 1843 (Nr. 1381). —

90) Folgt aus den oben Anm. 13 angegebenen Motiven. Koch a. a. O.

91) §. 133 das. — Da „solche besondere Gesetze" nicht existiren, auch wohl nicht vorkommen können, da die Mitglieder nur durch den Vorsitzenden, nicht aber auch durch ihre Collegen controlirt werden dürfen, so ist die strikte Anwendung der Vorschrift ausgeschlossen. (Ges.-Rev. a. a. O. S. 81.) Um sie auszulegen, ist auf den Gedanken des Gesetzgebers zurückzugehen. (v. Savigny's System des heutigem Röm. Rechts Bd. I. §§. 35 ff.) Der Entwurf hatte im §. 97. a. a. O. die Bestimmung, daß in den Fällen, in denen durch unrichtigen Vortrag, nicht sachgemäße Abfassung des Beschlusses oder ähnliche Pflichtwidrigkeiten eines Mitgliedes das Versehen begangen war, die sämmtlichen Mitglieder dem Beschädigten unbedingt haften sollten, jedoch vorbehaltlich des Regresses an den Urheber. Dies erschien einigen Monenten zu hart, und Suarez, dieses Monitum anerkennend, substituirte deshalb der erwähnten die Bestimmung im §. 133. Zur näheren Motivirung führt er (in der revisio monitorum) Folgendes an: „Es ist allerdings nicht möglich, daß bei einem Vortrage aus weitläufigen Akten jedes Mitglied den Decernenten controliren kann, sondern es muß sich nach der Natur der Sache auf ihn verlassen. Ebensowenig können die Mitglieder des Collegii dafür, wenn der Decernent nicht das Decret dem Conkluso gemäß abfaßt oder wenn er die Sache nach dem Vortrage liegen läßt. In dem Falle dieses Paragraphen würden also m. v. die übrigen Mitglieder in subsidium und auch so nur alsdann haften, wenn ihnen besondere Gesetze einen vorzüglichen Grad von Aufmerksamkeit auf Sachen dieser Art zur Pflicht gemacht hatten, und sie nach der Verfassung des Collegii diesen Grad anzuwenden im Stande waren, z. B. wenn über die Sache schriftlich hätte votirt werden sollen."

Hieraus erhellt, was mit dem an sich dunklen Zusatz im §. 133 ausgedrückt sein soll. Mit Recht bemerkt hierzu der Ges.-Rev. (Pens. VII. S. 86.) „In dem Falle, den hier Suarez vor Augen gehabt, scheint mir eine principale und nicht blos subsidiarische Verbindlichkeit der übrigen Mitglieder begründet zu sein. Denn sämmtliche Mitglieder sind als Decernenten zu betrachten, und können sich mit einem unrichtigen Vortrage des gewöhnlichen Decernenten nicht entschuldigen, wenn das Gesetz ein schriftliches Votiren

gestützte Einwand hat nicht die gänzliche Abweisung der gegen alle Mitglieder[91a]) zu richtenden Klage zur Folge, sondern nur die Abweisung gegenüber denjenigen, die ihn für sich erwiesen haben,[92]) —

C. Befreit von der Haftung sind

a. die von dem Vorgesetzten zur Berathung nicht zugezogenen Mitglieder, sofern sie nicht auf nachträglichen Vortrag und zu einer Zeit, da dem Versehen noch abgeholfen werden konnte, die Handlung genehmigt haben,[93])

b. diejenigen, welchen durch Gesetze, Amtsinstruktionen oder höhere Anweisungen, nicht nach eigenmächtiger Geschäftsvertheilung durch das Collegium selbst, gewisse Arten von Geschäften zur ausschließenden Besorgung angewiesen waren, wenn die vertretbare Handlung außerhalb dieser Geschäfte liegt,[94])

c. die bei dem Geschäft nicht stimmberechtigt gewesenen,[95])

d. die wegen Krankheit oder mit Vorwissen und Genehmigung des Vorgesetzten abwesend gewesenen,[96]) endlich

---

anordnet, und demgemäß die Akten jedem Einzelnen zur Abgebung seines Votums vorgelegt worden sind. Ist ein schriftliches Votiren vorgeschrieben, dasselbe aber unterblieben, so haben alle Mitglieder sich einer Uebertretung des Gesetzes schuldig gemacht und sind sämmtlich für principaliter verhaftet anzusehen. Ein Gleiches findet Statt, wenn ein schriftliches Referat verordnet ist, das Collegium sich aber mit einem mündlichen Vortrage begnügt hat. Die Vorschrift des §. 133 scheint mir hiernach für die Fälle, welche die Verfasser des A.L.R. dabei im Auge gehabt, nicht passend zu sein u. s. w."

91a) d. h. alle diejenigen, denen nach genereller Amtsinstruktion oder specieller Verfügung das Geschäft obgelegen hat. Von diesen nimmt das Gesetz bis zum Erweise des Gegentheils an, daß sie an dem schädlichen Schlusse Theil genommen, ohne welche Voraussetzung ihre Verbindlichkeit zum Schadensersatz nicht denkbar ist. (§. 138 II., 10 gegen §. 136 und §§. 127 ff. das.) Hiernach modificirt sich der von Hinschius (in der juristischen Wochenschrift pro 1836 S. 748) aufgestellte Satz, wonach „die Regreßklage gegen die sämmtlichen zur Zeit des vorgefallenen Versehens bei dem Collegium angestellt gewesen Mitglieder, ohne Rücksicht auf die Theilnahme der einzelnen an der verletzenden Verfügung oder Entscheidung, zu richten ist." — Die Klage aus §. 127 a. a. O. kann daher auch allein darauf, daß die schädliche Verfügung nomine collegii ergangen, nicht gegründet werden; vielmehr ist, da der Regel nach der Decernent selbstständig verfügt, der Nachweis erforderlich, daß die Sache dem Collegium vorgetragen worden ist oder doch — nach §. 10 des Geschäfts-Regulativs vom 18. Juli 1850 (J.M.Bl. S. 234) — vorgetragen werden mußte, d. i. „dem Collegium oblag." —

92) §§. 130. 131 d. T. Ges.-Rev. a. a. O. S. 81. — Die gerichtlichen Prozeßkosten sind hier wohl, wie gegen Koch (A.L.R. Bd. IV. S. 161) anzunehmen ist, als accessorium der Hauptschuld dem verurtheilten Hauptverpflichteten allein zur Last zu legen, nicht auch theilweise dem Kläger. Diesem ist eine pluris petitio um so weniger vorzuwerfen, als er nicht wissen konnte, welche Mitglieder ihm verhaftet sind. (Ges.-Rev. a. a. O.) Die Extrajudicialien wird er jedenfalls in einem Separatprozeß von dem Hauptverpflichteten ersetzt verlangen können. Vergl. §. 19 Thl. I. Tit. 23 und §. 34. Thl. I. Tit. 17 A.G.O. nebst der zu letzterem gemachten Note von Koch (A.G.O. Commentar S. 425.) —

93) §§. 134. 135 d. T. — Hierzu Erk. des Ob.-Trib. vom 16. Juli 1860. Der §. 134. Thl. II Tit. 10 A.L.R. bezieht sich auch auf Subalternbeamte. (Striethorst Bd. XXXIX. S. 14.)

94) §§. 136—138 das.

95) §. 141 a. a. O. — Unbesoldete Gerichts-Assessoren haben, sofern ihnen nicht volles Stimmrecht durch den Justiz-Minister verliehen ist, ein solches nur in den von ihnen vorgetragenen Sachen und im Uebrigen nur ein votum consultativum, für welches sie nicht verantwortlich sind. §. 62 Thl. III., Tit. 3 A.G.O. §. 36 der Verordnung v. 2. Jan. 1849. Allg. Verf. d. J.-M. v. 17. Oktbr. 1850 (J.M.B. S. 338).

96) §§. 142. 143 das.

e. die überstimmten Mitglieder, die ihr Votum schriftlich, unter Anführung der Gründe, zu den Akten gebracht haben.[97]) —

6) Der Vorsitzende des vormundschaftlichen Collegiums haftet, soweit ihm die Aufsicht über die Geschäfte der Mitglieder und Beamten zusteht, für das bei Führung dieser Aufsicht und bei der Auswahl oder Bestellung der Beamten zu gewissen Geschäften begangene grobe oder mäßige Versehen, wenn die eigentlichen Beschädiger zum Ersatz unvermögend sind.[98])

7) Die Erben der einzelnen Mitglieder haften nach den oben sub 3. erwähnten Vorschriften.[99])

C. Amt des Vormundes.

§. 17.

Den nächsten Schutz erhält der Hilfsbedürftige naturgemäß in seiner Familie. Mit der Eheschließung ist die Schutzpflicht des Mannes gegen die Frau, mit der Geburt des Kindes die der Eltern, vorzüglich des Vaters, gegen das Kind durch jene Naturnothwendigkeit gegeben, welche in der Unvollkommenheit der Menschen und ihrer Abhängigkeit von einander begründet ist. In ihrer weiteren Entwickelung haben jedoch alle in der Familienverbindung beruhenden Verhältnisse, somit auch jene Schutzpflicht und die ihr entsprechenden Rechte, einen wesentlich sittlichen Charakter angenommen, der die Herrschaft des positiven Rechtes über sie beschränkt.[100]) Dieser sittliche Charakter verträgt und erfordert in Ansehung jener Schutzpflichten eine nur subsidiäre Mitwirkung des Staates, welche hier nicht blos in der Gesetzgebung und in der Herstellung verletzter Rechte, auf Anrufen einer Parthei, sich äußert, sondern auch in einer, wenn gleich sehr beschränkten, vormundschaftlichen Beaufsichtigung besteht. — Wenn jedoch das Haupt der Familie, der Vater, — durch Tod, Unfähigkeit oder vorübergehende Hindernisse — ausscheidet, so wird die Vorsorge für die dann noch hilfsbedürftigen Mitglieder der Familie eine principale Pflicht des Staates, der ihnen an Stelle des natürlichen Beschützers Vormünder oder Kuratoren setzt.[101]) Bei diesem klar ausgesprochenen Prinzip, welches zur Folge hat, daß die Auswahl des zu bestellenden Vormundes immer zuletzt von dem pflichtmäßigen Urtheil des Richters abhängt,[102]) kann von der im Römischen[103]) und auch noch im gemeinen Recht[104]) geltenden Unterscheidung der Vor-

---

97) §) 144 das.

98) §§. 139. 140 das.

99) §. 145 das.

100) v. Savigny's System Bd. I. S. 341 ff.

101) §§. 1. 2. 110 d. T. Schlußverträge von Suarez (Jahrb. Bd. XLI. S. 184). — Ges.-Rev. Pens. VII. S. 84.

102) „Aus der Pflicht des Staates, für das Beste seiner Pflegebefohlenen zu sorgen, folgt das Recht, diejenigen zu wählen, denen er die Sorge in vorkommenden Fällen übertragen will." (Sz.)

103) Andere Unterscheidung nach den Rechtsquellen, aus welchen die Vormundschaften entsprungen sind, von Ulpian — bei Koch (Privatrecht Bd. II. S. 721). —

104) Auch nach der oben citirten Vorschrift der R.P.O. v. 1577 Tit. 32 §. 1 — Vergl. Kraut: Bd. I. S. 236.

mundschaften nach den Delationsgründen (in tutela testamentaria, legitima dativa) für das Preußische Recht nicht die Rede sein. Das letztere kennt nur eine natürliche und eine eigentliche (vom Staate angeordnete) Vormundschaft, welche letztere immer tutela dativa ist. Dies wird namentlich auch nicht widerlegt aus der dem Vater gegebenen Befugniß zur testamentarischen Ernennung eines Vormundes für seine minderjährigen Kinder, weil diese dem Gericht nur als ein vorzugsweise zu berücksichtigender Vorschlag gilt, von welchem es bei der Bestellung auch abgehen kann.[105]) Dasselbe gilt von der nach Art eines Vertrages angeordneten Vormundschaft,[106]) bei welcher überdies dem Ernennenden der einseitige Widerruf freisteht.[107]) Aus dem Vorstehenden ergiebt sich die Stellung der Vormünder zu der Obrigkeit und zu ihren Pflegebefohlenen.

§. 18. a. Verhältniß zwischen Vormund und Obrigkeit.

Die Vormünder sind „Bevollmächtigte des Staates", sofern sie von diesem bestellt, beaufsichtigt und geleitet werden.[108]) Dies betrifft die staatsrechtliche Seite des Verhältnisses.[109]) Im Uebrigen empfangen sie ihre Rechte und Obliegenheiten aus dem Gesetz.[110]) Darnach ist die Vormundschaft gegenüber der Behörde ein öffentliches Amt,[111]) dessen Uebernahme einerseits an gewisse Fähigkeiten geknüpft ist,[112]) andererseits durch die Staatsgewalt erzwungen werden kann,[113]) und dessen Aufgeben ebenso

---

105) §. 172 d. T.

106) §. Die Controversen des gemeinen Rechts über die Zulässigkeit der sog. tutela pactitia, namentlich darüber: ob die Anordnung einer Vormundschaft in einem Vertrage mit derselben Wirkung, wie in einem Testament, erfolgen kann, ist im Preußischen Recht dahin entschieden, daß zur Ernennung eines Vormundes jede an sich gewisse Willensmeinung des Erblassers ausreichend ist. (§. 177 d. T.) Diese Regel war durch den Grundsatz von der allgemeinen tutela dativa ebenso geboten, wie die Beschränkung des §. 178, wonach der Erblasser seine — auch in einem Vertrage erklärte — Willensmeinung einseitig ändern kann. Uebrigens bezeugt Kraut (Bd. I. S. 271 ff.) die gemeinrechtliche Zulässigkeit der in Verträgen (namentlich Erbverträgen) angeordneten Vormundschaft, die zwar nicht auf das Röm. Recht, (namentlich nicht auf §. 9 Inst. I., 15) gegründet werden kann, wohl aber auf das ältere deutsche Recht. (S. 270.) — Die in Familienverträgen des Adels angeordnete Vormundschaft wird nicht als vertragsmäßige, sondern als eine Art der tutela legitima aufgefaßt, weil die Bestimmungen jener Verträge als autonomische Rechtsnormen gelten; Kraut S. 267 a. a. O; Rudorff Bd. I. S. 336. —

107) §. 178 d. T.

108) §. 235 d. T. „In allen diesen Beziehungen sind die Vormünder als Bevollmächtigte des Staates anzusehen." §§. 236—239 d. T.

109) Pl. Beschl. des Ob.-Trib. Pr. 1758 vom 22. Juni 1846. („Der Ausdruck „„Bevollmächtigter"" im §. 235 ist daher nicht im civilrechtlichen Sinne zu verstehen.")

110) §§. 240 ff. 308 ff. d. T. §. 236 d. T. („Sie (die Vormünder) sind also schuldig, nach den Vorschriften des Gesetzes und den besonderen Anweisungen des vormundschaftlichen Gerichts sorgfältig sich zu richten.")

111) Wie im späteren Röm. Recht. In dieser Beziehung ist eine Aenderung nicht beabsichtigt worden, vielmehr nur eine weitere Ausbildung. „Schon nach Röm. Recht war die Tutel ein munus publicum. Hieraus hätte natürlich gefolgert werden sollen, daß die Verleihung derselben auch nur dem Staate zukomme." (Sz. Ges.-Rev. Pens. VII. S. 84).

112) §§. 129 ff. d. T.

113) §. 202 ff. d. T.

wenig von dem Willen des damit Betrauten, als von dem der Behörde abhängig ist, vielmehr nur nach gesetzlicher Vorschrift eintreten kann.[114]) Die hieraus als verfehlt sich ergebende, der Natur des Instituts widerstreitende Ansicht, nach welcher der Vormund als ein Beauftragter der Obrigkeit (im privatrechtlichen Sinne) anzusehen ist, so daß diese ihn beliebig zu übergehen und unmittelbar oder durch ein anderes Organ für den Pflegebefohlenen handelnd aufzutreten berechtigt wäre,[115]) wie jeder Machtgeber mit Uebergehung seines Mandatars, kann als durch die Rechtsprechung überwunden gelten. Die Vorschriften, welche den Vormund auf die Instruktionen der Behörde verweisen, unter deren Leitung und beständige Aufsicht stellen und demgemäß verpflichten, jede erhebliche Veränderung in den Verhältnissen des Pflegebefohlenen zur Prüfung und Genehmigung anzuzeigen,[116]) und über seine Verwaltung alljährlich in umständlicher Weise Rechnung zu legen,[117]) sind nur die Verwaltung betreffende Folgen der ausgedehnten Staatsvormundschaft, entscheiden aber nichts über die Legitimation des Vormundes im Allgemeinen und über die Rechtsbeständigkeit eines von ihm eingegangenen Geschäfts.[118]) Dasselbe gilt von den Vorschriften, welche dem vormundschaftlichen Gericht die Befugniß beilegen, auf Anrufen des Pflegebefohlenen selbst den Vormund mit bestimmter Anweisung zu versehen oder die von ihm verweigerte Einwilligung in Handlungen des Mündels zu ergänzen, wenn der Pflegebefohlene dies als angemessen und zuträglich erachtet.[119])

§. 19. b. Verhältniß zwischen Vormund und Pflegebefohlenen.

Den Pflegebefohlenen gegenüber vertreten die verordneten Vormünder „die Stelle der Eltern."[120]) Sie haben die Rechte und Pflichten, wie diese, wenngleich ihre Wirksamkeit unter der speciellen Controle der Behörde steht. Die Vormundschaft ist nach dieser Richtung ein dem Familienschutz gesetzlich nachgebildetes Zustandsverhältniß, welches privatrechtliche

---

114) §§. 918 ff. 941 ff. d. T.

115) Angenommen in der Verf. d. J.-M. vom 4. Januar 1842 (J.-M.-Bl.) S. 23.) — Dieses hält es für nicht zweifelhaft, daß die Vormundschaftsbehörde für den Pflegebefohlenen Exekutions-Anträge stellen kann: sie folgert es aus den allgemeinen Grundsätzen vom Vollmachtsvertrage und verweist auf die §§. 299. 354. 378. 379. 436. 685 d. T., um darzuthun, daß das unmittelbare Einschreiten der Behörde als zulässig anerkannt und für den Pupillen jedenfalls verbindend ist. Der §. 299 entscheidet aber nicht über die Rechtsverbindlichkeit solcher Handlungen, die §§. 354. 378. 379. 436 betreffen Sicherungsmaßregeln, die meist vor der Bestellung des Vormundes nöthig werden und auch nach Röm. Recht in das Gebiet der Vormundschaftsbehörden fielen (vergl. *. 377 d. T.), und *. 685 bestimmt: der allgemeinen Aufsicht des Gerichts ist auch ein befreiter Vormund unterworfen. — In allen vorerwähnten Fällen ist „das unmittelbare Eingreifen der Behörde" auf solche Handlungen beschränkt, bei denen es auf eine juristische Vertretung des Pflegebefohlenen gar nicht ankommt. Wo dagegen eine solche erfordert wird, gebührt sie dem Vormund. Vergl. Anm. 6 zu §. 41.

116) §§. 236—239 d. T.

117) §§. 647 ff. d. T.

118) Erk. des Ob.-Trib. v. 13. Mai 1853. (Entsch. Bd. XXVI. S. 51.)

119) §§. 246. 248 d. T.

120) §. 240 d. T.

Wirkungen zunächst darin äußert, daß es die Handlungsunfähigkeit der Bevormundeten zu ergänzen bestimmt ist, und welches ferner, soweit darin eine Führung fremder Geschäfte enthalten ist, kontraktsähnliche Obligationen zwischen Vormund und Mündel erzeugt. Die Annahme eines Vertrages zwischen Vormund und Mündel,[121]) geschlossen Namens des letzteren von dem Vormundschaftsgericht, hängt mit der oben erwähnten Ansicht zusammen, welche den Richter als den allein berechtigten Vertreter des Pflegebefohlenen, den Vormund dagegen nur als die seiner Instruktion unterworfene Mittelsperson auffaßt, und widerlegt sich aus denselben Argumenten, wie jene.[122])

Im Einzelnen finden sich hierüber folgende Vorschriften.

1) Der Pflegebefohlene ist seinem Vormunde Ehrerbietung, Gehorsam und Folgsamkeit in demselben Maaße schuldig, wie ein unter väterlicher Gewalt stehendes Kind seinem Vater.[123])

2) Der Pflegebefohlene kann sich ohne Zuthun des Vormundes, einem Dritten nicht verpflichten.[124])

3) Aus Handlungen, welche der Vormund für sich allein, d. i. ohne den Beitritt des Pflegebefohlenen unternimmt, entstehen für letzteren, gegen einen Dritten, Rechte und Pflichten nur insofern, als der Vormund ausdrücklich in dieser Eigenschaft die Handlung vollzogen oder den Vertrag geschlossen hat.[125]) Hat jedoch der Vormund nur in seinem eigenen Namen contrahirt, es ergiebt sich aber aus den damals schon vorhandenen und dem Dritten bekannt gewesenen Umständen, daß es wirklich ein vormundschaftliches Geschäft sei, so hat der Dritte die Wahl, ob er an den Vormund oder an das Vermögen des Pflegebefohlenen sich halten wolle.[126]) Unter denselben Voraussetzungen erlangt der Pflegebefohlene aus einem solchen Geschäft Rechte gegen den Dritten.[127])

4) Mit dem Pflegebefohlenen selbst kann der Vormund keine Verträge oder Handlungen, wodurch Ersterer ihm verpflichtet werden soll, vornehmen.[128])

---

121) Bei Koch (Privatrecht Bd. II. S. 733).

122) Vergl. §. 18. —

123) §§. 241. 242 d. T. Vergl. §§. 61 ff. 86 ff. Thl. II. Tit. 1 A.L.R.

124) §. 247 d. T. — Im Einzelnen bestimmen nach dem Allegat im §. 249 d. T. a. über die Vertragsfähigkeit die §§. 10—21 und §§. 24. 25. Thl. I. Tit. 5 A.L.R. — b. über die Fähigkeit der Verpflichtung aus unerlaubten Handlungen die §§. 41—44 Thl. I. Tit. 6 A.L.R. — c. über die Testamentsfähigkeit die §§. 16—18. 21. 22. 26—34 Thl. I. Tit. 12 A.L.R. — d. über die Fähigkeit zur Eingehung von Ehen die §§. 49—57 Thl. II. Tit. 1 A.L.R.

125) §. 250 d. T. — Ges.-Rev. Pens. VII. S. 142.

126) §. 251 d. T. — Vergl. §. 156 Thl. I. Tit. 13 A.L.R. — Der §. 251 findet keine Anwendung, wenn der Vormund ein Geschäft ausdrücklich nur in eigenem Namen für sich und in seinem alleinigen Interesse abgeschlossen hat. (Ges.-Rev. Pens. VII. S. 421.)

127) §. 252 d. T. — Die hierin liegende Abweichung von den §§. 46. 47 Thl. I. Tit. 5 A.L.R. (vergl. Ges.-Rev. Pens. VII. a. a. O.) findet hier ihre Erklärung in der vollständigen Repräsentation des Mündels durch den Vormund.

128) §. 253 d. T. — Ist zwischen Vormund und Mündel in den eigenen Angelegenheiten des ersteren Etwas zu verhandeln, so muß dem Pflegebefohlenen hierzu ein

5) Einem Vormunde soll die pflichtmäßige Führung seines Amts niemals zum Schaden gereichen.[129] Er kann daher aus dem Vermögen des Pflegebefohlenen fordern:

a. Vergütung für den bei Erfüllung seiner Pflichten ohne sein eigenes grobes oder mäßiges Versehen erlittenen Schaden, der ihm außerdem nicht widerfahren sein würde;

b. Vergütung für den blos bei Gelegenheit der Besorgung vormundschaftlicher Geschäfte erlittenen Schaden nach den allgemeinen Grundsätzen des Vollmachtsauftrages.[130] Ferner:

c. für die in den Angelegenheiten des Pflegebefohlenen gemachten nothwendigen Reisen und den dadurch in seinem Gewerbe erlittenen, auf keine Weise vermeidlich gewesenen Schaden, Ersatz der Reisekosten[131] und Diäten nach Verhältniß seines Standes;

d. Erstattung aller für den Pflegebefohlenen und in dessen Angelegenheiten nützlich verwandten Kosten auch selbst dann, wenn der aus der Verwendung solcher Kosten beabsichtigte und vernünftiger Weise zu erwarten gewesene Nutzen nicht erreicht worden oder ohne seine Schuld wieder verloren gegangen ist, nebst landüblichen Zinsen der Auslagen, sofern zur Bestreitung derselben ohne seine Schuld ein hinreichender Vorrath baaren Geldes in dem Vermögen des Pflegebefohlenen nicht vorhanden war,[132] endlich

e. Bezahlung für die Dienste, die er mit seiner erlernten Wissenschaft, Kunst oder Profession dem Pflegebefohlenen geleistet hat.[133]

Kurator bestellt werden (§. 254 d. T.). Das Vormundschaftsgericht kann in seinem Namen nicht kontrahiren (Erk. d. Ob.-Trib. v. 16. Juli 1845, Entsch. Bd. XII. S. 513). — In der Praxis wird nicht selten die Bestellung des Kurators unterlassen, — namentlich in minder wichtigen Fällen, -- und vom Vormnndschaftsgericht unmittelbar gehandelt. Man beruft sich dabei auf die §§. 487. 488 und 527 des Titels, jedoch mit Unrecht, insoweit eine juristische Vertretung des mit seinem Vormund kontrahirenden Mündels erforderlich ist. Denn der §. 488 will Nichts sagen, als daß es der vernünftigen Beurtheilung des Richters unterliegen soll: inwiefern im Falle des §. 487 eine Verhandlung zwischen Vormund und Mündel und somit die Bestellung eines Kurators für das letztere geboten sei, und §. 527 hat lediglich die Hingabe eines Darlehns an den Vormund gegen eine von diesem ausgestellte Schuldverschreibung zum Gegenstande, also auch eine Handlung, bei welcher eine Repräsentation des Pflegebefohlenen nicht stattfindet. — Vergl. Anm. 115 zu §. 18 und — für die entgegengesetzte Ansicht — Koch's Privatrecht Bd. II. S. 735. — Ein Vormund ist nicht befugt, bei einer öffentlichen Subhastation Grundstücke seines Pflegebefohlenen zu erstehen. Rescr. v. 6. Septbr. 1802. (Rabe: Bd. VII. S. 237.)

129) §§. 255—262 d. T.

130) Die allegirten §§. 80. 81 Thl. I. Tit. 13 A.L.R. lauten:

80. Unglücksfälle, welche den Bevollmächtigten bei Ausrichtung des Geschäfts treffen, ist der Machtgeber nur insofern zu vergütigen schuldig, als er dazu auch nur durch ein geringes Versehen Anlaß gegeben hat.

81. Doch muß der bloß zufällige Schade auch alsdann ersetzt werden, wenn der Bevollmächtigte die bestimmte Vorschrift des Machtgebers, ohne sich der Gefahr einer solchen Beschädigung auszusetzen, nicht hat befolgen können.

131) In vermögenslosen Vormundschaften aus der Gerichtskasse, weil der Vormund vom Staate angestellt wird. Dies ist übrigens controvers; vergl. Erg. zu §§. 255 ff. d. T. —

132) §§. 260. 261 d. T. Vergl. §§. 65. 69. 71. 73 Thl. I. Tit. 13 A.L.R.

133) §. 262 d. T. — In Bezug auf die Rechtsanwälte als Vormünder oder Curatoren sind in den Rescripten vom 31. März 1831 (Jahrb. Bd. XXXVII. S. 334

6) Dagegen ist der Vormund für seine vormundschaftlichen Arbeiten und Bemühungen Gehalt oder Belohnung zu verlangen nicht berechtigt,[134]) ausgenommen

a. wenn er durch vorzüglich kluge und mühsame Administration das Vermögen der Pflegebefohlenen vergrößert oder die Einkünfte derselben beträchtlich vermehrt hat, in welchem Falle der Richter ihm ein verhältnißmäßiges Honorar nicht versagen darf, [135]) oder

b. wenn der Erblasser der Pflegebefohlenen ihm ein Honorar bestimmt hat, in welchem Falle es hierbei sein Bewenden hat. [136]) Der Richter kann ihm aber auch ein Honorar dann zubilligen, wenn

---

und vom 30. September und 14. November 1833 (Jahrb. Bd. XLII. S. 166 und 428) in Verbindung mit Anh. § 137 zu §. 25 Tit. I. Thl. 23 A.G.O. modificirende Vorschriften ergangen, nach denen Folgendes gilt:

I. Ist der Rechtsanwalt Vormund und

A. bezieht er als solcher ein Honorar, so kann er außer diesem allenfalls noch Versäumnißkosten und baare Auslagen (darunter Copialien, wenn die Vormundschaft vermögend ist), fordern,

B. bezieht er kein Honorar, so kann er a. wenn die Vormundschaft eine vermögende ist (im Sinne der Bestimmungen des §. 2 sub Nr. 14 der Einleitung zur Allgem. Gebührentaxe vom 23. August 1815) außer den Versäumnißkosten und baaren Auslagen (worunter Copialien) auch Honorar für Prozeßschriften, b. wenn sie unvermögend ist, nur die wirklichen baaren Auslagen (darunter nicht die Copialien) fordern.

II. Der Rechtsanwalt als Litiskurator kann a. wenn die Vormundschaft vermögend ist, alle sonst zulässigen Gebühren, b. wenn sie arm ist, nur die wirklichen baaren Auslagen, c. in jedem Falle die Erstattung der vollen Gebühren von dem im Prozeß unterliegenden Gegner, nach Maßgabe der allgemeinen hierüber geltenden Vorschriften, fordern.

III. Der Rechtsanwalt als Offizial-Mandatar der Vormundschaft kann a. wenn die Vormundschaft vermögend ist, alle an sich zulässigen Gebühren und Auslagen b. andernfalls nur die baaren Auslagen mit Ausschluß der Copialien (aus der Gerichtskasse) fordern.

IV. Hat der Rechtsanwalt als Vormund oder Kurator die Rechte auch anderer Theilnehmer (z. B. des überlebenden Ehegatten) als deren Mandatar wahrgenommen, so hat er seine Gebühren und Auslagen von diesen auf ihren Antheil zu fordern. — Im Uebrigen sind Vormünder befugt, in Prozeßsachen ihrer Curanden die baaren Auslagen nebst dem Honorar für schriftliche Aufsätze und Ausarbeitungen zu verlangen. (R. vom 11. September 1813).

134) §§. 263—274 d. T. —

135) Die Frage: ob die Voraussetzungen der §§. 264. 265 vorliegen und auf wie hoch das Honorar festzusetzen, unterliegt der pflichtmäßigen Beurtheilung des Vormundschaftsgerichts und wird in Collegien durch Stimmenmehrheit, wie jede andere Frage, entschieden. Die §§. 266—268 (nach denen bei obervormundschaftlichen Gerichten einer Provinz eine Mehrheit von zwei Drittel der Stimmen, andernfalls eine Anfrage bei Hofe, und bei Untergerichten, wenn das Honorar den Betrag von 5 Thalern übersteigt, die Genehmigung des Pupillen-Collegii erfordert wird), sind mit der neuen Gerichts-Organisation obsolet geworden und können nicht (wie Koch im A.L.R. Bd. IV. S. 744 will) analogisch auf das Verhältniß der Gerichte erster Instanz zu dem vorgesetzten Appellationsgericht angewendet werden, weil dies dem Prinzip des §. 22 der Verordn. v. 2. Januar 1849 zuwider wäre.

136) §§. 272. 273 d. T. — „Daß die zu bewilligenden 1—3 Procent nicht von dem reinen Ueberschuß, sondern von dem ganzen Vermögen zu verstehen sind, spricht von selbst, da die Verwaltung eines Vermögens, je nachdem solches mehr oder minder belastet ist, mehrere Mühe und Arbeit erfordert.“ (Rescr. vom 22. Januar 1804, Rabe Bd. VIII. S. 1). In demselben Rescript wird entschieden: daß die Maximalsätze des

c. die Vormundschaft mit einer weitläufigen und beschwerlichen Verwaltung verknüpft ist, und von den Einkünften, nach Abzug aller Ausgaben und Erziehungskosten, ein Ansehnliches erübrigt wird. — Außerdem kann

d. der Vormund eines Abwesenden ein verhältnißmäßiges Honorar fordern, sobald von den Einkünften des Vermögens, nach Abzug der Ausgaben, noch ein reiner Ueberschuß bleibt, und dieses kann bei Güterverwaltungen auf ein bis drei, bei Kapitals-Administrationen bis auf ein Prozent der Einkünfte bestimmt werden;[137])

e. der Vormund eines Wahn- und Blödsinnigen unter derselben Voraussetzung ein gleiches Honorar fordern, welches das vormundschaftliche Gericht, wenn besonders die Vormundschaft über zehn Jahre dauert, noch erhöhen kann. —

7) Der Vormund ist schuldig, auf die Angelegenheiten seiner Pflegebefohlenen denjenigen Grad der Aufmerksamkeit zu wenden, den ein ordentlicher Hausvater in seinen eigenen Angelegenheiten gewöhnlich anwendet.[138]) Er haftet also der Regel nach für ein dabei begangenes mäßiges Versehen[139]) und nur ausnahmsweise

1) für ein selbst geringes: a. wenn er Umstände, die ihn nach den Gesetzen zur Uebernahme der Vormundschaft unfähig machen, auf Befragen des Richters oder sonst geflissentlich verschwiegen, b. wenn er Geschäfte, die eine besondere Sachkenntniß erfordern, eigenmächtig, ohne Zuziehung eines Sachverständigen, unternommen, c. wenn er selbst ein Sachverständiger ist und in dieser Eigenschaft Angelegenheiten des Pflegebefohlenen besorgt, endlich d. wenn er in Fällen, da er nach ausdrücklichen Gesetzen bei dem vormundschaftlichen Gericht aufragen sollte, die Anfrage unterlassen hat,[140]) und

2) für ein nur grobes Versehen, a. wenn er bei Fortsetzung eines von dem Vater oder Erblasser oder dem vor ihm abgegangenen Vormund bereits angefangenen Geschäfts die durch eingetretene oder bekannt gewordene Umstände nach dem Antritt seiner Verwaltung vernünftiger Weise gebotene Abänderung der getroffenen Maßregel unterlassen,[141]) und b. wenn

---

§. 273 für das Honorar der Vormünder Minderjähriger nicht gelten, hierfür vielmehr die allgemeinen Normen der §§. 264. 265 allein maßgebend sind. (Bestätigt in dem Rescript vom 30. November 1835 in den Ergänzungen zu §. 266).

137) Das dem Vormund ausgesetzte Vermächtniß gilt, wenn nichts Anderes bestimmt ist, für das Honorar. §§. 270. 218. 219 d. T. — Der Vormund kann übrigens das ihm im Testament bestimmte Honorar bei Antritt seines Amtes ausschlagen und es dagegen auf richterliche Bestimmung nach §§. 264. 265 ankommen lassen. §. 271 d. T.

138) Röm. Recht l. 1 pr. D. de tutelae et rationibus distrahendis et utili curationis causa actione (XXVII., 3). — In omnibus, quae fecit tutor, quum facere non deberet, item in his, quae non fecit, rationem reddet hoc judicio, praestando dolum, culpam, et quantam in rebus suis diligentiam. — l. 33 D. de administratione et periculo etc. (XXVI., 2). Nov. 72 cap. 8. — l. 53 §. 3 D. de furtis (XLVII., 2).

139) §§. 275. 276. 438 d. T.

140) §§. 277—280 und 166 d. T.

141) §§. 284. 285 d. T.

er bei Einziehung der Nachrichten zu einem auf Anweisung des vormundschaftlichen Gerichts angestellten oder fortgesetzten Prozesse, welcher nachtheilig geendigt, gefehlt hat.[142]) —

Für zufälligen Schaden darf ein Vormund nur insofern haften, als der Zufall dem Pflegebefohlenen nicht nachtheilig geworden sein würde, wenn nicht von Seiten des Vormundes ein grobes oder mäßiges Versehen vorhergegangen wäre.[143]) —

Die Erben des Vormundes haften nach denselben Grundsätzen, wie die Erben des Vormundschaftsrichters (§. 16. sub III.).[144]) —

8) Der Vormund ist schuldig, nach geendigter Vormundschaft dem gewesenen Pflegebefohlenen oder dessen Erben Rechnung zu legen. Ein Gleiches muß geschehen, wenn die Vormundschaft nur in Rücksicht auf die Erhaltung der Substanz des Vermögens fortgesetzt wird, die Verwaltung des Vormundes aber gänzlich aufhört.[145]) —

9) Die Pflegebefohlenen haben wegen aller von dem Vormunde zu vertretender Defekte einen gesetzlichen Titel zum Pfandrecht auf seine Immobilien, und ihre Ansprüche wegen des in seine Verwaltung gesetzlich gekommenen Vermögens haben im Falle des Concurses ein Vorzugsrecht.[146])

---

142) §. 513 d. T.

143) §. 282 d. T. — Anwendung des Grundsatzes §. 13 Thl. I, Tit. 13 A.L.R. (casus dolo vel culpae subordinatus). — Hierzu das Pr. des Ob.-Trib. 1209 vom 18. Oktober 1842 (Entsch. Bd. VIII. S. 378). Der Vormund, der es unterläßt, zur Ausleihung der Mündelgelder auf Realsicherheit die Genehmigung des vormundschaftlichen Gerichts einzuholen, haftet zwar für alle nachtheiligen Folgen eines bei der Prüfung der Sicherheit begangenen geringen Versehens, nicht aber für den durch einen reinen Zufall herbeigeführten Schaden.

144) Die Beibehaltung des gemeinrechtlichen Satzes: heredes tutoris ob negligentiam, quae non latae culpae comparari possit, condemnari non oportet, si non contra tutorem lis inchoata est (l. 1 Cod. de heredibus tut.: V, 54) wird von Sz. gegen einen Monenten damit gerechtfertigt, „daß derselbe sehr billig sei, da die Ausmittelung der gradus culpae gegenüber den Erben besondere Schwierigkeiten habe." (Ges.-Rev. Pens. VII. S. 151). — Derselbe Grund wird von Glück (Commentar der Pandekten XXX. S. 300) auch für die gemeinschaftliche Regel angeführt, von anderen Schriftstellern jedoch nicht anerkannt. Der Zusatz in der allegirten Stelle: neque ex damno pupilli lucrum captatum aut gratia praestitum est, — gilt auch im Preuß. Recht und ist im Titel 18 anscheinend nur deshalb nicht aufgenommen, weil die unbedingte Haftungsverbindlichkeit der Erben des Vormundes im Falle der Bereicherung schon aus allgemeinen Vorschriften (§§. 262 ff. Thl. I., Tit. 13 A.L.R.) folgt.

145) §§. 861—863 d. T. — l. 4 princ. l. 9 §. 1. 4. 5. 7. D. de tutelae et rationibus distrahendis et utili curationis causa actione. — Verschieden hievon ist die jährliche Rechnungslegung des Vormundes, welche der vormundschaftlichen Behörde geschieht. — Sie ist deutschen Ursprungs und dem Röm. Recht unbekannt („absurdum enim erat, a tutore rationem administrationis negotiorum pupilli reposci, in qua adhuc perseveraret" l. 9. §. 4 l. c.), gemeinrechtlich aber durch den Reichs-Abschied vom Jahre 1548 Tit. 31. §. 3 sanktionirt.

146) §. 296 d. T. Artikel XI. des Einführungsgesetzes zur Konkurs-Ordnung vom 8. Mai 1855 — §. 81 der Konkurs-Ordnung. — Dasselbe Vorzugsrecht haben die Ansprüche der Ehefrauen (mit Ausnahme der Ehefrauen von Handelsleuten, Schiffsrhedern und Fabrikbesitzern) und der Kinder wegen ihres gesetzlich in die Verwaltung und Nutznießung des Gemeinschuldners gekommenen Vermögens. Ueber ihre gesetzlichen Titel zum Pfandrecht s. §§. 254. 255. 269. 296. 465 Tit. 1 und §§. 187. 463 Tit. 2 Thl. II. A.L.R.

§. 20. c. Stellung der einzelnen Vormünder zur Behörde.

Die Aufsicht der vormundschaftlichen Behörde über Ehemänner als gesetzliche Vertreter ihrer Frauen und über Väter als natürliche Vormünder ihrer Kinder ist nur wirksam: entweder in eingetretenen Collisionsfällen, auf das Anrufen des einen oder anderen Theils,[147]) oder — dies gilt jedoch nur von der väterlichen Vormundschaft — bei wichtigen Veränderungen des Vermögens der Pflegebefohlenen, als welche die Veräußerung oder dauernde Belastung der Immobilien und das Aufgeben besonders gesicherter Rechte angesehen werden.[148]) Im ersteren Falle hat das vormundschaftliche Gericht an Stelle des Prozeßrichters auf summarische Untersuchung in der Sache zu entscheiden,[149]) im letzteren Falle das Geschäft auf erfolgte Prüfung im Interesse des Pflegebefohlenen zu genehmigen oder zu verwerfen.[150])

Dagegen ist nach dem oben bereits erwähnten Prinzip der Staatsbevormundung die gesammte Administration der bestellten Vormünder und Curatoren einer speziellen Leitung und Controle des vormundschaftlichen Gerichts unterworfen, welches hierin den Charakter einer administrativen Behörde hat. Die Thätigkeit derselben ist unter umständliche Regeln gestellt,[151]) deren Befolgung in einzelnen Fällen die Rechtsgültigkeit der vom Vormunde für das Mündel vorgenommenen Handlungen Dritten gegenüber bedingt.[152]) — Zum größeren Theile jedoch enthalten sie Verwaltungs-Vorschriften, die auf die Sicherung der Pflegebefohlenen berechnet sind, ohne dritte Personen zu verbinden. Unter diesen sind von allgemeinem Inhalt: die Vorschriften über die Sicherheitsbestellung und die jährliche Rechnungslegung des Vormundes.

§. 21. α. Cautionsbestellung.

Der Vormund muß nach Verhältniß desjenigen Theiles des Vermögens und der Einkünfte, den er von Zeit zu Zeit in Händen behält, — durch Bürgen oder Pfänder oder durch gerichtliche Eintragung auf Grundstücke — Caution bestellen.[153]) Der Richter muß dieser Caution die-

147) §§. 57. 239 Thl. II. Tit. 1 A.L.R. §§. 67 bis 72. 87. 90. 102. 112. Thl. II. Tit. 2.

148) §§. 169—171 Thl. II. Tit. 2.

149) §. 88 Thl. II. Tit. 2. — Die Erörterung bei dem vormundschaftlichen Gericht ist der Verweisung an den ordentlichen Richter vorgezogen, weil „bei ersterem die Sache glimpflicher, stiller, mit weniger Geräusch und Aufsehen abgemacht werden kann, als coram judice ordinario, wo sie bald die Gestalt eines förmlichen Prozesses gewinnt, dergleichen man unter Eheleuten, Eltern und Kindern möglichst vermeiden muß. (Sz. Jahrb. Bd. XLI. S. 113 und 134). Die Entscheidung ergeht in Form einer Resolution und kann (z. B. im Falle des §. 57 Thl. II. Tit. 1) lediglich darin bestehen, daß der zu Unrecht verweigerte Consens ergänzt wird.

150) §§. 169—171 Thl. II. Tit. 2.

151) §§. 422—678 d. T.

152) §§. 501 ff. 521 ff. 550 ff. 643 ff. d. T.

153) §§. 424. 425 d. T. — Die satisdatio tutoris et curatoris des Röm. Rechts (stipulatio rem salvam fore) war durch den Prätor eingeführt, um für den Pupillen eine Contractsklage (die actio ex stipulatu) für alle Fälle der Verwaltung gegen den Vormund zu begründen. D. XLVI., 6 (rem pupilli vel adolescentis salvam fore) l. 1. 4 §. 8, D. XXXII., 7 (de fideijussoribus ꝛc. l. 7). — Sie erschien bei

jenige Sicherheit verschaffen, die der Vormund nach der Lage seiner Umstände und nach der Beschaffenheit seines Vermögens dafür gewähren kann,[154]) wobei

a. bei der Eintragung auf Grundstücke die erste Hälfte des Werthes derselben nur mit Willen des Vormundes belastet werden darf, der auch insoweit das Zurücktreten der bereits bestellten Caution zum Besten anderer Eintragungen verlangen kann,[155])

b. die Sicherheit der Aktivforderungen nach den bei Belegung der Pupillen-Capitalien vorgeschriebenen Grundsätzen zu beurtheilen ist,[156])

c. Bürgen der Regel nach nur angenommen werden sollen, wenn sie die Bürgschaft innerhalb der ersten zwei Drittel des Werths ihrer Grundstücke eintragen lassen. Die Caution muß auf eine gewisse Summe bestimmt sein, wenn der Vormund sie nicht anders bestellen will.

Befreit von der Cautionsbestellung sind:

1) die von dem Erblasser[157]) der Pflegebefohlenen ernannten Vormünder so lange, als sie sich nicht einer unordentlichen oder unwirthschaftlichen Administration verdächtig machen oder die Ablegung der Rechnungen länger als sechs Monate nach dem dazu bestimmten Termine vernachlässigen,[158])

---

dem tutor testamentarius und dativus, deren Zuverlässigkeit durch den Vater, beziehlich die Obrigkeit, geprüft war, entbehrlich. (l. 4 §. 1 D. de legitimis tut. XXVI. 4. Rudorff Bd. II. S. 217 ff.) — Nach deutschem Recht wurde von allen Vormündern (den geborenen, wie den gekorenen) den nächsten Erben — später: den nächsten Blutsfreunden des Mündels (in der Regel mit Grundstücken) Caution geleistet. (Kraut: Bd. II. S. 42 ff. S. 122 ff.) Die Reichspolizeiverordnungen (von 1548 tit. 31 und von 1577 tit. 32 §. 3) verpflichten ebenfalls alle Vormünder (testamentarische, gesetzliche und durch die Obrigkeit bestellte) nach befohlener Verwaltung „rechtmäßige, genugsame Caution und Versicherung zu thun." Dieselbe wird gemeinrechtlich durch Bürgen, Pfänder oder Hypotheken geleistet. — Das Preuß. Recht hatte noch in der Vorm.-Ordn. von 1718 (§. 34) die Befreiung des Vormundes von jeder Cautionsbestellung, wie auch andere Partikulargesetzgebungen, z. B. die Oesterreichische. Die landrechtlichen Bestimmungen sind insofern ganz neu, als sie nicht eine allgemeine Caution, vielmehr — im Anschluß an den nur auf Defekte beschränkten Pfandrechtstitel im §. 296 — nur eine specielle Caution zur Sicherheit dessen verordnen, was der Vormund an Vermögen des Mündels von Zeit zu Zeit in Händen hat. Die Vorschriften, aus einem übertriebenen Mißtrauen des Gesetzes hervorgegangen, passen am wenigsten zu der allgemeinen Dativ-Tutel, durch welche an sich eine ausreichende Garantie für die Zuverlässigkeit der bestellten Vormünder geboten ist, und stoßen in der Praxis auf so große Schwierigkeiten, daß die Anwendung des §. 434 zur Regel wird. (Vergl. Ges.-Rev. Pens. VII. S. 186.)

154) §. 426 d. T.

155) §. 427. 428 d. T.

156) §. 429 d. T. — Die hier allegirten §§. 466 ff. treffen nicht zu: man kann den Maaßstab höchstens aus den §§. 467. 472. 478. 480 und Anh. §. 160 entnehmen, die aber auch keine positive Entscheidung geben. Auf Grund des §. 472 muß man auf die §§. 188. 189 Thl. I. Tit. 14 A.L.R. zurückgehen, wonach Aktivforderungen nur dann hinlänglich sicher sind, wenn sie auf Landgütern innerhalb der ersten ⅔, auf städtischen Grundstücken innerhalb der ersten Hälfte des Werths eingetragen stehen. (Ges.-Rev. Pens. VII. S. 192. Koch: A.L.R. Commentar zu §. 472 d. T.)

157) Dem Vater oder der Mutter. (§§. 173. 174 d. T.) — Die Vorschrift ist aber nicht auch anzuwenden auf einen Vormund, der sich in einer Lage befindet, in welcher der Vater selbst das Vermögen seiner Kinder sicher zu stellen würde angehalten werden können. Rescr. v. 4. Mai 1805, Rabe Bd. VII. S. 256.

158) §. 433 d. T. — Die Vorschrift dieses Paragraphen findet auf den von jedem Erblasser, nicht bloß Vater oder Mutter, nach §. 175 d. T. dem Pflegebefohlenen ernannten Kurator Anwendung (§. 953 d. T.)

2) nach dem Ermessen des Gerichts auch andere Vormünder, die mit einer besonderen Cautionsbestellung gar nicht aufzukommen im Stande sind, wenn sie sonst in dem Rufe unbescholtener Redlichkeit und ordentlicher Wirthschaft stehen. Doch hat unter Mehreren bei gleichem Grade der Tüchtigkeit derjenige den Vorzug, der Caution bestellen kann.[159]) —

Vor der Cautionsbestellung soll das Vormundschaftsgericht nach pflichtmäßigem Befinden Maßregeln zur Sicherheit des Pflegebefohlenen durch Eintragung eines vorläufigen Vermerkes auf die Grundstücke des Vormundes oder bei einem nicht angesessenen Vormund auf andere Art treffen,[160]) und einem ohne Caution bestellten Vormunde soll es durch unmittelbare Einziehung der Interessen, Pacht- und Miethszinsen, sowie anderer fixirter Hebungen zum Depositum oder durch Anweisung an die Gläubiger des Pflegebefohlenen, nach Möglichkeit die Gelegenheit zu nachtheiligen und willkürlichen Dispositionen benehmen,[161]) dergleichen besondere Maßregeln auch in der ihm zu ertheilenden Bestallung ausdrücken.[162])

§. 22. β. Jährliche Rechnungslegung.

Der Vormund ist von seiner Verwaltung alljährlich Rechnung abzulegen und diese spätestens innerhalb dreier Monate nach dem Ablauf des Rechnungsjahres bei dem vormundschaftlichen Gericht einzureichen verbunden.[163]) Bei geringeren Vormundschaften kann jedoch nach Legung und Abnahme der ersten Jahresrechnung der Termin für die folgenden auf zwei bis drei Jahre bestimmt werden.[164]) Die Rechnung muß auf dem Inventarium fußen, nach welchem dem Vormunde das Vermögen übergeben worden, und nach Anleitung desselben, sowie des etwaigen Theilungsrezesses den Zustand des Vermögens, wie er sich am Anfang und beim Abschluß der Rechnung verhalten hat, einschließlich der auf unmittelbaren Befehl des Gerichts erfolgten oder durch das Depositum desselben gegangenen Einnahmen und Ausgaben, die zu diesem Zwecke vom Gericht dem Vormund in Zeiten mitgetheilt werden müssen, enthalten und die Richtigkeit der Einnahmen und Ausgaben durch Beläge, Quittungen oder andere Bescheinigungen nothdürftig nachweisen.[165]) Ueberhaupt steht der Vormund in Ansehung der Pflicht zur Führung und Ablegung der Rechnung wie ein Ver-

159) §§. 434. 435 d. T.

160) §. 432 d. T.

161) §. 436 d. T. — Gegen diese Vorschrift vergl. den Aufsatz in Gruchot's Beiträgen Jahrgang IV. S. 58.

162) §. 407 d. T.

163) §. 647 d. T. Die Rechnungsablage „von Zeit zu Zeit" (verschieden von der bei Beendigung der Vormundschaft) ist deutschrechtlichen Ursprungs. Sie geschah nach den Quellen des 13. Jahrhunderts (die früheren enthalten darüber Nichts) der Regel nach den nächsten Blutsfreunden des Mündels und ist in Folge der allmäligen Verdrängung des Familienschutzes durch die Obervormundschaft (wie auch die Errichtung des Inventars) eine Pflicht des Vormundes der Obrigkeit gegenüber geworden, als welche die Reichspolizei-Ordnungen von 1548 (Tit. 3. §. 3) und von 1577 (Tit, 32. §. 3.) sie sanktionirt haben. Vergl. Kraut Bd. I. S. 92 Bd. II. S. 48 ff. Ges.-Rev. Pens. VII. S. 230.

164) §. 651 d. T.

165) §§. 655—660 d. T.

walter fremder Güter.[166]) Ist eine Vormundschaft über mehrere Pflegebefohlene zugleich angeordnet, von denen jeder ein abgesondertes Vermögen besitzt, so muß über das Vermögen des einzelnen eine besondere Rechnung, und, sofern sie außerdem gemeinschaftliches Vermögen haben, hierüber noch eine gemeinschaftliche Rechnung geführt und abgelegt werden.[167]) Gehört zu dem Vermögen des Pflegebefohlenen ein in einer anderen Provinz gelegenes Grundstück, so muß hierüber eine besondere Wirthschaftsrechnung geführt und bei dem Richter der Sache abgelegt, der aus dieser sich ergebende Ueberschuß der Gutseinkünfte aber in der Vormundschaftsrechnung mitaufgeführt und gehörig nachgewiesen, und diese nebst der Wirthschaftsrechnung und dem Befunde des Richters der Sache bei der Revision und Abnahme der endgültigen Prüfung des vormundschaftlichen Gerichts unterbreitet werden.[168])

Die Rechnung wird ersetzt:

a. durch einen alljährlich beizubringenden Nachweis von der Substanz des Vermögens, wenn die Einkünfte des Vermögens der Mutter oder einem Dritten oder dem Vormunde selbst[169]) gegen die Erziehungs- und Verpflegungskosten in Pausch und Bogen überlassen sind,[170])

b. bei Handlungen durch die von einem vereideten Buchhalter aus den Büchern gezogene und von dem Vormunde nach vorheriger Revision als richtig attestirte jährliche Balance.[171]) —

Das Vormundschaftsgericht muß den Vormund zur Rechnungslegung von Amtswegen anhalten und die von ihm gelegte Rechnung in Rücksicht sowohl auf die Regeln der Rechnenkunst und die Beläge, als auch auf den Inhalt, die Beschaffenheit und Nützlichkeit der vorgefallenen Geschäfte sorgfältig prüfen,[172]) und auch für die Berichtigung der Defekte (durch Bestellung

---

166) Nach den §§. 133—144 Thl. I. Tit. 14 A.L.R. — Demselben liegt u. A. ob, alle Einnahmen und Ausgaben in die dazu bestimmten Bücher ohne Zeitverlust einzutragen, widrigenfalls seine Angabe nur soweit gilt, als er deren Richtigkeit nachweisen kann, und wobei er für die Kosten dieser Ermittelung haftet.

167) §§. 672. 673 d. T.

168) §§. 674—678 d. T. — Vergl. §§. 82. 83 d. T., desgl. §. 156 Thl. I. Tit. 2 A.G.O.

169) Ueberbleibsel der tutela usufructuaria des deutschen Rechts. (Kraut Bd. II. S. 83 ff.).

170) §. 652 d. T.

171) § 653 d. T. — Diese Balance muß von dem Richter ebenso verwahrt werden, wie in Ansehung des Inventariums verordnet ist. §. 654. Vergl. §. 387 d. T.

172) §§. 662. 663 d. T. — Da die hierbei an die Vormünder gestellten Anforderungen oft deren Kenntnisse und Fertigkeiten übersteigen, hat der Justiz-Minister durch die allgem. Verf. vom 18. März 1843 (J.-M.-Bl. S. 87) eine auf Grund sachverständiger Gutachten und „mit Beachtung der wesentlichen gesetzlichen Vorschriften" ausgearbeitete Anleitung zur Rechnungsführung über das Vermögen der unter gerichtlicher Obhut stehenden Pflegebefohlenen den Gerichten „mit Rücksicht auf den Allerh. Cabinets-Befehl vom 24. August 1837 zur Richtschnur für die an die Vormünder zu stellenden Anforderungen und zum Leitfaden für die Theilnahme des Richters und der gerichtlichen Rechnungsbeamten bei der Abnahme der Rechnung und bei Anfertigung von Vermögensübersichten" mitgetheilt. Diese Anleitung, welcher Formulare beigefügt sind, befindet sich in dem J.-M.-Bl. pro 1843 hinter S. 88 auf 40 Seiten als Beilage abgedruckt und ist außerdem besonders (bei Karl Heymann in Berlin) erschienen. Die wesentlichen Grundzüge derselben sind:

eines Kurators und Ermächtigung desselben zur Anstellung des Rechnungsprozesses gegen den Vormund oder durch exekutivische Beitreibung des Kassenbestandes und der als richtig anerkannten Defekte) Sorge tragen.[173]) Ueberschüsse von dem Vermögen und den Einkünften des Pflegebefohlenen, sowie die aus der Rechnung sich ergebenden Kassenbestände[174]) sind von dem Vormunde an das Gericht abzuliefern oder, nach erstatteter Anzeige an dasselbe, zinsbar unterzubringen oder sonst nutzbar anzulegen.[175])

§. 23. Befreite Vormünder.

Die verordnete Sorge des Staates über die Person und das Vermögen der Pflegebefohlenen an sich kann durch keine Willenserklärung oder

---

1. Dem vormundschaftlichen Gericht wird in der Regel eine, die jedesmalige Rechnung umfassende, mit den erforderlichen Belägen versehene Abschrift des vom Vormunde zu führenden Kassenbuchs als Rechnung genügen. Dieses Kassenbuch hat folgende Rubriken: I. laufende Nummer, II. Datum, III. Einnahme oder Ausgabe, IV. Betrag, V. Bemerkungen, und zwar a. für den Fall, daß eine Abschrift dieses Kassenbuchs als Rechnung dient: aa. „Die Post ist zu berechnen für", bb. Nummer der Beläge, b. für den Fall einer besonders gelegten Rechnung aa. Titel und bb. Nummer der Rechnung.
2. Nur wenn die vormundschaftliche Verwaltung von einer größeren Bedeutung, der Vormund des Rechnungswesens kundig ist oder eine Remuneration erhält, kann von ihm eine in verschiedene Titel abgetheilte Rechnung nach folgenden Rubriken: I. laufende Nummer, II. Titel und Nummer des Inventars, III. Einnahme oder Ausgabe, IV. Nummer der Beläge, V. Betrag, — verlangt, und nur in diesem Falle sollen auch außer den vom Vormunde selbst aus dem Depositorium empfangenen oder dahin geleisteten Zahlungen auf Grund des Inventars oder der letzten Vermögensübersicht die einzelnen Aktiv- oder Passiv-Posten vor der Linie nachrichtlich bemerkt werden, die zum Depositum geflossen oder daraus unmittelbar berichtigt worden sind.
3. Die Aufstellung der Vermögensübersicht (§. 656 d. T.), wie die Ausgleichung der Hebungen einzelner Erben bei noch ungetheilter Gemeinschaft, wird auf den Grund der Vormundschafts-Rechnung, der besonderen Administrations-Rechnungen und des Depositalauszuges durch den gerichtlichen Rechnungsbeamten oder den Richter bewirkt, wenn der Vormund sie nicht selbst anfertigen kann oder will.
4. Hat bei einfachen Vermögens-Verhältnissen der Vormund jährlich Rechnung gelegt, so bleibt es dem richterlichen Ermessen überlassen, die Uebersicht nur alle drei Jahre anfertigen zu lassen, wenn nicht früher besondere Veranlassung dazu eintritt.
5. Die Einnahme- und Ausgabe-Reste werden nicht durch besondere Rechnungs-Columnen („Soll einkommen" und „Ist eingekommen" ꝛc.) controlirt, sondern bei der nach Titeln zu legenden Rechnung durch Bemerkungen vor der Linie, und außerdem, sowie bei der nach dem Kassenbuch zu legenden Rechnung, dadurch, daß sie bei der Monitur und Abnahme der Rechnung besonders zur Sprache gebracht, auch in solchen Uebersichten, die zur Auseinandersetzung dienen sollen, mit aufgenommen werden. — —

Der Vorschlag, Formulare für die Vormundschaftsrechnungen, nach dem Muster der Vormundschafts-Ordnung vom 23. September 1718, im Gesetzbuch vorzuschreiben, war als ungehörig und sogar schädlich unberücksichtigt geblieben. (Ges.-Rev. Pens. VII. S. 233.)

173) §§. 667. 669. 671 d. T. — Steht der Vormund unter einer anderen Jurisdiktion, so muß der gehörige Richter der deshalb erlassenen „bloßen Requisition des Vormundschafts-Amts" Statt geben. §. 670 d. T.

174) Zu unterscheiden von solchen, die nach Maßgabe der Monitur verbleiben. (Ges.-Rev. Pens. VII. S. 235). Auf die letzteren bezieht sich §. 688 nicht.

175) §. 668. 545—547. 486 d. T.

Verfügung gehindert werden, weil sie dem öffentlichen Recht angehört.[176]) Darnach ist nicht blos eine Verfügung, nach welcher ein Pflegebefohlener unbevormundet bleiben soll,[177]) sondern auch eine Verordnung, die den Vormund der Verpflichtung an Eides Statt oder der Anfertigung eines Privat-Inventars überhebt, unwirksam.[178]) Dagegen kann der Erblasser der Pflegebefohlenen, — aber auch nur ein solcher, welcher den Pflegebefohlenen mehr als den ihnen schuldigen Pflichttheil zuwendet,[179]) und nur für seine Person, ohne die Befugniß, das Recht zur Auswahl auf einen Andern zu übertragen,[180]) — einen von ihm ernannten Vormund von den vorgeschriebenen Einschränkungen der vormundschaftlichen Administration ganz oder zum Theil durch eine gerichtliche Erklärung oder in einem förmlichen gerichtlich aufgenommenen oder niedergelegten Testamente[181]) befreien.[182]) Dem Vater gebührt diese Befugniß auch in Bezug auf das Vermögen, welches den Kindern von Anderen, als von ihm, jedoch vor seinem Tode, zugefallen ist,[183]) wogegen das nach seinem Tode den Kindern zugefallene Vermögen der gewöhnlichen vormundschaftlichen Aufsicht unterliegt. Andrer-

176) §. 679 d. T. — Aus demselben Grunde konnte im Röm. Recht nach l. 5 §. 7 D. XXVI. 7 (nemo enim jus publicum remittere potest) der Erblasser keinen tutor anecloglstus ernennen, d. h. dem Vormunde die Rechnungslegung nicht erlassen.

177) §. 680. — Ist nur ein Beispiel. Vergl. folgende Anmerkung.

178) Ges.-Rev. Pens VII. S. 237. Vergl. §§ 399. 684 d. T. — Die Vorschrift des §. 399 bezieht sich jedoch nach der Cab.-Ord. v. 19. August 1809 (Rabe Bd. X S. 149) nicht auf das unfreie Vermögen der noch unter väterlicher Gewalt stehenden Kinder, so lange nicht der Fall der nothwendigen Auseinandersetzung oder Sicherheitsbestellung eintritt.

179) §§. 393. 683 d. T.

180) Cab.-Ord. v. 11. April 1836 (Jahrb. Bd. XLVII. S. 527).

181) Mit welchem — wie anzunehmen: auch in dieser Beziehung — ein im Testament vorbehaltenes Codicill gleiche Wirkung hat. Anh. §. 53 zu §. 163 Thl. I. A.L.R. Der Ausdruck „förmlichen" stand im Zusammenhang mit der früheren Theorie des Allg. Land-Rechts, nach der in der Regel Codicille und Testamente dieselbe Form hatten, und muß als mit dieser abgeändert gelten. (Koch's Commentar zu §. 169 Thl. I. Tit. 12 und der Aufsatz von Kräwels in Gruchot's Beiträgen, 4. Jahrg. S. 78.)

182) §§. 681. 682 d. T.

183) Oder vielmehr: „als zugewendet bekannt geworden ist". (Ges.-Rev. Pens. VII. S. 237.) Es kommt nach dem Rescr. v. 14. März 1796, woraus der Anh. §. 166 genommen ist, nur darauf an: inwieweit die Vermögensanfälle der Kinder ad cogitata oder non cogitata des Vaters gehören. Ad cogitata aber gehört, wie gegen Ulrich (Archiv Bd. XI. S. 110) mit Koch (Commentar z. d. Paragraphen) anzunehmen ist, auch der Fall, wenn von mehreren Geschwistern, deren gemeinschaftlicher Vormund befreit worden, eines stirbt, und sein Vermögen auf die übrigen verfällt, und es kann dieser Anfall daher als den gesetzlichen Einschränknngen unterliegend nicht gelten. Denn die vom Vater gewollte Befreiung des Vormundes bezieht sich auf das allen seinen Kindern hinterlassene Vermögen, und es läßt sich nicht denken, daß bei dem hierdurch bekundeten Vertrauen der Umstand von Einfluß gewesen ist, daß das Vermögen zu den bestimmten einzelnen Theilen durch eine bestimmte Zeit den einzelnen Pflegebefohlenen gehört und nur so in der Verwaltung des Vormundes verbleibt. Nach anderen Beziehungen wird aber in der Verwaltung durch jenen Todesfall nichts geändert. — Wenn ein Vater den von ihm seinen Kindern bestellten Vormund von den gesetzlichen Einschränkungen der vormundschaftlichen Administration befreit hat, so erstreckt sich diese Befreiung auch auf Zuwendungen, welche später ein Anderer den Kindern vom Todestage des Vaters ab verliehen hat, sofern dem letzteren diese Zuwendungen bekannt geworden sind. (Erk. d. Ob.-Trib. v. 29. August 1827. — Simon Rechtsspr. Bd. III. S. 3.)

seits fällt die Befugniß weg rücksichtlich derjenigen Vermögens-Anfälle, bei denen der Zuwender den Vater von der Administration ausgeschlossen hat.[184])

Rücksichtlich einer solchen Erklärung gelten folgende besondere Auslegungsregeln:

1) Aus dem Verbote der Herausgabe eines offenen Privat-Inventars folgt die Befreiung des Vormundes von der Rechnungslegung, nicht aber von den sonstigen Obliegenheiten des letzteren und seines Verhältnisses gegen das vormundschaftliche Gericht.

2) Aus dem bloßen Verbote der Rechnungslegung allein folgt noch nicht die Befreiung von der über die Substanz des Vermögens beizubringenden Nachweisung.[185])

Auch der befreite Vormund muß verpflichtet und mit einer gerichtlichen Bestallung, in welcher die nach dem Willen des Erblassers ihm zukommenden Befreiungen ausgedrückt sind, versehen werden.[186]) Auch steht er unter der allgemeinen Aufsicht des vormundschaftlichen Gerichts,[187]) welches hierbei nur ein grobes Versehen zu vertreten hat.[188]) Folgen dieser Aufsicht sind:

1) Mitwirkung des Gerichts, wenn unbewegliche Güter der Pflegebefohlenen veräußert werden sollen,[189])

2) die nähere Untersuchung von Seiten des Gerichts, und die Sicherung der Pflegebefohlenen durch dasselbe, wenn erhebliche Anzeigen eines unordentlichen, offenbar unbesonnenen oder gar unredlichen Verfahrens des Vormundes eingehen, oder wenn der Vormund in sichtbaren Vermögensverfall zu gerathen anfängt, oder wenn er, nach angetretener Vormundschaft, eine Königliche Kassenbedienung, Domainen-Administration oder Pachtung übernimmt.[190])

Die unter Nr. 2. gedachte Concurrenz des vormundschaftlichen Gerichts tritt auch ein gegenüber dem überlebenden Ehegatten, welchem die freie Disposition des Vermögens eingeräumt worden ist,[191]) wobei — zur Beobachtung und unverzüglichen Anzeige, wenn einer der gedachten Fälle sich ereignet, — der Mutter stets, dem Vater dagegen nur dann, wenn es besondere Gründe nöthig erscheinen lassen, ein Ehrenvormund an die Seite zu setzen ist.[192]) —

Unredliches Verfahren oder offenbare Unordnungen bei einem auch nur einzelnen Falle oder Geschäft, deren der Vormund schuldig befunden wird, ziehen den Verlust seiner Befreiung für immer nach sich.[193])

---

184) Anh. §. 166 zu 681 d. T. Vergl. die vorige Anmerkung.

185) §§. 693. 694. Anh. §. 169 d. T.

186) §. 684 d. T.

187) §. 685 d. T.

188) §. 690 d. T.

189) §§. 686. 687 d. T. Anh. §. 167.

190) §§. 688. 689 d. T.

191) Weil, wie der Anh. §. 168 motivirt, diese das Recht, die Substanz zu vermindern oder zu verzehren, nicht in sich begreift.

192) Anh. §. 168 zu §§. 688. 689 d. T., entnommen aus dem Rescr. v. 7. März 1796, Rabe Bd. III. S. 299, dessen vollständiger Inhalt die fragmentarische Fassung des Anh. §. 168 erläutert.

193) §. 691 d. T.

Die einem Testaments-Vormunde ertheilten Befreiungen kommen demjenigen, der in seiner Ermangelung oder bei seinem Abgange an seiner Stelle ernannt worden, nicht zu Statten, wenn sie nicht ausdrücklich auch auf ihn gerichtet sind.[194])

§. 24. d. Administration mehrerer Vormünder.

Wie mehreren Personen[195]) ein gemeinschaftlicher Vormund, so können auch mehrere Vormünder einer einzelnen Person bestellt werden.[196]) Im letzteren Falle hat der Richter die Anordnung, ob und wie die Geschäfte unter die mehreren Vormünder getheilt, oder ob sie gemeinschaftlich von ihnen besorgt werden sollen.[197]) Die zur gemeinschaftlichen Geschäftsbesorgung verordneten Vormünder stellen eine moralische Person dar, so daß einer oder einzelne von ihnen, ohne Zuziehung der übrigen, durch ihre Handlungen den Pflegebefohlenen nicht verpflichten können.[198]) Hierbei macht es keinen Unterschied, wenn sie unter einander die Geschäfte vertheilt haben, wohl aber, wenn dies von Seiten des Gerichts oder des Erblassers geschehen ist, in welchem Falle jeder nur die ihm angewiesenen Geschäfte zu vertreten hat[199]) und keiner von ihnen zu einer Mitverwaltung bei den Geschäften des anderen befugt oder schuldig ist.[200]) Hiernach bestimmt es sich auch, inwieweit die gemeinschaftlich administrirenden Vormünder dem Gericht gemeinschaftlich oder jeder besonders Rechnung zu legen haben.[201]) Können die gemeinschaftlich besorgenden Vormünder über ein Geschäft sich nicht vereinigen, so entscheidet nicht die Mehrheit der Stimmen, sondern

---

194) §. 692 d. T.

195) Nicht blos mehreren Geschwistern, wie man aus §. 112 schließen könnte, sondern allen denen, die gemeinschaftliches Interesse haben, — abgesehen von dem Falle, in dem Jemand mehrere und verschiedene Vormundschaften hat. (Ges.-Rev. Pens. VII. S. 87.)

196) §§. 112. 113 d. T. — Die folgenden §§. 114—119 über die Rechte und Pflichten der Mitvormünder gehören, wie schon der Revisor a. a. O. hervorhebt, nicht in den Abschnitt 3: „von den Personen, die Vormundschaften zu übernehmen schuldig und dazu fähig sind." —

197) §. 114 d. T. cfr. l. 3, §§. 6. 9. D. XXVI., 7; l. 2. C. de divid. tut. (V., 52.) —

198) §§. 115. 116. 117 d. T. — Anders nach l. 24 §. 1 D. h. t. (si duobus simul tutela gerenda permissa est vel a parente, vel a contutoribus, vel a magistratibus, benigne accipiendum est, etiam uni agere permissum, quia duo simul agere non possunt) und l. 3 princ. l. c. (si plures curatores dati sunt, Pomponius scripsit, ratum haberi debere etiam, quod per unum gestum erit). — Die aus §. 115 in dem Rescr. vom 26. Mai 1804 (Rabe Bd. VIII. S. 61 in den Erg. zu §. 692) gemachte Anwendung, wonach, wenn von mehreren befreiten Vormündern einer abgeht, die anderen dadurch der speciellen obervormundschaftlichen Aufsicht unterworfen werden, erscheint nicht begründet, da nunmehr die übrig bleibenden Vormünder nach §. 115 die moralische Person darstellen, und ihnen also die Befreiungen gemäß §. 692 wie vorher zukommen müssen.

299) §. 290 d. T.

200) §§. 118. 119 d. T. l. 2 C. V., 52. — Bei getheilter Verwaltung kann das mit einem Vormunde in Angelegenheiten der Pflegebefohlenen rechtsgültig verhandelte Geschäft, auch für oder wider die übrigen Vormünder, die Compensation in Ansehung der Pflegebefohlenen begründen. §. 334 Thl. I. Tit. 16 A.L.R.

201) §§. 648—650 d. T.

das Vormundschaftsgericht.[202]) Derjenige, welchem keine Theilnehmung an der wirklichen Verwaltung der Vormundschaft, sondern blos die Aufsicht über die verwaltenden Vormünder angewiesen worden, wird Ehrenvormund genannt:[203]) ein solcher ist jeder von mehreren Vormündern, unter welche die Verwaltung von dem Richter getheilt worden, dem anderen gegenüber.[204]) —

Der Ehrenvormund hat nur die Pflicht zur Ueberwachung der Mitvormünder und zur Anzeige eines etwa wahrgenommenen Verdachtes, welche ihm bei der Bestellung besonders bekannt gemacht werden soll.[205]) Er erhält demgemäß von Amtswegen Nachricht, sobald der verwaltende Vormund die jährliche Rechnung abgelegt hat, und ist berechtigt, die Rechnung nachzusehen und Ausstellungen dagegen zu machen, sowie schuldig, bei der Abnahme derselben das Beste des Pflegebefohlenen zu beobachten.[206]) Er haftet für ein hierbei begangenes grobes Versehen dem Pflegebefohlenen insoweit, als dieser von dem verwaltenden Vormunde nicht entschädigt werden kann,[207]) jedoch noch vor dem Richter.[208]) —

Ebenso haftet im Falle einer durch Privat-Abkommen erfolgten Geschäftsvertheilung jeder Vormund für das von seinem Mitvormunde begangene Versehen subsidiarisch.[209])

Dagegen sind mehrere verwaltende Vormünder dem Pflegebefohlenen einer für alle und alle für einen verhaftet,[210]) vorbehaltlich des Regresses an den Urheber des Schadens, oder, wenn keinem ein Uebergewicht der Schuld zur Last fällt, an die übrigen für ihre Antheile.[211])

§. 25. e. Besorgung vormundschaftlicher Geschäfte ohne richterlichen Auftrag.

Wer ohne richterlichen Auftrag gewissen Angelegenheiten der Pflegebefohlenen sich unterzieht, übernimmt blos in Ansehung derselben die Pflichten eines Vormundes,[212]) d. h. er tritt in dieselbe obligatio gegen den Pflegebefohlenen, wie ein wahrer Vormund, ohne daß er die Befugnisse oder

---

202) §. 117 d. T. — Auch bei befreiten Vormündern, da §. 117 keinen Unterschied macht und §. 681 d. T. auf §. 117 nicht Bezug nimmt. (Das Gegentheil führt aus: Sommer in Ulrich's neuem Archiv pro 1834 S. 294 ff.)

203) §. 120 d. T. — tutor honorarius, rei notitiae causa datus. l. 14 §. 1 D. de solut. (XLVI., 3.) l. 14 §. 6 eod. —

204) §. 121 d. T. Ebenso nach l. 1 §. 15. D. de tut. act. (XXVII. 3) und l. 19. 41 D. XXVI., 7.

205) §. 122 d. T. §. 926 d. T.

206) §§. 664—667 d. T.

207) §§. 291. 292 d. T. Vergl. §. 379 Thl. I. Tit. 14 A.L.R. Ebenso nach l. 3 §. 2. Dig. tit. cit. (— constat enim, hos quoque excussis prius facultatibus ejus, qui gesserit, conveniri oportere, dati sunt enim quasi observatores actus ejus et custodes —).

208) §. 303 d. T.

209) §§. 286. 287 d. T.

210) §. 288 d. T.

211) 289 d. T.

212) §. 227 d. T. — l. 1 pr. §§. 1. 4. 5. 6 D. de eo qui pro tutore prove curatore negotia gessit (XXVII. 5) l. 1 und 2 C. si tutor non gesserit (V., 45). —

die Fähigkeit desselben zu neuen Handlungen erlangt.[213]) Er muß dem Richter sofort Anzeige machen und, wenn der Pflegebefohlene noch nicht bevormundet ist, auf Bestätigung zum vormundschaftlichen Amte oder auf Bestellung eines anderen Vormundes antragen; andernfalls haftet er für allen dem Pflegebefohlenen durch den Mangel der vormundschaftlichen Aufsicht bei dem von ihm angefangenen Geschäft und was damit in Verbindung steht entstandenen Schaden, und, sofern er unter die zu dem Antrage auf Bevormundung verpflichteten Personen[214]) gehört, auch für den übrigen aus dem Mangel der Bevormundung erwachsenden Nachtheil,[215]) wobei er schon ein geringes Versehen zu vertreten hat.[216])

D. Mitwirkung der Familie.

§. 26.

Das Urtheil darüber, was einem Pflegebefohlenen zuträglich ist, sowohl in Ansehung seiner Erziehung, als auch der Verwaltung seines Vermögens, ist in hohem Grade von seinen individuellen Verhältnissen abhängig. Da nun bei der großen Verschiedenheit der Menschen nach ihrer Bildung, Gesittung, Vermögenslage alle denkbaren Fälle in dem Gesetze nicht vorgesehen werden können, und sehr oft selbst da, wo das Gesetz die Entscheidung trifft, die thatsächlichen Voraussetzungen desselben zuverlässig nur festgestellt werden können durch das Zeugniß derer, unter denen und in deren Verhältnissen der Pflegebefohlene geboren und auferzogen ist, so kann auch die dem Staate obliegende Vormundschaft der Mitwirkung der Familie nicht entbehren. Diese wird ferner dadurch bedingt, daß der eintretende Fall einer Bevormundung zunächst innerhalb der Familie bekannt zu werden pflegt und also auch meist nur durch diese der Staatsbehörde rechtzeitig angezeigt werden kann.

Demgemäß finden wir auch im Pr. Recht diese Mitwirkung, zwar nicht, wie in anderen neueren Gesetzgebungen, einem nach bestimmten Formen organisirten und mit Selbstständigkeit ausgerüsteten Familienrath[217])

213) Dagegen erlangt er in Ansehung des von ihm besorgten Geschäfts auch das Recht des Vormundes auf Schadloshaltung l. 1 §. 8 l. 5 D. h. t. Vergl. §§. 230. 231 Thl. I. T. 13 A.L.R. — Die Vorschriften von dem Protutor — mit Ausnahme der nicht erheblichen im §. 228 und der durch die §§. 97 ff. d. T. erübrigten im §. 230 — sind den allgemeinen Grundsätzen von der negotiorum gestio (§§. 228—261 Thl. I. Tit. 13 A.L.R.) entsprechend und waren als Spezialbestimmungen in dem Vormundschaftstitel überflüssig, zumal bei uns alle Vormünder der richterlichen Bestätigung bedürfen und hierdurch die „magni errores, ut discerni facile non possit, utrum quis tutor fuerit et sic gesserit an vero non fuerit," die im Röm. Recht nach l. 1. D. h. t. die Einführung der actio protutelae und deren Gleichstellung mit der actio tutelae veranlaßt haben, ausgeschlossen sind. (Ges.-Rev. Pens. VII. S. 135).

214) Nach §. 90 ff. d. T.

215) §§. 229. 230 d. T. Ebenso nach l. 1 §. 1 und l. 39 §. 11. D. de. adm. et peric. (XXXI., 7).

216) §. 281 d. T.

217) Ueber den Werth dieses Instituts, welches bei völlig veränderten Umständen seine Rechtfertigung allein darin, daß es germanischen Ursprungs ist, um so weni-

übertragen, vielmehr nur auf einzelne Stadien der vormundschaftlichen Verwaltung eingeschränkt und auch hier nur in einem kasuistisch begrenzten Gebiet. Als allgemeiner Grundsatz läßt sich nur erkennen, daß die Verwandten des Pfleglings vorzüglich verpflichtet sind, auf Bevormundung anzutragen.[218]) Im Uebrigen erscheint die Thätigkeit der nächsten Angehörigen des Pfleglings unter dem Einfluß angenommener Zweckmäßigkeitsgründe, nach welchen der Regel nach die entfernter wohnenden ausgeschlossen sind, bald als Urtheil über die Nützlichkeit einer Maßregel,[219]) bald als Zeugniß über die Fähigkeit des Pflegebefohlenen,[220]) bald als eine Controle des Vormundes,[221]) fast durchgehends mit der Wirkung eines Rathes und nur ausnahmsweise von entscheidendem Effect.[222]) Die Praxis der Vormundschaftsgerichte, welche bisweilen durch die Unfähigkeit der Vormünder und den Mangel sonstiger geeigneter Organe sich genöthigt sieht, auch in anderen Fällen, als den vorgeschriebenen, die Ansichten und Rathschläge der nächsten Angehörigen des Pfleglings zu erfordern, zeigt hierdurch den Weg an, auf welchem unser Vormundschaftsrecht der weiteren Ausbildung ebenso fähig, als bedürftig ist.

E. Mitwirkung der Pflegebefohlenen.

§. 27.

Aus demselben Gesichtspunkte, wie die Mitwirkung der Familie, ist die des Pflegebefohlenen selbst, seine natürliche Urtheilsfähigkeit vorausgesetzt, bei der Vormundschaftsführung unentbehrlich. Es ist nicht blos billig,[223]) sondern durch die Natur der Sache geboten, daß einem erwachsenen Kuranden von seinen Verhältnissen Kenntniß gegeben und über seine Ausbildung, wie über die Verwaltung seines Vermögens, auch seine Meinung erfordert werde. Es liegt hierin außer der Wahrung seiner Interessen das wirksamste Mittel, ihn zu voller Selbstständigkeit zu erziehen.[224]) Im Römischen Recht lag bei dem Unterschiede zwischen der tutela inpuberum und der cura minorum, welche letztere regelmäßig mit Zustimmung der Pflegebefohlenen eintrat,[225]) in dieser Beziehung kein Bedürfniß vor. Die

---

ger finden kann, als es die neuere Gesetzgebung (z. B. die französische) aus praktischen Gesichtspunkten ganz umgebildet hat, sind die Ansichten getheilt. Darüber aber ist man wohl einig, daß das Preußische Vormundschafts-Recht, auch aus Gründen der Zweckmäßigkeit, es nöthig hat, den Einfluß der Familie auf die Vormundschaftsführung zu vergrößern und zu consolidiren. (Vergl. die von dem Ges.-Rev. Pens. VII. S. 27 ff. referirten Ansichten und die Vorschläge desselben. S. 35 ff).

218) Vergl. §§. 97—100. 111 d. T.

219) Vergl. §§. 445. 559. 615 d. T.

220) Vergl. §§. 314. 714. 817. 820. 857 d. T

221) Vergl. §. 927 d. T.

222) Nach §. 622 d. T.

223) Wie Suarez zur Rechtfertigung des §. 244 d. T. sich ausdrückt. (Ges.-Rev. Pens. VII. S. 140.)

224) Kraut: Bd. II. S. 116.

225) l. 2 J. de curat. (I., 23) l. 14 §. 2 D. de tut. dat. (XXVI., 5).

älteren Deutschen Rechte aber hatten so frühzeitige Mündigkeitstermine, daß sie durch die verwickelter gewordenen Rechtszustände vielmehr darauf hingewiesen wurden, die Termine in ein reiferes Alter hinauszuschieben oder mit dem Eintritt derselben die Obhut über den mündig Gewordenen noch nicht unbedingt aufhören zu lassen.[226]) Dagegen stellte sich im gemeinen Recht nach der erfolgten Gleichstellung der mündigen und unmündigen Bevormundeten in Ansehung ihrer Handlungsunfähigkeit und der Einführung einer ununterbrochen von dem ersten Lebensalter bis zu der (mit dem 25. Jahre eintretenden)[227]) Großjährigkeit fortdauernden Vormundschaft das Bedürfniß heraus, die Betheiligung der Pflegebefohlenen, die schon eine gewisse Reife des Urtheils erlangt hatten, an der Vormundschaftsführung anderweitig vorzusehen.

Dies ist, wie in anderen Partikulargesetzgebungen,[228]) auch im Preuß. Allg. Landrecht geschehen, — in dem letzteren durch nachfolgende Grundsätze:

Es ist dem unter Altersvormundschaft stehenden Pflegebefohlenen, welcher das achtzehnte Lebensjahr zurückgelegt, die Befugniß zugestanden:

1) zu verlangen, daß der Vormund ihn von erheblichen Vorfällen, welche die Substanz seines Vermögens oder Hauptveränderungen in dessen Verwaltung betreffen, unterrichte und seine Meinung darüber vernehme, an welche der Vormund jedoch nicht gebunden ist,[229])

2) über Veräußerungen unbeweglicher Güter des bloßen Nutzens wegen gehört zu werden und eine solche Veräußerung durch seinen Widerspruch zu hindern.[230]) —

Es kann fernerhin dem über 20 Jahr alten Pflegebefohlenen auf sein Verlangen der von seinen Einkünften nach Abzug der Ausgaben verbleibende Ueberschuß und sogar die Substanz seines Vermögens zur eigenen Verwaltung unter gewissen Einschränkungen übertragen werden.[231])

Ein ferneres Recht der Pflegebefohlenen ist: die Majorennitäts-Erklärung unter gewissen Voraussetzungen nachzusuchen, wozu bei Personen weiblichen Geschlechts das zurückgelegte achtzehnte, bei Personen männlichen Geschlechts das zwanzigste Lebensjahr erfordert wird.[232])

Endlich hat jeder Pflegebefohlene, ohne Unterschied des Alters,[233]) die Befugniß, bei dem vormundschaftlichen Gericht Anzeige zu machen, wenn er glaubt, daß der Vormund bei Ausübung der Rechte über seine Person die Schranken überschreite oder etwas ihm Schädliches vornehme — entweder ohne ihn befragt oder ohne die von ihm eingezogene Meinung berücksichtigt zu haben, — oder auch nur, wenn der Vormund sich geweigert

---

226) Kraut: Bd. I. S. 132 ff. 144 ff.
227) Kraut: Bd. I. 156.
228) Vergl. Kraut: Bd. II. S. 216.
229) §§. 244. 245 d. T.
230) §§. 560. 561 d. T.
231) §§. 728. 729. 730 d. T.
232) §§. 718, 719 d. T.
233) Ges.-Rev. Pens. VII. S. 140. Cfr. l. 7. D. XXVI., 10. —

hat, in eine Handlung des Pflegebefohlenen einzuwilligen, die der Pflegebefohlene für sich zuträglich hält.[234])

F. Die Vormundschaftliche Verwaltung.

§. 28.

Was endlich die vormundschaftliche Verwaltung anlangt, so ist rechtlich für dieselbe das Beispiel eines guten Hauswirths in Ansehung seines eigenen Vermögens für maßgebend erklärt.[235]) Darnach muß die Verwaltung zunächst auf die Conservirung des gegenwärtigen Vermögens (durch Verkauf der ohne Verminderung ihres Werths nicht aufzubewahrenden Sachen,[237]) durch Aufkündigung nicht versicherter Forderungen,[236]) Einziehung der Zinsen,[238]) Bezahlung der Schulden)[239]) und sodann auf die ordentliche und gemeine Vermehrung desselben (durch fruchtbringende Anlegung, namentlich der baaren Gelder)[240]) bedacht sein.

Die Ausführung dieser Sätze ist unter eine Anzahl spezieller Verwaltungsregeln gestellt, bei denen im Allgemeinen davon ausgegangen ist, daß die größere Sicherheit des Pupillenvermögens der zu hoffenden Verbesserung desselben vorzuziehen, und daß daher jede Maßregel zu vermeiden ist, die einen unmittelbaren Aufwand erfordert und erst für die Folge einen nicht völlig sicheren Gewinn verspricht.

Daher soll keinem Pflegebefohlenen gestattet sein, Pachtungen zu übernehmen und eine Handlung anzufangen[241]): es sollen ferner die Gelder desselben eher zinsbar untergebracht, als zum Ankauf von Grundstücken verwendet werden, wenn nicht von letzterem besondere Vortheile mit überwiegender Wahrscheinlichkeit zu hoffen sind:[242]) es soll endlich bei der Ausleihung der Gelder die bessere Sicherheit im zweifelhaften Falle dem höheren Zinssatze vorgezogen werden.[243])

Ein besonderer Nachdruck ist auf die Erhaltung der dem Pflegebefohlenen gehörigen unbeweglichen Güter und der denselben gleich geachteten Rechte gelegt. Eine Veräußerung derselben darf ohne wichtige Ursachen, ohne Untersuchung und Genehmigung des vormundschaftlichen Gerichts und ohne öffentliche Subhastation der Regel nach nicht erfolgen.[244])

---

234) §§. 242—246 d. T.
235) §. 439 d. T.
236) §. 441 d. T. l. 7 §. 1 D. de administr. tut. (XXVI., 7).
237) §. 456 d. T.
238) §§. 492. 493 d. T.
239) §§. 522. 523. d. T. l. 9 §. 5 l. c.
240) §§. 457. 489. 490. d. T. l. 3 §. 2. l. 5 pr. l. 7 §. 3 l. c.
241) §§. 602. 605 d. T.
242) §§. 597—599 d. T. — Die entgegengesetzte Anordnung trifft das Röm. Recht in l. 3 §. 2. l. 5 D. h. t.
243) §. 491 d. T.
244) §§. 550 ff. d. T. vergl. D. de rebus eorum qui sub tutela pp. (XXVII., 9) l. 1 §. 2. Cod. de praediis et aliis rebus minorum sine decreto non alienandis vel obligandis. (V, 71.)

Auch für den Verkauf der Mobilien, der an sich Mangels einer Verfügung des Erblassers in das Ermessen des Vormundschaftsrichters gestellt ist,[245]) bildet die Licitation (Auktion) die Regel.[246]) —

Die ängstliche Spezialisirung dieser Verwaltungsregeln ist weder consequent ausgefallen, noch durch glückliche Fassung ausgezeichnet, und beruht zum Theil auf wirthschaftlichen Ansichten, die mit den gegenwärtigen Verkehrsverhältnissen nicht mehr verträglich sind. Es bedarf einer durchgreifenden Abänderung und Vereinfachung derselben, wenn die vormundschaftliche Verwaltung den Anschauungen eines „guten Hauswirthes" in einzelnen Fällen nicht gerade zuwider laufen soll.[247]) —

245) §§. 439. 440 d. T.
246) §. 441 d. T.
247) Ges.-Rev. Pens. VII. S. 40 ff. S. 206 ff.

III. Besonderer Theil.

A. Einleitung der Vormundschaft.

1. Bestellung der Vormünder.

§. 29. a. Antrag auf Bevormundung.

Für die Bevormundung solcher Personen, die sich selbst nicht verstehen können, muß die Behörde von Amtswegen sorgen. [1]) Dazu ist sowohl das Gericht, wo sie sich befinden, als auch dasjenige, dem die Bevormundung zukommt, verbunden. Ist der Richter des Ortes nicht zugleich der Vormundschaftsrichter, und sind beide Gerichte nicht an einem Orte befindlich, so muß ersterer dem letzteren von dem vorgekommenen Falle sofort Anzeige machen. Dieselbe Pflicht hat jeder Richter, welchem die Anzeige geschieht, gegenüber dem zuständigen Vormundschaftsrichter, der allenfalls durch Bericht des Falles an das Obergericht zu ermitteln ist. [2]) Zur Anzeige eines eintretenden Bevormundungsfalles an das zuständige Gericht oder, wenn dieses nicht bekannt ist, an irgend ein am Orte oder in der Nähe befindliches Gericht, [3]) sowie zur Betreibung der wirklichen Anordnung der Vormundschaft, sind verpflichtet:

1) die Verwandten der unter Vormundschaft zu stellenden Personen, die Ehegatten, der überlebende Theil der Eltern; [4])

---

1) §. 90 d. T. Dasselbe schreiben die Reichspolizeiordnungen von 1548 (Tit. 31) und von 1577 (Tit. 32) vor. Der Satz war schon vorher gemeinen Rechtens — in Folge der Ausbildung des Königsschutzes zur Obervormundschaft, welche die Lehre von der petitio vel postulatio tutoris vel curatoris, die nach Röm. Rechte der obrigkeitlichen Bestellung eines Vormundes oder Kurators der Regel nach voranging, in Deutschland keinen Eingang finden ließ. Vergl. Rudorff I. S. 406 ff. Kraut I. S. 278 ff.

2) §§. 90. 91. 95. 96 d. T.

3) §. 95 d. T.

4) §. 92 d. T. — Das Röm. Recht verpflichtet zur petitio tutoris et curatoris in der l. 10 C. de legit. her. (VI. 58) „qui ad successionem vocantur pupilli mortui" und fügt für den Fall, daß sie intra annum dieser Pflicht nicht genügen, als Strafe bei: „sciant, omnem eis, sive ab intestato sive jure substitutionis, successionem ejus, si impubes moritur, denegandam." — Bezüglich der Mutter verordnet l. 2. §. 2 D. qui petant tutores (XXVI, 6) dieselbe Strafe. — Suarez hielt diese (noch in der Vormundschafts-Ordnung von 1718 theilweise beibehaltene) Strafe, wenn der Anfall wirklich existirt, für zu hart und im entgegengesetzten Falle für unkräftig, und substituirte ihr deshalb die Schadensvertretung. (Ges.-Rev. Pens. VII. S. 66.)

2) Prediger, Dorfgerichte und andere, [5]) denen die Anzeige der vorkommenden Todesfälle zur Pflicht gemacht ist; [6])

3) die Zunftältesten und andere Mitbürger, die mit dem Vater des Pflegebefohlenen oder mit diesem selbst als Handlungsgesellschafter oder sonst in näheren Verbindungen gestanden haben. [7]) —

Die Anzeige muß sofort nach erlangter Wissenschaft [8]) geschehen; nur die Mutter wegen Minderjährigkeit zu bevormundender Kinder hat eine Frist von sechs Wochen von dem Tode ihres Ehemannes ab. [9])

Verwandte von Minderjährigen, Wahn- oder Blödsinnigen haften im Falle der Verabsäumung der Anzeige für den den Pflegebefohlenen, und bei Wahnsinnigen auch für den dritten Personen durch die Vernachlässigung und beziehlich nach derselben erwachsenen Schaden, [10]) — im letzteren Falle jedoch nur, insofern der Ersatz des von einem Wahnsinnigen angerichteten Schadens überhaupt stattfindet, [11]) und dem Beschädigten dazu auf andere Art nicht verholfen werden kann, — und zwar die dem Grade nach [12]) näheren vor den entfernteren und mehrere gleich nahe zu gleichen Theilen, [13]) Verwandte aber, die entweder weiter, als im vierten Grade, mit dem Pflegebefohlenen stehen, oder die mit ihm nicht an einem Orte leben, nur als-

---

5) z. B. Rabbiner in den Judengemeinden. —

6) §. 93 d. T. §. 67 Thl. II. T. 7; §§. 478—480 Thl. II. T. 11 A.L.R.

7) §. 94 d. T. — Ueber das Unpraktische dieser Vorschrift, nach deren Wortlaut ein auch vor Jahren aufgelöster Societätsvertrag den einen gewesenen Gesellschafter verbindet, auf die Bevormundung der Kinder des noch so entfernt verstorbenen andern anzutragen, vergl. den Ges.-Rev. Pens. VII. S. 64. Das Röm. Recht sagt (l. 2 §. 2 D. h. t.): „possunt et amici parentum et educatores ipsorum puerorum petere", ohne diese hierzu zu verpflichten.

8) Folgt aus den §§. 97. 99 d. T. — Suarez (in der revis. monit.) sagt gegen den Vorschlag, für alle Verpflichteten nach dem Beispiel des Röm. Rechts (Note 4) eine Frist zu bestimmen, daß ihm dies nicht rathsam scheine. „Natürlich könnte die Frist nur a die scientiae laufen, und nicht von der Zeit des existirenden Falles. Nach erlangter Wissenschaft muß die Anzeige unverzüglich geschehen."

9) §. 101 d. T. — Die Frist sollte, wie der Ges.-Rev. (Pens. VII. S. 66) hervorhebt, auch hier a die scientiae beginnen, da auch die Mutter den Tod ihres Ehemannes (z. B. wenn derselbe auf Reisen ist) erst spät erfahren kann. Dies scheint nicht erwogen worden zu sein. Denn Suarez schließt in der revis. monit. die Note 8 mitgetheilte Bemerkung: „Nur bei der Mutter, welche für ihre minorennen Kinder Vormünder bitten muß, ist bisher schon angenommen gewesen, daß sie solches binnen sechs Wochen nach des Mannes Tode thun müsse, welches man beibehalten könnte." —

10) §§. 97—99 d. T.

11) Nach den §§. 41. 44 Thl. I. T. 6 A.L.R. — Die Einschränkung der Haftungsverbindlichkeit gegen Dritte auf die unterlassene Anzeige des Bevormundungsfalles eines Wahnsinnigen (§. 99) beruht auf einem Redactionsfehler, insoweit hier nicht auch der „Rasenden" gedacht ist, die Suarez in der revis. monit. hierbei ausdrücklich erwähnte. Auf Rasende wird daher die Vorschrift allgemein bezogen. Aber auch auf Blödsinnige muß man — auf Grund des allegirten §. 41 Thl. I. Tit. 6 A.L.R., der Wahn- und Blödsinnige gleichstellt — (mit dem Gesetz-Revisor gegen Koch im Commentar zu §. 99) sie anwenden. Dagegen wollte man die Geistesgestörten von den anderen zu Bevormundenden hier scheiden. (Ges.-Rev. Pens. VII. S. 67.)

12) Nicht nach der Entfernung des Wohnorts, wie man angenommen hat. Dies setzt der dem §. 98 correspondirende §. 79 des gedruckten Entwurfs: „Verwandte, die ihre Pflicht vernachlässigen, haften dem Pflegebefohlenen nach Verhältniß der Nähe des Grades ihrer Verwandtschaft, für allen dadurch erlittenen Schaden" — außer Zweifel.

13) §. 98 d. T.

dann, wenn sie die Anzeige vorsätzlich, in der Absicht, die Bevormundung zu hindern, unterlassen haben.[14]) Wenn Minderjährige wegen Ablebens des Vaters bevormundet werden sollen, so haftet vor allen Verwandten vorzüglich die Mutter, die durch die unterlassene Anzeige zugleich allen Anspruch auf die Vormundschaft verliert,[15]) nur wenn einer verheiratheten Person ein Vormund oder Kurator bestellt werden muß, so ist der andere Ehegatte vorzüglich vor allen anderen verpflichtet.[16]) Wittwer oder Wittwen, ingleichen geschiedene Personen,[17]) welche zur ferneren Ehe schreiten, ohne sich mit den Kindern aus voriger Ehe auseinandergesetzt und zu dem Ende auf Bestellung eines Vormundes oder Kurators für sie angetragen zu haben, treffen noch andere Nachtheile.[18]) Die übrigen zur Anzeige der Bevormundungsfälle verpflichteten Personen (sub 2. und 3.) unterliegen, wenn sie dieselbe unterlassen, einer Geldstrafe, welche für Beamte nach den Vorschriften des betreffenden Disciplinargesetzes[19]) zu bestimmen, für die übrigen nach Bewandtniß der Umstände und nach Verhältniß des daraus entstandenen Schadens auf fünf bis fünfzig Thaler festzusetzen ist.[20]) — Die Anzeige eines Verpflichteten befreit die übrigen von aller Vertretung wegen des nachher entstehenden Schadens.[21])

---

14) §. 100 d. T.

15) §§. 101. 102 d. T.

16) §. 104 d. T.

17) Verf. des Justiz-Ministers vom 19. Juni 1843 (J.M.Bl. pro 1843 S. 156).

18) §. 103 d. T. §§. 18 ff. Thl. II. Tit. 1, §§. 1001 ff. Thl. II. Tit. 1 A.L.R. — Der Vater verliert dadurch die Verwaltung des Vermögens der Kinder und kann aus dem Nießbrauch desselben nur soviel verlangen, als zum Unterhalt der Kinder, insofern sich selbige noch in seiner Verpflegung befinden, nach dem Ermessen des vormundschaftlichen Gerichts erforderlich ist. (§. 1002 Thl. II. Tit. 1 A.L.R.) Der neue Ehegatte aber kann in den Gütern des anderen so lange, bis den Kindern ihr Vermögen — zufolge der von dem Vormundschaftsgericht Namens der Minderjährigen von Amtswegen zu veranlassenden Auseinandersetzung — gehörig nachgewiesen und ausgeantwortet oder versichert worden, keine Rechte zum Nachtheile dieses Vermögens der Kinder aus voriger Ehe erlangen (§§. 1003. 1004 l. c.), haftet vielmehr mit seinem eigenen Vermögen den Stiefkindern zu ihrer Sicherheit, insofern dieselben aus dem Vermögen ihrer leiblichen Eltern ihre Befriedigung nicht erlangen können. (§. 1005 l. c.)

19) Vom 21. Juli 1852 (Ges.-S. S. 465 ff.), welches auf alle mittelbaren und unmittelbaren Staatsbeamten (mit Ausschluß der richterlichen) Anwendung findet und dessen Strafvorschriften an Stelle aller Spezialbestimmungen getreten sind, die die Pflichtverletzung eines Beamten mit „fiskalischer Strafe" bedrohen. (§§. 1. 2. 100 des Ges.) Vergl. §. 84 Thl. II. Tit. 7 A.L.R. — Hierzu: die Allgem. Verf. des Justiz-Ministers vom 16. Juni 1857, das Aufsichtsrecht über die Dorfgerichte betreffend, durch welche nach Vereinbarung mit dem Ministerium des Innern vorgeschrieben wird:

> „die aus Schulzen und Schöppen bestehenden Dorfgerichte sind Gemeindebeamte. Insoweit sie aber in Gemäßheit der §§. 82. 85. 86. 87 Thl. II. Tit. 7 A.L.R. und anderer gesetzlicher Bestimmungen gerichtliche Geschäfte, sei es im Auftrage der Gerichtsbehörde, sei es ohne Auftrag derselben, auszuführen haben, stehen sie unter Aufsicht der Gerichtsbehörden." —

Hieraus und aus §. 100 des Disciplinar-Ges. vom 21. Juli 1852 folgt das Recht der Gerichtsbehörden, die Dorfgerichte zur Erledigung der ihnen ressortmäßig obliegenden gerichtlichen Geschäfte — nöthigenfalls durch Ordnungsstrafen — anzuhalten.

20) §. 105 d. T.

21) §. 106 d. T.

§. 30. b. Fähigkeit zum Amt des Vormundes.

Die Bestellung des Vormundes geschieht allein nach der Wahl des zuständigen Richters, der hierzu die Vorschläge der Anverwandten oder Zunftältesten erfordern kann.[22]) Der Richter darf aber nur solche Personen zu Vormündern auswählen, bei welchen die erforderlichen Eigenschaften, daß sie das Beste der Pflegebefohlenen gehörig besorgen können und wollen, mit Grund vorauszusetzen sind.[23]) Hierbei erklärt schon das Gesetz gewisse Personen in Ansehung aller, andere nur in Ansehung einzelner Vormundschaften für unfähig.[24])

I. Zu den ersteren (unbedingt unfähigen) gehören:

1) wer seiner eigenen Sache vorzustehen nicht fähig ist,[25])

2) Minderjährige, wenn sie gleich in ihren eigenen Angelegenheiten für großjährig erklärt worden,[26])

3) Großjährige, die aber noch unter väterlicher Gewalt stehen, ohne Einwilligung des Vaters,[27])

4) die in einem Kloster ein wirkliches Ordensgelübde abgelegt haben,[28])

5) Leute, die wegen Verbrechen verurtheilt worden, oder die bekanntlich ein ruchloses und schändliches Leben führen,[29])

---

22) §§. 110. 111 d. T.

23) §. 129 d. T.

24) Die Behörde ist jedoch an diese bestimmten Ausschließungsgründe nicht gebunden, kann vielmehr und muß sogar auch eine nach dem Gesetz fähige Person ausschließen, wenn sie diese dem Besten des Pflegebefohlenen nicht zuträglich hält. §. 129 d. T. Vergl. l. 3 §. 12. D. de susp. tut. XXVI., 10.

25) §. 130 d. T. Natürliche (geistige oder körperliche) Unfähigkeit ist gemeint. „Gebrechlichkeit" (welche die Vormundschafts-Ordnung von 1718 mit der Armuth als besonderen Ausschließungsgrund aufführte), kann unter Umständen eine natürliche Unfähigkeit sein. (Ges.-Rev. Pens. VII. S. 72). Das Römische Recht schließt die blinden, stummen, tauben und rasenden Personen aus in den §§. 2. 3 l. 1 und l. 17. D. de tutelis (XXVI., 1) l. 3 C. qui dare tutores etc. (V., 34). Rasende sind jedoch, wenn sie vom Erblasser ernannt sind, zuzulassen, sobald sie zu Verstande gekommen sind. Ebenso ernannte Minderjährige von ihrer Großjährigkeit ab. In der Zwischenzeit erhält der Pupill einen interimistischen Vormund. (§. 2 Inst. qui testamento tutores dari possunt — I., 14 — l. 10 § 7. D. XXVII., 1.) — Vergl. §. 132 d. T.

26) §. 131 — l. 13 Inst. de excusationibus tutorum (I., 25).

27) §. 133 — Die Fähigkeit des filius familias nach Röm. Recht sprechen aus: Inst. qui testamento tutores (I., 14) princ. und l. 9 D. de his, qui sui vel alieni juris sunt. (I., 6). — Vergl. den Ges.-Rev. Pens. VII. S. 94.

28) §. 134 d. T. — Nov. 123 cap. 5. — Die Vormundschafts-Ordnung von 1718 dispensirte alle Geistlichen.

29) §. 135 d. T. — In Rücksicht auf den ersten Satz ist zu bemerken, daß nach dem Strafgesetzbuch für die Preuß. Staaten vom 14. April 1851 „der Verlust der bürgerlichen Ehre" u. a. die Unfähigkeit, Vormund, Nebenvormund, Kurator, gerichtlicher Beistand oder Mitglied eines Familienraths zu sein — ausgenommen über die eigenen Kinder und unter Genehmigung der obervormundschaftlichen Behörde oder des Familienraths — umfaßt (§§. 11. 12), daß ferner „die Untersagung der Ausübung der bürgerlichen Ehrenrechte auf Zeit" die Unfähigkeit zur Ausübung dieser Rechte in der bestimmten Zeit (von dem Tage der verbüßten Freiheitsstrafe ab gerechnet, obwohl der Effekt schon mit der Rechtskraft des Straferkenntnisses eintritt) bewirkt und den Verlust einer bis dahin erlangten Vormundschaft von Rechtswegen zur Folge hat (§§. 21. 22). Der zweite Satz will „personas turpes et infames" ausschließen, von denen l. unica C. de

6) diejenigen, welche wegen Untreue oder grober Fahrlässigkeit einer Vormundschaft entsetzt worden,[30]) —

7) Frauen mit Ausnahme der leiblichen Mutter und Großmutter des Pflegebefohlenen.[31]) —

II. In Ansehung gewisser Vormundschaften sind unfähig:

1) Christen für Nicht-Christen und umgekehrt, ausgenommen zu einzelnen das Vermögen betreffenden Curatelen,[32])

2) Stiefväter für ihre Stiefkinder, wenn nicht nach richterlichem Ermessen ein erheblicher Vortheil für die Pflegebefohlenen davon zu erwarten ist,[33])

3) Ehemänner für ihre schon vor der Verheirathung bevormundeten Ehefrauen,[34])

---

infamibus (X., 57) sagt: curialium vel civilium munerum vacationem non habent, sed solennibus indictionibus ob tutelam publicam eos satisfacere necesse est. — Ueber die nicht glückliche Fassung des §. 135 vergl. den Ges.-Rev. Pens VII. S. 96.

30) §. 136 d. T. Vergl. §. 246 Nr. 1 des Str.G.B.

31) §. 143 d. T. Der Fall gehört hierher, obwohl er unter „Unfähigkeit in Ansehung gewisser Vormundschaften" aufgeführt ist. — Das Röm. Recht gab den Müttern und Großmüttern das Recht der Tutel, das sie früherhin nur durch Rescript des princeps auswirken konnten, in der Nov. 94 cap. 2 und 118 cap. 5 allgemein, sofern sie nicht zur anderweitigen Ehe schritten, was sie vorher geloben mußten, und auf ihr Privilegium aus dem Sc. Vellejanum Verzicht leisteten. — Auch das ältere deutsche Recht hatte, wo es die Vormundschaft der Mutter anerkannte (und hiervon finden sich schon in den älteren Volksgesetzen, z. B. dem Westgothischen und Burgundischen Zeugnisse), die Bedingung, daß diese in einer folgenden Ehe nicht fortgesetzt werden könne, weil durch eine solche die Mutter selbst in die Vormundschaft des Mannes kam. (Kraut Bd. I. S. 246. Bd. II. S. 670.) — Das Allgem. Landrecht ist bei Aufnahme der Beschränkungen der mütterlichen Vormundschaft in den §§. 188—191 d. T. so wenig dem Justinianischen Rechte, als der germanischen Rechtssitte, gefolgt, sondern von der Erwägung geleitet worden, daß „die Zulassung der Mutter zur Vormundschaft als eine Ausnahme durch die vorzügliche Zärtlichkeit der Eltern gegen ihre Kinder gerechtfertigt werde, daß aber, da hiermit nicht immer die nöthige Fähigkeit vereinigt sei, der Richter an die Person der Mutter umsoweniger gebunden werden könne, als derselben auch im andern Falle ihre Rechte wegen der Erziehung und sonst ungekränkt bleiben." (Sz.) — Ges.-Rev. Pens. VII. S. 101 und 119.

32) §§. 137. 138 d. T. — Cfr. dagegen: l. 15 §. 6 D. de excus. (XXVII., 1) — Dem unehelichen Kinde einer Jüdin muß in dem Falle, wenn das Kind von einem Christen erzeugt ist, ein Christ als Vormund bestellt werden, weil es nach §. 643 Thl. II Tit. 2 bis nach zurückgelegtem vierzehnten Jahre in der christlichen Religion zu erziehen ist. — Rescr. v. 26. Januar 1813. (Jahrb. Bd. II. S. 190 ff.)

33) §. 139 d. T. — Der Satz, daß Stiefväter unfähig sind, über ihre Stiefkinder die Vormundschaft zu führen, ist nicht gemeinrechtlich, wie vielfach angenommen worden. Vergl. Kraut: Bd. II. S. 691 ff. Rudorff: Bd. II. S. 43. Ges.-Rev. Pens. VII. S. 97. — Der Adoptiv-Vater ist ohne Beschränkung fähig, ohne ein Recht zur Vormundschaft zu haben. (§§. 699. 700 Thl. II. Tit. 2 A.L.R.)

34) §. 140 d. T. — Die Vorschrift, deren nicht glückliche Fassung der Gesetzrevisor rügt, hat Zweifel veranlaßt. — Daß sie nicht blos auf „nicht volljährige" Ehefrauen, sondern auch auf solche zu beziehen ist, die aus anderen Gründen (wegen Abwesenheit, als Verschwender, als taubstumm) bevormundet werden, ist allgemein angenommen und ob paritatem rationis auch unbestreitbar. Dagegen herrscht Streit über die Auslegung der Worte: „wenn der Fall der Bevormundung erst nach vollzogener Heirath eintritt." Kann hiernach, wird gefragt, der Ehemann auch Vormund seiner Frau werden, wenn (die Sicherstellung des Vermögens vorausgesetzt) der ihr im ledigen Stande bestellt gewesene Vormund abgegangen ist? — Der Gesetz-Revisor verneint die Frage unter Bezugnahme auf die Materialien, erklärt aber selbst dabei: daß diese Interpretation

4) die vom Vater oder einem sonstigen hierzu berechtigten Erblasser bezüglich der gemachten Zuwendung ausdrücklich ausgeschlossenen Personen,[35])

5) Personen, die mit den Pflegebefohlenen oder deren Eltern in öffentlicher Feindschaft gelebt haben oder noch leben, für deren Vorhandensein gerichtliche Anschuldigungen grober Verbrechen, verübte Thätlichkeiten gegen das Leben oder die Gesundheit, ehrenrührige Schmähungen und Prozesse über einen beträchtlichen Theil des Vermögens eine rechtliche Vermuthung begründen, sofern nicht dergleichen Zwistigkeiten schon vor mehreren Jahren vorgefallen sind und nach richterlichem Ermessen aus den Umständen gefolgert werden kann, daß die feindseligen Gesinnungen durch Wiederaussöhnung oder durch den Zeitverlauf gehoben worden,[36])

6) Gläubiger und Schuldner des Pflegebefohlenen und überhaupt diejenigen, die ein collidirendes Interesse haben, so lange über die Richtigkeit der gegenseitigen Ansprüche noch einiger Zweifel vorhanden ist, — auch Schuldner, die eine an sich liquide und fällige Schuld nicht bezahlen können oder wollen,[37]) endlich

---

gezwungen scheine und der daraus entwickelte Sinn des Gesetzes keinen zureichenden Grund habe. Und in der That steht dieser einschränkenden Interpretation weder der Wortlaut, noch der von Suarez angegebene Grund des Gesetzes (Verhinderung von Collisionen) zur Seite. Auch auf das Stillschweigen des letzteren gegenüber der von Grollmannschen Bemerkung, er sehe keinen Grund, den Ehemann, der eine Bevormundete heirathet, von der Vormundschaft über sie auszuschließen, sofern nur ihr Vermögen gesichert sei, kann man sich nicht berufen, weil dieses eben so gut dahin gedeutet werden kann, daß Suarez nur die v. Grollmannsche Auslegung des Paragraphen verworfen und den angeregten Fall als durch die Vorschrift nicht ausgeschlossen angesehen hat. — Berücksichtigt man indessen den Gegensatz in der Suarez'schen Zusatz-Note zu §. 108 des gedr. Entwurfs, dem §. 140 d. T. entsprechend: „Was hingegen stattfindet, „wenn eine schon bevormundete Frauensperson heirathet," welchen auch v. Grollmann in seiner Anmerkung wiedergiebt, und erwägt man, daß, wer eine Bevormundete zu heirathen beabsichtigt, allerhand Machinationen vornehmen kann, um ihren Vormund zu beseitigen und an dessen Stelle zu treten, so wird man mit dem Revisor (ebenso mit Koch im Commentar zu §. 140) annehmen müssen, daß §. 140 auf den Fall, wenn die Frau vor der Heirath schon bevormundet und ihren Vormund verloren hat, nicht bezogen werden kann. — Nach l. 2 Cod. qui dare tutores (V, 34) ist der Ehemann unbedingt ausgeschlossen.

35) §§. 141. 142 d. T. — Cfr. l. 21 §. 2 D. de tutoribus (XXVI., 5) und l. un. C. si contra matris voluntatem. (V., 47.) — Die Mutter hat das Recht, gewisse Personen auszuschließen, nur unter der Voraussetzung, daß sie den Pflegebefohlenen mehr als den Pflichttheil zuwendet, nach §. 142; §. 141 kann auf sie nicht bezogen werden, weil er als eine Ausnahmebestimmung nach dem Wortlaut zu interpretiren ist, und der §. 174 d. T. nur von der Ernennungs-Befugniß spricht. — Andrer Meinung ist der Ges.-Rev. (Pens. VII. S. 101.)

36) §§. 144—146 d. T. — Das Röm. Recht nennt „inimicitias capitales" und „litem de omnibus bonis vel hereditate vel maxima bonorum parte" als Ausschließungsgründe. (l. 4 Inst. de excus. I., 25 l. 6 §. 17. 20. 21 D. huj. tit. (XXVII., 1.) Ueber die wenig zutreffende Fassung dieser Parag. nach deren Wortlaut, abgesehen von der Tautologie „ehrenrührige Schmähungen", geheime Feindschaften und Anschuldigungen gewisser (nicht „grober") Verbrechen keine Unfähigkeit zu begründen scheinen, vergl. d. Ges.-Rev. Pens. VII. S. 102.

37) §§. 147—149 §. 487 d. T. — Nov. 72 cap. 1. — In der revis. monit. bemerkt Suarez zur Rechtfertigung der Beschränkungen der Unfähigkeit: „daß, wenn man jeden debitor ausschließen wollte, die Pfleglinge dadurch oft der besten Pfleger beraubt werden würden."

7) Personen aus einer anderen Gerichtsbarkeit,[38]) sofern nicht eine erhebliche Ursache vorliegt, wofür nähere Verbindung des Pflegebefohlenen mit dem fremden Gerichtseingesessenen durch Verwandschaft oder gemeinsames Interesse,[39]) oder Mangel an tauglichen Personen in der eigenen Jurisdiktion gilt;[40]) — jedoch auch dann können Ausländer immer nur aus überwiegenden Vortheilsgründen und nur mit Genehmigung des Justiz-Ministers,[41]) sowie unter Einwilligung ihres eigenen auswärtigen Richters, die sie in beglaubter Form beizubringen haben, bestellt werden, nachdem sie sich in allen die Vormundschaft betreffenden Angelegenheiten der Jurisdiktion des vormundschaftlichen Gerichts ausdrücklich unterworfen haben.[42]) Außer den vorgenannten Personen führt das Gesetz noch

III. solche auf, deren allgemeine Fähigkeit insoweit beschränkt ist, als sie zur Uebernehmung von Vormundschaften — jedoch nicht auch von Curatelen zu einzelnen Handlungen und Geschäften ohne Vermögens-Administration[43]) — einer besonderen Erlaubniß bedürfen. Diese sind:

1) die königlichen und prinzlichen Domainenpächter, und Beamte, Verwalter und Empfänger königlicher, prinzlicher oder anderer öffentlicher, ingleichen der den privilegirten Corporationen und milden Stiftungen zugehöriger Güter, Gelder und Einkünfte, die ohne ausdrückliche Einwilligung der wegen solcher Pacht oder Verwaltung ihnen vorgesetzten Behörde, — und mit dieser auch dann nur bestellt werden können, wenn mit der Vormundschaft gar keine Vermögens-Administration verknüpft ist oder wenn für diese eine besondere, hinlängliche und von aller Verhaftung für die Pacht oder die Kasse freie Caution geleistet werden kann,[44])

2) Militairpersonen, die des Consenses ihres Chefs oder Commandeurs bedürfen,[45]) welcher von den Generalen und Stabs-Offizieren, wenn sie

38) §. 150 d. T. — l. 5 Cod. qui dare tutores (V., 34).

39) Und vor Allem: Ernennung des Vaters. (Ges.-Rev. Pens. VII. S. 105.) Ob dergleichen Ursachen vorliegen, hat der zuständige Vormundsschaftsrichter, nicht der wegen Einleitung der Vormundschaft von diesem zu requirirende persönliche Richter des Vormundes, zu prüfen und zu entscheiden. (Ges.-Rev. a. a. O. S. 106.)

40) Ebenso nach l. 24 D. de tutoribus (XXVI., 5).

41) Die auch erforderlich ist, wenn der Ausländer testamentarisch berufen ist oder neben ihm noch ein Inländer als Vormund bestellt wird. Rescr. v. 7. December 1815 (Jahrb. Bd. VI. S. 180.).

42) §§. 150. 152. 156. 157 d. T. — Vormundschaften außer Landes soll ohne Vorwissen und Genehmigung seines inländischen ordentlichen Richters Niemand bei Strafe übernehmen. §. 155 d. T.

43) §. 163 d. T.

44) Die auch diejenigen zu leisten haben, welche der Erblasser der Pflegebefohlenen nach §. 433 d. T. von der Cautionsbestellung befreit hat. — Rescr. v. 4. Mai 1805 bei dem Ges.-Rev. a. a. O. S. 108. — §§. 158. 159 d. T. Cfr. l. 1. Inst. I., 25 (Divus Marcus rescripsit, eum, qui res fisci administrat, a tutela vel cura, quamdiu administrat, excusari posse.).

45) §. 160 d. T. Suarez rechtfertigt die Abweichung von l. 4 C. qui dare tutores (V., 34), wonach „militiae armatae muneribus occupati" überhaupt nicht, weder durch Gesetz, noch durch Testament, noch sonst als Vormünder berufen werden, in der revis. monit. damit: „Dazu ist kein Grund vorhanden, und die Kuranden würden dadurch in vielen Fällen eines nützlichen Vormundes beraubt werden" (Ges.-Rev. Pens. VII. S. 109.) Beurlaubte Landwehr-Offiziere bedürfen des Consenses nicht nach dem Be-

nicht über ihre eigenen Kinder, sondern über Fremde eine Vormundschaft übernehmen wollen, unmittelbar bei dem Könige nachzusuchen ist;[46])

3) Civilbediente,[47]) welche der Genehmigung ihrer unmittelbaren Amtsvorgesetzten bedürfen, die für Räthe bei Königlichen Kollegiis das vorgesetzte Departement, für Dirigenten und Bürgermeister in den Städten das vorgesetzte Landes-Collegium zu ertheilen hat.[48])

Uebrigens können die unter III. vorgenannten Personen daraus, daß sie zur Uebernahme einer Vormundschaft einer besonderen Erlaubniß bedürfen, nicht das Recht herleiten, eine solche abzulehnen. Sie sind vielmehr, soweit ihnen nicht einer der unten zu erwähnenden gesetzlichen Befreiungsgründe zur Seite steht, die Erlaubniß nachzusuchen und nach deren Erhaltung die Vormundschaft wirklich anzutreten verbunden.[49])

§. 31. c. Folgen der Bestellung eines unfähigen Vormundes.

In Bezug auf die hieran sich knüpfende Frage nach den Folgen der Bestellung eines unfähigen Vormundes hat jede der beiden Seiten des Vormundschafts-Verhältnisses, die staatsrechtliche und die privatrechtliche, ihre besondere Wirkung. In Folge der ersteren bleibt die Uebertragung des vormundschaftlichen, wie jedes anderen öffentlichen Amtes, auf einen Unfähigen allgemein in so lange wirksam, als ihm der Richter, wozu er sofort nach erlangter Kenntniß verbunden ist, die Vormundschaft nicht wieder abgenommen hat.[50]) Ist aber die bestellte Person nach den privatrechtlichen Bestimmungen selbst handlungsunfähig,[51]) so kann sie so wenig, wie für

---

scheide des Kriegsministers vom 18. August 1834. (Koch's Commentar zu §. 160 d. T. Annalen Bd. XVIII. S. 642.)

46) Anh. §. 156 aus dem Publikandum v. 14. März 1797.

47) Wozu hier auch Geistliche gehören (Rescr. v. 11. April 1818 bei Kamptz Jahrb. Bd. XI. S. 198), denen die Genehmigung nur in den Fällen versagt werden soll, wo ohne Vernachlässigung der Amtspflichten die Vormundspflichten mit Treue nicht erfüllt werden könnten. (Rescr. v. 23. April 1818, v. Kamptz Ann. Bd. II. S. 357.) — Die Genehmigungsbehörden sind übrigens für evangelische Geistliche die Provinzial-Consistorien, für katholische die diesen besonders vorgesetzten geistlichen Behörden. (Rescr. v. 11. April 1818 a. a. O. und Rescr. vom 14. August 18 18 Jahrb. Bd. XII. S. 7.) — Nicht zu den Civilbedienten im Sinne des §. 161 sind solche städtische Beamte zu rechnen, die auf unbestimmte Zeit ein Stadtamt unentgeltlich verwalten. (Ges.-Rev. Pens. VII. S. 110.) — Auch auf Wartegeld stehende Beamte bedürfen der Genehmigung. (Rescr. v. 1. März 1822 Jahrb., Bd. XIX. S. 306.) — Die Professoren und übrigen Universitäts-Verwandten erhalten den Consens von dem betreffenden Regierungs-Bevollmächtigten. (Rescr. des Cultus-Min. v. 2. April 1825, Annalen Bd. IX. S. 382.) — Der von Suarez zur Rechtfertigung des §. 161 angegebene Grund ist:

„daß, da die Vormundschaft ein munus publicum sei, aus der Analogie folge, daß, wer schon ein Amt habe, ein zweites nicht nach eigener Willkür übernehmen könne.“ (Ges.-Rev. Pens. VII. S. 109.)

48) §. 162 d. T.

49) §. 215 d. T. — Nach dem in Note 47 allegirten Rescr. v. 1. März 1822 steht dem vormundschaftlichen Gericht die Befugniß zu, den Consens für den die Nachsuchung desselben verweigernden Beamten zu extrahiren.

50) §. 165 d. T.

51) Weil sie z. B. minderjährig oder geisteskrank oder bürgerlich todt oder zu Zuchthausstrafe verurtheilt ist. (Vergl. §§. 10. 14 I., 5. §§. 20 ff. I., 4. §. 1199 II., 11. A.L.R. §. 11 des Str.G.B.) — Bezüglich der Minderjährigen trifft natürlich hier die Vorschrift des §. 810 d. T. nicht zu, weil §. 131 nicht nur sie, sondern sogar die

sich, für den Pupillen, welchem sie zugeordnet ist, mit rechtsverbindlicher Wirkung Geschäfte vornehmen. Vielmehr sind alle von ihr vorgenommenen Rechtshandlungen nichtig.[52]) In jedem Falle ist der Richter, welchem eine Uebertretung der Vorschriften über die Unfähigkeit zur Last fällt, nach Vorschrift des Disciplinar-Gesetzes strafbar[53]) und wenn er wissentlich oder aus grobem Versehen gehandelt hat, für allen den Pflegebefohlenen daraus entstehenden Schaden selbst verhaftet.[54])

Damit aber der Richter rechtzeitig den etwa vorliegenden Grund der Unfähigkeit erfahre, ist Jeder, der zur Uebernahme einer Vormundschaft aufgefordert wird, verpflichtet, den ihm entgegenstehenden Grund anzuzeigen,[55]) und zwar zur Vermeidung folgender Nachtheile: Er muß

1) wenn ihm die Vormundschaft wieder abgenommen wird, alle dafür gezogenen Vortheile oder Belohnungen herausgeben,[56])

2) wenn er seine Unfähigkeit auf ausdrückliches Befragen des Richters oder sonst vorsätzlich oder geflissentlich verschwiegen hat, dem Pflegebefohlenen auch für das geringste Versehen haften;[57]) er verliert

3) als Gläubiger des Pflegebefohlenen, wenn er das Verhältniß aus Gefährde[58]) verheimlicht hat, seine Forderung,[59])

4) als Schuldner in gleichem Falle seine Einwendungen, wozu noch eine der richtigen Forderung gleiche Geldstrafe tritt;[60]) er unterliegt

5) in den Fällen Nr. 3 und 4, wenn nicht erhellt, daß ein solches Verhältniß vorsätzlich und aus Gefährde verschwiegen worden, einer Geldstrafe bis zum zehnten Theile der Forderung.[61]) —

Wer endlich dem Gericht einen Unfähigen wissentlich zum Vormunde vorschlägt, der haftet für denselben als Bürge.[62])

---

für großjährig Erklärten von der Vormundschaft ausdrücklich ausschließt. Ebenso wenig kann man auf die wesentlich dem öffentlichen Recht angehörige Vormundschaft die Bestimmungen des §. 132 I., 14 und der §§. 32. 33 I., 13. A.L.R. anwenden. Vergl. übrigens §. 31 I, 13. —

52) Nicht aber der Act der Bestellung, wie Koch (Commentar zu §. 130 d. T.) für den Fall der Uebertretung der §§. 131. 134—136 und 143 annimmt, und wie allerdings aus der Annahme eines vertragsmäßigen Verhältnisses zwischen Vormund und Pflegling, geschlossen für den letzteren durch das Gericht, consequent zu folgern ist.

53) §. 107 d. T.

54) §. 170 d. T.

55) §. 164 d. T. Vergl. Nov. 72 cap. 3, in der eidliche Versicherung verlangt wird, wenn die Collision der eigenen Rechte mit denen der Pflegebefohlenen behauptet wird.

56) §. 165 d. T. — Die Strafe fällt natürlich weg, wenn er seiner Anzeige ungeachtet zum Vormunde bestellt worden war. (Ges.-Rev. Pens. VII. S. 113.) —

57) §. 166 d. T.

58) d. h. vorsätzlich. (Ges.-Rev. Pens. VII. S. 113.)

59) §. 167 d. T. Ebenso nach Nr. 72 cap. 1 und 4.

60) §. 168 d. T.

61) §. 169 d. T.

62) §. 171 d. T. Aehnlich im Röm. Recht nach l. 4, §. 3. D. de fideijussoribus et nominatoribus etc. (XXVII., 7). — Die künftigen Intestaterben des Pupillen werden nach R. R., wenn sie eine untaugliche Person als Vormund vorschlagen, wie im Falle der unterlassenen petitio tutoris mit Verlust des Erbrechts bestraft, vorausgesetzt, daß kein gesetzlicher Vormund vorhanden war. — l. 2, §. 23 squ. D. ad Sc. Tertull. (XXXVIII., 17.) l. 10. C. de legit. her. (VI., 58.)

§. 32. d. Auswahl des Vormundes unter den fähigen Personen.

Bei der Auswahl des zu bestellenden Vormundes muß der Richter vorzüglich Rücksicht nehmen:

1) auf die von dem Vater oder von der Mutter[63]) oder auch von einem Dritten — von letzterem in Bezug auf eine den Pflegebefohlenen gemachte Zuwendung und die durch Verwaltung des Zugewendeten bedingte Kuratel — in einer Erklärung unter Lebenden, die an eine besondere Form nicht gebunden ist,[64]) oder in einer letztwilligen Verordnung ernannte Person.[65]) Ist dieses der Ehemann der Pflegebefohlenen, so kann er, wenn er gleich die vorgeschriebene Sicherheit für das Vermögen seiner Frau nicht zu bestellen vermag, ebensowenig ausgeschlossen werden, wie Jemand, der mit dem Erblasser in Feindschaft gelebt hat, da die Ernennung für diesen die erfolgte Versöhnung beweist.[66]) Ferner darf eine ernannte Person blos aus dem Grunde, weil sie von verschiedener Religion oder einer andern Gerichtsbarkeit unterworfen oder Gläubiger oder Schuldner der Pflegebefohlenen ist, nur dann ausgeschlossen werden, wenn aus den Umständen erhellt, daß diese Verhältnisse dem Erblasser zur Zeit der Ernennung unbekannt gewesen sind.[67]) Der Richter ist aber auch in allen diesen Fällen zur Uebergehung der ernannten Person berechtigt, sobald er bei gewissenhafter Prüfung, die besonders auf Einwendungen einer Mutter[68]) noch

---

63) §. 174 d. T., welche Vorschrift, wie aus dem Marginale erhellt, auch auf §. 172, nicht blos auf §. 173, zu beziehen ist. Daß übrigens die Absicht des Gesetzgebers dahin ging, daß auf den von der Mutter ernannten Vormund ebenso, wie auf den vom Vater bestimmten, vorzügliche Rücksicht genommen werden solle, hat Suarez in einer Note zu §. 141 des gedruckten Entwurfs ganz deutlich ausgesprochen. (Ges.-Rev. Pens. VII. S. 144.)

64) §. 177 d. T. §. 178, worin implicite der Satz ausgesprochen ist, daß auf eine im Vertrage erfolgte und später auch — nur einseitig widerrufene Ernennung gar nichts ankommt. Vergl. §. 17. — Das Römische Recht kennt als Delationsgrund — außer der tutela legitima und dativa — nur die Berufung durch Testament oder bestätigtes Codicill (tutela testamentaria), läßt aber die (wegen mangelnder Form oder aus anderen Gründen) unwirksame Bestellung durch Confirmation von Seiten der Obrigkeit gültig werden und giebt in dieser durch das confirmirende Dekret deferirten Vormundschaft (tutela testamentaria imperfecta) dem Vormund das Recht des tutor testamentarius. (l. 3 pr. D. de test. tut. XXVI, 2. l. 1. 4 §. 1. 2. l. 3. D. de confirm. tut. XXVI., 3. Rudorff: Bd. I. S. 327 ff.) —

65) §§. 172—176 d. T. Der Ges.-Rev. bemerkt, daß in diesen Paragraphen nicht der Fälle gedacht sei, wo noch bei Lebzeiten des Vaters seinen Kindern ein Pfleger bestellt werde, obgleich diese Fälle bei Taubstummen, Abwesenden, Verschwendern u. s. w., die aus der väterlichen Gewalt entlassen seien, sich ereignen könnten. Durch diese Lücke sei schon das Rescr. vom 27. Mai 1801 veranlaßt worden, wonach den aus der väterlichen Gewalt entlassenen abwesenden Personen auch noch bei Lebzeiten des Vaters ein Vormund bestellt werden muß, bei der Wahl des Vormundes aber auf den Vater vorzüglich Rücksicht genommen werden soll. (Pens. VII. S. 115.) Man wird nach der Absicht des Gesetzes, welches auf dem größeren Vertrauen zu der väterlichen Einsicht und Vorsorglichkeit beruht, nicht anzustehen brauchen, das Rescript generell — auch in den Fällen der Bevormundung aus andern Gründen — in Anwendung zu bringen. —

66) §§. 182. 183. 433 d. T.

67) §§. 179. 180 d. T.

68) Und selbstverständlich des Vaters, wenn er noch lebt. Ges.-Rev. Pens VII. S. 119.

unerzogener Pflegebefohlenen Rücksicht nehmen soll, findet, daß die Bestellung den Pflegebefohlenen nachtheilig oder gefährlich sein könnte.[69]) — Nur unter derselben Voraussetzung kann in Ermangelung eines vom Vater ernannten Vormundes

2) die Mutter übergangen werden, welche das Recht auf die Vormundschaft[70]) hat, sofern sie fähig ist und nicht zur anderweitigen Ehe schreitet.[71]) Geschieht dies, so muß sie, — auch ungeachtet einer entgegengesetzten Willenserklärung des Vaters der Pflegebefohlenen, — die Vormundschaft niederlegen, und kann sie auch nach getrennter fernerer Ehe nur dann, wenn aus dieser keine Kinder vorhanden sind, und lediglich von dem Ermessen des Gerichts, wiedererlangen.[72]) — In Ermangelung der Mutter ist vorzüglich

3) den Blutsverwandten der Pflegebefohlenen die Vormundschaft zu übertragen, wobei der Richter nicht schlechterdings verpflichtet, auf einen solchen Rücksicht zu nehmen,[73]) auch nicht an die Nähe des Grades, — selbst dann nicht, wenn für einen Abwesenden ein Vormund bestellt werden soll[74]) — gebunden,[75]) vielmehr im Allgemeinen auf eine pflichtmäßige Beurtheilung des Falles verwiesen ist.[76]) Im Einzelnen sollen Kinder als Vormünder ihrer Eltern nur bestellt werden können, wenn letztere wegen Wahn- oder Blödsinns, — nicht aber, wenn sie wegen Verschwendung unter Vormundschaft zu stellen sind,[77]) und unehelichen Kindern sollen der Regel nach Fremde, die zur Familie der Eltern[78]) nicht gehören, zugeordnet werden, es sei denn, daß die Verwandten der Eltern die Bestellung verlangen, und durch diese der Vortheil der Pflegebefohlenen befördert werden kann.[79]) — Nächst den Verwandten sind endlich

---

69) §§. 184. 185 d. T.

70) Nicht auch die Pflicht zu derselben. (Rescr. vom 12. Novbr. 1829 in den Erg. zu §§. 185. 186 d. T.) —

71) §. 186 d. T. — Die Fähigkeit ist ausdrückliche Bedingung. Ist daher die Mutter zur Zeit des eintretenden Falles minderjährig, so cessirt ihr Recht und kann auch nach erlangter Großjährigkeit nicht geltend gemacht werden. Es steht lediglich beim Vormundschaftsrichter, ob er gegen die Regel des §. 124 den ersten Vormund nur bis zur Großjährigkeit der Mutter und dann diese bestellen will; verlangen — wie nach §. 12 der Vorm.-Ordn. v. 1718 — kann es die Mutter nicht. — Anderer Meinung ist Koch im Privatrecht Bd. II. S. 725. — §§. 187. 188 d. T.

72) §§. 189—191 d. T.

73) §§ 192. 193 d. T.

74) Dessen Interesse als Erbe mit seinem officium zur Erforschung des Aufenthalts des Verschollenen collidiren kann. (Suarez in der revis. monit. Jahrb. Bd. LI. S. 58.) —

75) Anders nach Nov. 118 Cap. 1. 2. 3. Die Abweichung ist aus der dem Staate obliegenden Bevormundungspflicht gerechtfertigt. (Gef.-Rev. Pens. VII. S. 121.)

76) §. 195 d. T.

77) §. 196 d. T.

78) Soll nach dem Gef.-Rev. (Pens. VII. S. 122) nur heißen: des Schwängerers. — Die Einschränkung scheint aber nicht gerechtfertigt bei der klaren Bestimmung, der auch die Absicht zu Grunde gelegen haben kann, Verwandte der Mutter wegen der durch die uneheliche Geburt in der Regel entstehenden Differenzen auszuschließen. Dem später entstandenen Anh. §§. 95 zu 614 Thl. II. Tit. 2 A.L.R. liegt freilich das entgegengesetzte Prinzip zum Grunde.

79) §. 198 d. T.

4) die Zunftgenossen als solche genannt, welche das Gesetz zur Uebernahme der Vormundschaften vorzüglich verpflichtet.[80]).

§. 33. e. Rechtsmittel der Uebergangenen.

Personen, welche durch Ernennung des Erblassers oder durch Familienverträge zur Führung einer Vormundschaft vorzüglich verpflichtet und berechtigt sind, ferner die Mutter[81]) und die Blutsverwandten der Pflegebefohlenen[82]) können, wenn ihnen eine minder berechtigte Person vorgezogen worden ist, gegen diese auf rechtliches Gehör und Erkenntniß antragen.[83]) Sie haben sich zu diesem Zwecke zunächst bei dem vormundschaftlichen Gericht zu melden, welches auf ihr Gesuch Termin zur Erörterung der Ansprüche für die um den Vorzug streitenden Personen vor einem Deputirten ansetzt und auf Grund dieser durch eine Resolution[84]) festsetzt, welchem unter ihnen die Vormundschaft aufzutragen sei.[85]) Will der hiernach mit seinem Anspruch abgewiesene Competent bei dieser Resolution sich nicht beruhigen, so muß er entweder gleich bei der Publikation oder spätestens drei Tage nachher, allenfalls unter Darlegung dessen, was er zur Unterstützung seines Gesuches und gegen die Resolution des vormundschaftlichen Gerichts noch vorzubringen hat, bei dem dem vormundschaftlichen Gericht vorgesetzten Appellationsgericht[86]) Beschwerde anbringen. Dieses entscheidet dann endgültig,[87]) ob es bei der vorigen Resolution zu belassen, oder dieselbe abzuändern sei.[88])

---

80) §. 199 d. T.

81) Diese nicht bloß, wenn ihr ein Fremder, sondern überhaupt, wenn ihr nur ein andrer als der vom Vater ernannte Vormund vorgezogen ist. Der Ausdruck im §. 201 ist ungenau und nach der unzweideutigen Absicht des Gesetzgebers, die aus einer Bemerkung von Suarez in der revis. monit. erhellt, wie geschehen auszulegen. (Gesetz-Revisor Pens. VII. S. 125.)

82) Stände den Verwandten der Weg des Civilprozesses offen, auch nur in dem Falle, wenn ihnen ein Fremder vorgezogen worden, so würde dies allerdings, worauf der Gesetz-Revisor (Pens. VII. S. 124) hinweis't, eine Verletzung des Prinzips der Staatsvormundschaft enthalten. Vergl. jed. Anm. 83 u. 84.

83) §§. 200. 201 d. T. — Das unrichtige Marginale rührt von einer nachträglichen Einschiebung der Paragraphen her. — (Ges.-Rev. Pens. VII. S. 123.) — „Nach näherer Vorschrift der Prozeßordnung", welche aber (§§. 11. 12 Thl. I. Tit. 39) kein Verfahren für den Rechtsweg vorschreibt. Es kann auch von dem gewöhnlichen Rechtswege nicht die Rede sein, weil kein privatrechtlicher Gegner vorhanden ist. Als solcher kann weder der Vormundschaftsrichter gelten, der nach seinem besten Ermessen den Vormund bestellen soll, noch die vorgezogene Person, die vielleicht gar nicht Vormund sein will. (Vergl. Note 84.)

84) Also nicht durch Erkenntniß, wenn auch §. 200 d. T. diesen Ausdruck gebraucht. (Erk. d. Ob.-Trib. v. 26. Novbr. 1858. Striethorst: Arch. Bd. 33 S. 5 ff.) Hiermit erledigt sich die Frage: wer die Gegenparthei ist. Der ganze Rechtsweg läuft darnach auf eine Remonstration an das Collegium und, wenn diese fruchtlos ist, auf eine Beschwerde bei der vorgesetzten Instanz hinaus. Dies hätte man nicht nöthig gehabt hier besonders festzusetzen. (Vergl. zugleich über die Entstehung der §§. 200. 201 d. T. und deren Stellung unter dem unpassenden Marginale den Ges.-Rev. a. a. O.)

85) §§. 11. 12. 2—4 Thl. I. Tit. 39 A.G.O. —

86) §. 25 der Verordn. v. 2. Januar 1849.

87) Gleichfalls durch Resolution d. i. im Wege der Dekretur. §. 8 Thl. I. Tit 39. A.G.O. §. 35 der Verordn. v. 2. Januar 1849.

88) §§. 5—8 Thl. I. Tit. 39 A.G.O.

§. 34. f. Exkusation.

Der vom Richter zu einer Vormundschaft Berufene muß dieselbe annehmen, sofern ihm nicht ein gesetzlicher Exkusationsgrund zur Seite steht.[89])

Die ungerechtfertigte Weigerung wird bestraft:

1) mit Geldbuße[90]) nach Verhältniß der Vermögens-Umstände des Betroffenen,[91]) und, wenn diese erfolglos ist,

2) damit, daß der Richter befugt ist, für den an Stelle des Weigernden zu bestellenden Vormund ein Honorar aus dem Vermögen des letzteren auszusetzen und auf dessen Grundstück eine Caution für den neuen Vormund eintragen zu lassen.[92])

Außerdem muß der ungebührlich sich Weigernde nicht nur den Pflegebefohlenen den etwa aus dem Aufenthalt in der Bevormundung erwachsenen Schaden vergüten,[93]) sondern ist auch

3) für den an seiner Statt bestellten Vormund ohne Caution als Bürge verhaftet.[94]) —

Es haben aber das Privilegium, eine ihnen angetragene Vormundschaft abzulehnen:[95])

1) alle in wirklichen Königlichen Militairdiensten stehenden Personen,
2) Räthe, die in Königlichen Collegien Sitz und Stimme haben,[96])
3) Dirigenten und Burgemeister in den Städten,
4) Königliche Domainenpächter[97]) und Beamte,
5) wirkliche Verwalter Königlicher oder anderer öffentlicher nicht unbeträchtlicher Kassen,[98])
6) die in öffentlichen Angelegenheiten außer Landes abwesend sind oder solchergestalt verschickt zu werden im Begriffe stehen oder noch nicht ein Jahr von dergleichen Versendung zurückgekommen sind,[99])
7) Personen über sechzig Jahr,[100])
8) die durch anhaltende Krankheitsfälle dergestalt geschwächt sind, daß

---

89) §. 202 d. T. — Die Mutter ist nicht verpflichtet, sondern nur berechtigt, die Vormundschaft über ihre Kinder zu übernehmen. §. 186 d. T. Daher soll der Wunsch der Mutter, den Kindern einen besondern Vormund zu bestellen, immer berücksichtigt werden. Reser. v. 12. Novbr. 1829 in den Erg. zu §. 186.

90) Gefängnißstrafe erschien nicht schicklich. (Suarez in der revis. monit.) —

91) Von „mäßigem" Betrage, wie §. 205 will. Man wird einerseits die Wirksamkeit der Strafen, andrerseits das dadurch erzeugte odium, das doch nur einen schlechten Vormund schaffen kann, abzuwägen haben. (Ges.-Rev. Pens. VII. S. 126 u. 129.)

92) §§. 205. 206 d. T. — l. 1 pr. und §. 1. D. XXVI., 7 und l. 1 § 3 D. XXV., 4. —

93) §. 204 d. T.

94) §. 207 d. T.

95) §. 208 d. T.

96) l. 6 §. 14. 16. l. 15 §. 2. l. 17 §. 5. D. de excusationibus (XXVII., 1.)

97) Pächter fiskalischer Güter sind nach l. 8 C. de. excus. (V., 62) nicht befreit.

98) l. 41 pr. D h. t.

99) l. 10 pr. §§. 1—3. D. h. t. §. 2 Inst. h. t. (I, 25.) —

100) Nach Röm. Recht befreit erst das Alter von 70 Jahren. (§. 13 Inst. h. t. l. 2 pr. D. h. t.)

ihnen die eigene gehörige Besorgung der aufgetragenen Vormundschaft dadurch unmöglich wird,[101])

9) diejenigen, welche fünf oder mehr aus einer Ehe zur rechten oder linken Hand erzeugte und noch unter ihrer Gewalt stehende oder unversorgt in ihrem Hause lebende Kinder haben, wobei Söhne, die in Königlichen Militairdiensten stehen oder darin ihr Leben vor dem Feinde verloren haben, mitgezählt werden,[102])

10) diejenigen, welche schon zwei wirkliche, mit Vermögens-Administration verknüpfte Vormundschaften, oder zwar nur eine, aber mit sehr vielen und wichtigen Geschäften verbundene über sich haben;[103]) endlich

11) ordentliche Lehrer bei Schulen, Gymnasien und Universitäten,[104]) ingleichen Geistliche, mit deren Amt eine Seelsorge verbunden ist, jedoch mit der Beschränkung, daß sie sich ihres Privilegii gegenüber Verwandten und Amtsgenossen nicht bedienen können.[105]) —

Vorstehende Privilegien kommen auch dem vom Erblasser ernannten Vormunde zu statten.[106]) Sie cessiren aber in jedem Falle, in welchem der Privilegirte zur Uebernahme der Vormundschaft sich schriftlich verbunden hat,[107]) und, wenn einer im Testament zum Vormunde bestellten Person ein Legat hinterlassen worden ist, so gilt die Vermuthung, daß ihr selbiges in Rücksicht auf die zu übernehmende Vormundschaft ausgesetzt sei, so daß der Bedachte das Legat verliert, wenn er die Vormundschaft nicht übernehmen kann oder will.[108]) —

Außer den genannten allgemeinen Exkusations-Gründen sind als solche noch besondere Umstände anerkannt, um deretwillen Jemand einer gewissen ihm angetragenen Vormundschaft gehörig vorzustehen sich nicht getrauet.[109]) Diese berechtigen nicht nur, sondern verpflichten auch die davon betroffene Person, dem Richter Anzeige zu machen, von dessen Beurtheilung es abhängt, ob sie eine Exkusation oder Unfähigkeit begründen.[110]) —

---

101) §. 209 d. T. Ebenso nach l. 10 in fine. D. §. 7 Inst. h. t.

102) §§. 210. 211 d. T. Nach Röm. Recht excusirten 3, 4 oder 5 leibliche Kinder, je nachdem von einem Römer, Italiener oder Provinzialen die Rede war (pr. I. h. t. l. 2 §§. 1–8. D. h. t.). Die emancipati wurden mitgezählt, weil die Exkusationsvorschrift eine Belohnung der Eheschließung und Kindererziehung festsetzen wollte und nicht, wie bei uns, auf der Erwägung beruhte, daß für einen Vater von so viel Kindern die Vormundschaft eine unbillige Last sein würde. (Puchta's Pandekten §. 341.)

103) §. 212 d. T. — Nach dem Röm. Recht entschuldigten drei Vormundschaften gegen Uebernahme der vierten (l. 2 §. 9 D. h. t), wobei nicht der numerus pupillorum, sondern die separatio patrimoniorum entscheidet, so daß die Vormundschaft über drei Brüder, deren Vermögen noch ungetheilt ist, für eine einzige gilt. (l. 3 D. h. t) —

104) Nach Röm. Recht grammatici, sophistae, rhetores, medici (l. 6 §§. 1 sq. D. h. t.)

105) §. 213 d. T.

106) §. 216 d. T. —

107) §. 214 d. T. Ebenso nach §. 9 Inst. l. 15 §. 1 D. h. t.

108) §§. 218. 219 d. T.

109) „Dergleichen Ursachen der Entschuldigung kann es, nach der Verschiedenheit der Fälle, sehr viele und mannigfaltige geben, sie lassen sich daher im Einzelnen gesetzlich nicht bestimmen. Vielmehr kommt es dabei auf ein vernünftiges und billiges Ermessen des Richters an.“ Sz. (Ges.-Rev. Pens. VII. S. 130.) —

110) §. 217 d. T.

Die nach übernommener Vormundschaft eintretenden Exkusationsgründe berechtigen zur Niederlegung der Vormundschaft ebensowenig, wie ein nachträglich erlangtes Amt oder sonst eingetretenes Verhältniß, in welchem eine besondere Erlaubniß erfordert wird.[111])

§. 35. g. Rechtliches Gehör über die Exkusation.

Führt eine zum Vormunde aufgerufene Person gesetzmäßige Entschuldigungs-Ursachen an, so ist ihr darüber rechtliches Gehör zu gestatten.[112]) Das Verfahren, bezüglich dessen auf die Vorschrift der Prozeß-Ordnung verwiesen ist, ist das nämliche, wie wenn mehrere Personen darüber streiten, wem die Vormundschaft gebühre.[113]) Es wird auch hier nur durch Resolution, in letzter Instanz von dem Appellationsgericht, entschieden, ob die Exkusation erheblich und also der Provokant von Uebernehmung der Vormundschaft zu entbinden, oder in wiefern er dazu, der Einwendung ungeachtet, anzuhalten sei.[114]) Daher kann auch der Vormund, dessen Exkusationsgründe in diesem vorläufigen Verfahren verworfen worden sind, wenn er im Wege des ordentlichen Prozesses auf Ersatz des den Pflegebefohlenen durch seine ungerechtfertigte Weigerung entstandenen Schadens belangt wird, in diesem Prozesse seine Entschuldigungsursachen als wirklich gegründet und erheblich näher ausführen, ohne daß ihm dabei aus den vorhergehenden Resolutionen der Einwand der Rechtskraft entgegengesetzt werden kann. Er kann sogar, wenn er in diesem Prozesse ein obsiegliches Urtheil erhält, auf Entlassung von der nach der Resolution übernommenen Vormundschaft antragen.[115])

---

2. Verpflichtung und Bestätigung der Vormünder.

§. 36.

Der vom Richter gewählte oder genehmigte Vormund muß zu seinem Amte mittelst Handschlags an Eides Statt verpflichtet werden,[116]) nachdem er an seine Obliegenheiten erinnert, oder ihm dieselben, wo es nöthig ist, wenigstens im Allgemeinen bekannt gemacht und erklärt worden.[117])

111) §§. 941–943 d. T. — Nach l. 11 D. h. t. befreit Krankheit, welche die gehörige Besorgung der eigenen Angelegenheiten hindert, auch von der übernommenen Vormundschaft. Cfr. auch l. 12 §. 1. l. 30 pr. D. h. t.

112) §. 203 d. T.

113) Oben §. 33.

114) §§. 2–8 Thl. I. Tit. 39 A.G.O.

115) §§. 9. 10 das.

116) §. 220 d. T. — Die Beeidigung des Vormundes, die im Röm. Recht, zuerst bei der cura furiosi (l. 7 §§. 5. 6. Cod. de curatore furiosi V., 70) sich findet und im älteren deutschen Recht gar nicht vorkommt (Kraut Bd. II. S. 118), ist nach Nov. 72 Cap. 8 durch die Reichspolizeiordnungen (v. 1577 tit. 32 §. 3) allgemein bestätigt und nur in einzelnen Partikularrechten durch das Handgelübde ersetzt.

117) §. 221 d. T. — Der Ges.-Rev. macht (Pens. VII. S. 132) mit Recht auf das Unpraktische der Vorschrift aufmerksam, die in der Praxis ungleichmäßig und meist unvollständig befolgt wird. Er schlägt vor, den Vormund immer nur „die treuliche väterliche Fürsorge für die Person und das Vermögen seines Pflegebefohlenen und die gewissenhafte Beobachtung der gesetzlichen Vorschriften" angeloben zu lassen. Aehnlich

Hiernächst muß der Vormund mit einer schriftlichen Bestallung (tutorium oder curatorium) versehen werden, in welcher auszudrücken sind: a. die Ursachen der veranlaßten Vormundschaft, b. der Name des Pflegebefohlenen, c. dessen Alter, sofern er noch minderjährig ist, nach dem beigebrachten Taufschein, d. die Hauptobliegenheiten des vormundschaftlichen Amtes, endlich e. die dem Vormunde bei dessen Führung gemachten Einschränkungen ebenso, wie die ihm nach dem Willen des Erblassers etwa zukommenden Befreiungen.[118])

Erst durch diese Bestallung erhält der Vormund das Recht und die Pflicht zur Ausübung seines Amtes;[119]) doch ist auch schon ein ernannter,

---

lautet das Versprechen nach §. 205 des Oesterr. Gesetzbuchs. Das Rescr. v. 30. Septbr. 1836 (Jahrb. Bd. 48 S. 214) empfiehlt den Gerichten, bei Gelegenheit der Verpflichtung den Vormündern den Ankauf eines besonders (bezeichneten) Auszugs der Vormundschaftsordnung anzurathen.

118) §§. 222. 223. 684 d. T.

119) §§. 225. 226 d. T. — Der Ges.-Rev. (Pens. VII. S. 134) sagt hierzu: „Wird der Vormund verpflichtet, so ist er von diesem Augenblick an wirklicher Vormund, und es ist in der That gar kein Grund abzusehen, warum sein Pflegebefohlener nun dennoch als nicht bevormundet betrachtet, und der Vormund unthätig bleiben soll, bis die Bestallung, welche doch nichts enthält, als eine Ausfertigung seiner Verpflichtung, ihm insinuirt ist. Der einzige Grund, der sich hierzu denken läßt, wäre der, daß er erst durch diese Bestallung gegen Dritte sich zu legitimiren vermag u. s. w." Dieser letzte Grund mag wohl auch die Veranlassung gewesen sein, daß Suarez statt des Wortes „Verpflichtung", welches im ersten Concepte stand, später „Bestallung" setzte, welcher Ausdruck dann in den §. 168 des gedruckten Entwurfs und aus diesem in den Tit. 18 überging, da er auf ein monitum gegen §. 226 die Ansicht äußerte, daß nach der Verpflichtung doch nur „eigentlich ein bloßes formale" zur Qualifikation des Vormundes fehle. Diesemgemäß läßt auch §. 297 d. T. das Vorrecht der Pflegebefohlenen in dem Vermögen des Vormundes von dem Tage der Verpflichtung des letzteren beginnen. — Wenn auch nicht die Verpflichtung, wie der Gesetz-Revisor meint, das vormundschaftliche Amt überträgt, sondern die Anstellung, so läßt sich diese doch schon vor Behändigung des schriftlichen Ausweises als vollzogen ansehen — durch den Auftrag des Richters und die Annahme desselben von Seiten des designirten Vormundes. Hieraus also läßt sich ein zwingender Grund zu der Vorschrift, wonach der Verpflichtete erst mit Einhändigung der Bestallung Vormund wird und bis dahin also (ausgenommen, wo Gefahr im Verzuge ist) für den Pupillen nur als Protutor auftreten kann, nicht einsehen. Man hat wohl zumeist die Verhandlung mit Dritten im Auge gehabt und für diese bestimmen wollen, daß der Vormund nur durch Vorlegung seines tutorii sich sollte legitimiren können. In der Praxis wird gerade hiergegen häufig gefehlt, indem man einerseits die Berufung des Vormundes auf die Vormundschaftsakten zu seiner Legitimation für ausreichend, andrerseits, in Fällen namentlich, in denen keine Vermögensverwaltung stattfindet, die Ertheilung der tutorii für entbehrlich erachtet.

Bezüglich der Anstellung des Vormundes verordneten schon die Reichsgesetze, daß kein Vormund der ihm — durch Gesetz oder Testament oder Vertrag — deferirten Vormundschaft sich unterziehen solle, die Verwaltung sei ihm denn zuvor „durch die Obrigkeit decernirt und befohlen". Dies geschah durch einen ausdrücklichen Ausspruch, welchem eine Untersuchung der Tüchtigkeit der zu bestellenden Personen zu dem Zwecke voranging, „damit die Pupillen und minderjährigen Kinder unbetrogen und unvernachtheilt bleiben". Alle Handlungen, die der Vormund als solcher vor der Bestätigung vorgenommen, waren nichtig: nur da, wo eine Gefahr abzuwenden, oder dem Mündel ein bedeutender Vortheil zu verschaffen war, wurde dem noch nicht bestätigten Vormund ausnahmsweise die Einmischung gestattet. (Kraut: Bd. I. S. 235 ff.) Man nennt diese Bestätigung confirmatio ex jure germanico gegenüber der ex jure romano, die dazu diente, eine unwirksame testamentarische (oder vertragsmäßige) Bestellung des Vormundes zu Gunsten der getroffenen Anordnungen gültig zu machen, deßhalb nicht immer eine vorherige Untersuchung der Person des Vormundes und seiner Umstände er-

obgleich noch nicht förmlich bestellter Vormund Angelegenheiten der Pflegebefohlenen, bei welchen Gefahr im Verzuge sein könnte, zu besorgen schuldig und berechtigt.

Vormünder sollen ohne Noth von dem Richter nicht blos auf eine gewisse bestimmte Zeit bestellt werden.[120]) Hat aber der Vater verordnet, daß eine von ihm ernannte Person nur bis zu einer gewissen Zeit oder Begebenheit oder nur von einem gewissen Erfolge oder Zeitpunkte an die Vormundschaft führen solle,[121]) so kann der Richter nur aus erheblichen, zum offenbaren Besten der Pflegebefohlenen gereichenden Gründen von dieser Vorschrift abgehen. Dasselbe gilt von der Verordnung eines Jeden, der den Pflegebefohlenen etwas zugewendet und bei Ernennung eines Kurators darüber dergleichen Einschränkungen beigefügt hat.[122])

3. Vorsorge für das Vermögen des Pflegebefohlenen.

§. 37.

In allen Fällen, in denen eine Vormundschaft anzuordnen ist, muß vor allen Dingen auf die Ausmittelung und Sicherstellung des Vermögens des Pflegebefohlenen Bedacht genommen, und nach den etwa anzuordnenden Sicherungsmaßregeln ein Inventarium aufgestellt werden.[123])

Für den Fall, daß schon bei Einleitung der Vormundschaft eine Erbschaft eröffnet ist, an welcher der Pflegebefohlene Theil hat, was bei der Alters-Vormundschaft die Regel bildet, hat das Allgemeine Landrecht die

---

forderte, namentlich da nicht, wo der Vormund von dem Vater der Pflegebefohlenen ernannt war, dagegen auch von der Behörde nicht von Amtswegen, sondern erst auf die Aufforderung des Betheiligten, ausgesprochen wurde. (Rudorff: Bd. I. S. 323 ff.) Die Römisch rechtliche confirmatio gehörte sonach noch zur Delation der Vormundschaft, welche die deutschrechtliche Bestätigung als bereits geschehen voraussetzt. Ob gemeinrechtlich die erstere durch die Einführung der letzteren beseitigt worden, ob es namentlich in Beziehung auf die Pflicht des Vormundes, um die Bestätigung nachzusuchen, gleichgültig ist, ob er auf eine nach Röm. Recht mangelhafte oder vollkommen gültige Weise durch Testament zum Vormunde ernannt worden, ist streitig. Vergl. Kraut und Rudorf a. a. O.

120) §. 125 d. T. — Das Verbot ist aus l. 6 §. 1 D. de tutelis (XXVI., 1) entnommen, die darauf beruhte, daß „actus legitimi, qui recipiunt diem vel conditionem, veluti datio tutoris, in totum vitiantur per temporis vel conditionis adjectionem." (l. 77 D. de regulis juris L. 17.) Im Preuß. Recht ist die Rücksicht auf das Beste der Pflegebefohlenen der Grund der Vorschrift.

121) Was §. 3 Inst. I., 14 (qui testamento tutoris etc.) ebenfalls für zulässig erklärt.

122) §§. 126-128 d. T.

123) §§. 351 ff. d. T. — Zu §. 351 bemerkt das Rescr. vom 18. Januar 1841 (J.M.B. S. 71) daß, wenn die überlebende Wittwe mit Uebergehung minderjähriger Kinder von ihrem Ehemann zur Universal-Erbin berufen ist, dieselbe durch Unterhandlung zur Sicherstellung des Erbtheils oder wenigstens des Pflichtheils der Kinder unter Bedingungen, wodurch sie möglichst wenig in der Ausübung der testamentarischen Befugnisse beschränkt wird, zu veranlassen sei, und, sofern sie dies nicht will, jedoch Vertrauen verdient und ihre weitere Verheirathung dem Alter nach unwahrscheinlich ist, der Vormund das Testament anerkennen könne, andernfalls aber das Pflichttheil wählen müsse. — Die Nachsicht kann nur dann als gerechtfertigt gelten, wenn mit einiger Sicherheit anzunehmen ist, daß das Vermögen den Pflegebefohlenen nicht entgeht. — Die gerichtliche Siegelung und Inventur muß auch dann erfolgen, wenn die nächsten und alleinigen minderjährigen Erben schon mit Vormündern versehen sind. (§§. 646. 354. 378 d. T.)

in nachstehenden Paragraphen dargestellten besonderen Vorschriften gegeben, welche auch dann zur Anwendung kommen müssen, wenn sich erst im Laufe der Vormundschaft ein Vermögens-Anfall für den Pflegebefohlenen ereignet.

§. 38. a. Siegelung.

Die Vorsorge für das Vermögen des Pflegebefohlenen liegt jedem Richter ob, in dessen Gerichtsbezirk sich dergleichen Vermögen befindet, auch wenn der Erblasser seiner Gerichtsbarkeit nicht unterworfen war. Befindet sich aber das Gericht, unter dessen Jurisdiktion der Erblasser gestanden hat, an eben dem Orte, so ist nur dieses zur Obsorge für das an demselben Orte vorhandene Vermögen befugt und verpflichtet.[124]) Sogleich nach erhaltener Nachricht[125]) muß der Richter das bewegliche Vermögen, an welchem Pflegebefohlene, wenn auch nur zu einem gewissen Antheil oder als Legatare einer bestimmten Sache,[126]) participiren, in gerichtliche Sperre nehmen.[127]) Dies geschieht durch Siegelung nach den hierüber in der Gerichts-Ordnung gegebenen Vorschriften.[128])

Die Siegelung unterbleibt:

a. wenn ein Ehegatte des Erblassers im Sterbehause vorhanden ist, es sei denn, daß dieser selbst sie nachgesucht oder doch ausdrücklich bewilligt hätte,

b. wenn der Erblasser sie schriftlich oder zu gerichtlichem Protokoll untersagt hat, es sei denn, daß sich Umstände einer von dem Erblasser nicht vorhergesehenen Gefahr ergeben sollten, oder daß insbesondere eine gewisse Person, mit Beziehung auf welche ausdrücklich der Erblasser die Siegelung seines Nachlasses verboten hat, bei seinem Ableben schon verstorben oder am Orte nicht zugegen wäre.[129])

Nicht versiegelt wird:

1) Alles, was bei längerer Aufbewahrung verderben oder außer Werth

---

124) §§. 352 und 353 d. T.

125) Nach dem Rescr. vom 27. März 1818 (Jahrb. Bd. II. S. 6) soll auch die mündliche Anzeige der Polizei genügen.

126) „Denn einmal muß ja, um das certum quantum zu erhalten, der ganze Nachlaß gesichert werden, damit nicht auch das quantum verloren gehe; das andere Mal aber muß dafür gesorgt werden, daß die ganze Nachlaßmasse zur Befriedigung der Gläubiger möglichst conservirt werde, weil sonst der Pflegebefohlene auch die certam rem nicht erhalten kann, da ihm diese nur nach Befriedigung der Gläubiger nach dem Grundsatz hereditas non nisi deducto aere alieno gebührt.“ (Ges.-Rev. Pens. VII. S. 163.)

127) §. 354 d. T. Hierdurch ist nicht die Aufbewahrung der den majorennen Miterben an dem Vermögen zustehenden Antheile geboten: diese würde in Ansehung solcher Sachen, die sofort getheilt werden können, zwecklos sein. (Rescr. v. 7. Juli 1810 bei dem Ges.-Rev. Pens. VII. S. 163).

128) §§. 4 ff. Thl. II. Tit. 5 A.G.O. Dorfgerichte sind befugt und verpflichtet, den am Orte befindlichen Nachlaß in Abwesenheit des Richters zu siegeln, haben aber dem Gericht sofort Anzeige zu machen. §§. 355. 356 d. T. §. 19 Thl. II. Tit. 5 A.G.O. Notarien sind zur Siegelung nur berechtigt, wenn sich kein Richter in der Nähe befindet, und sie darum requirirt, oder wenn es ihnen vom Richter aufgetragen worden. §. 357 d. T. §. 20 Thl. II. Tit. 5 A.G.O.

129) §§. 371—375 d. T. — §§. 4. 5 Thl. II. Tit. 5 A.G.O.

kommen, oder beträchtliche und offenbar unnütze Kosten verursachen würde, — dergleichen Sachen sind sofort öffentlich zu veräußern,[130]) —

2) eine zum Nachlaß gehörige Handlung, deren Fortführung dem von dem Erblasser angenommenen — entweder schon verpflichteten oder besonders zu vereidenden — Disponenten und, wenn ein solcher nicht vorhanden ist, einem sofort zu bestellenden und zu vereidenden Aufseher übertragen werden muß.[131]) —

Bei der Siegelung ist auch die letztwillige Verordnung des Erblassers, wenn von einer solchen Anzeige geschieht oder sonstige Spuren sich finden, unter Zuziehung der im Sterbehause vorhandenen Verwandten, Freunde und Hausofficianten aufzusuchen und dem gehörigen Richter zur Publikation einzusenden.[132]) —

Von dem Akte der Siegelung ist dem vormundschaftlichen Richter unverzüglich Nachricht zu geben, und diesem jede weitere Verfügung über den Nachlaß zu überlassen.[133]) Der siegelnde Richter kann nur ausnahmsweise, wenn wegen Entfernung des vormundschaftlichen Gerichts oder aus anderen Ursachen die Verfügungen desselben nicht schnell genug ergehen können, in schleunigen Fällen zum Besten des Pflegebefohlenen Vorkehrungen treffen, ist hierzu sogar verpflichtet, und hat auch davon dem vormundschaftlichen Gericht Anzeige zu machen.[134])

§. 39. b. Inventur.

Nach Einleitung der Vormundschaft oder auch, wenn diese sich in die Länge zieht, und von dem Aufschub für den Pflegebefohlenen ein Nachtheil zu befürchten ist, schon vorher, hat das Vormundschaftsgericht wegen Aufnahme des Nachlaß-Inventars Anordnungen zu treffen.[135]) Dem Vormund oder dem vor Berichtigung der Vormundschaft besonders zu bestellenden Curator liegt es ob, für die Aufnahme ohne Zeitverlust zu sorgen.[136]) Diese geschieht durch eine dazu besonders abgeordnete Gerichtsperson[137]) und ist dem Vormunde, ingleichen den außer den Pflegebefoh-

130) §§. 365. 366 d. T. — §§. 26 ff. Thl. II. Tit. 5 A.G.O.

131) §§. 368—370 d. T. — §. 29 A.G.O. a. a. O. — Andere Einschränkungen enthalten noch die §§. 30. 31 Thl II. Tit. 5 A.G.O.

132) §. 362 d. T. — §. 32 Thl. II. Tit. 5 A.G.O.

133) §§. 361. 363 d. T.

134) §§. 364—367 d. T.

135) §§. 376—378 d. T.

136) §§. 376. 377 d. T. — l. 7 D. de admin. tut. (XXVI., 7) — Reichspolizei-Ordnung von 1548 Tit. 31 u. von 1577 Tit. 32 §. 3. — Vormünder oder Kuratoren können zwar durch Verabsäumung der gesetzlichen Fristen ihre Pflegebefohlenen der Rechtswohlthat des Inventars nicht verlustig machen, sie müssen aber vom Vormundschaftsgericht zur gehörigen Einbringung des Inventars durch Strafen und Exekution angehalten werden. (§§. 430. 431 Thl. I. Tit. 9 A.L.R.)

137) §. 43 Thl. II. Tit. 5 A.G.O. und Anh. §. 421 zu §. 17 Thl. II. Tit. 2 A.G.O. Je nach den Umständen kann dazu ein Mitglied oder Subalternbeamter des Gerichts abgeordnet werden. (J.M.R. vom 19. Juli 1836). Die Aufnahme des Inventars kann auch einem Notar oder — bezüglich des Nachlasses gemeiner Leute auf dem Lande — den Dorfgerichten aufgetragen werden. Sie kann auch erfolgen durch die Magisträte in den Städten, welche jedoch darin jetzt nicht mehr unter der Direktion der Ge-

lenen etwa noch vorhandenen Miterben zur Wahrnehmung ihres Interesses in Zeiten bekannt zu machen.[138]) Wegen solcher Nachlaßstücke, welche sich nicht in seinem Bezirk befinden, muß der Vormundschaftsrichter den gehörigen Richter des Ortes um Aufnahme und Einsendung eines Spezial-Inventars ersuchen.[139]) —

Einer **gerichtlichen** Inventur bedarf es nicht:

1) wenn ein überlebender Ehegatte des Erblassers sich in dem Besitze der Erbschaft befindet und ein Privatverzeichniß darüber aufzunehmen und vorzulegen erbötig ist,[140])

2) in Fällen, in denen ein Theil der Eltern oder sonst ein naher Verwandter der Pflegebefohlenen im Besitze des Nachlasses sich befindet, oder der Nachlaß voraussichtlich nicht beträchtlich und hinter Jemandem befindlich ist, der wegen seiner Verbindung mit dem Pflegebefohlenen oder sonst ein vorzügliches Vertrauen verdient, — auch in diesem Falle kann sich der Richter mit Vorlegung einer Privat-Spezifikation begnügen.[141]) — Sodann **darf**

3) eine zum Nachlaß gehörende Handlung, so lange deren Aufhebung nicht erfolgen soll, nicht gerichtlich inventirt, es muß jedoch durch den Vormund oder Disponenten nach den bis zum Sterbetage des Erblassers nachgetragenen und sodann abgeschlossenen Handlungsbüchern ein vollständiges Privat-Inventarium aufgenommen und vorgelegt werden.[142]) —

Außerdem steht es jedem Erblasser frei, die **gerichtliche** Inventur seines Nachlasses zu untersagen,[143]) wozu eine schriftliche oder zu gerichtlichem Protokoll abgegebene Erklärung erfordert wird.[144]) Das Verbot der gerichtlichen Siegelung begreift schon das Verbot der gerichtlichen Inventur unter sich.[145]) Ist nur eine gewisse Person von der Herausgebung eines Inventars befreit, so kann ein Dritter, welcher zur Verwaltung des Nachlasses gelangt, sich darauf nicht berufen.[146]) —

---

richte stehen, (wie nach §. 43 II. 2) sondern von diesen nur **requirirt** werden können. (J.M.R. vom 22. Juni 1834).

138) §. 382 d. T. — Die Erfordernisse eines Inventars sind: 1) ein möglichst vollständiges Verzeichniß aller zum Nachlaß gehörigen Vermögensstücke und aller daran gemachten Ansprüche, soweit beide zur Zeit der Inventur und durch die bei derselben angestellten Nachforschungen und Erkundigungen bekannt geworden sind, 2) die Angabe des Werths der Vermögensstücke oder doch eine Beschreibung derselben, woraus der Werth erforderlichenfalls näher beurtheilt werden kann. (§§. 434. 435 Thl. I. Tit. 9 A.L.R.)

139) §§. 379. 380 d. T.

140) §. 383 d. T. — Dadurch ist die gemeinrechtliche Controverse entschieden: ob die **Mutter** von Errichtung eines förmlichen Inventars befreit und nur zur Vorlegung einer Privatspecifikation verbunden ist. (Ges.-Rev. Pens. VII. S. 171).

141) §. 384 d. T.

142) §§. 385—388 d. T. — Der Richter ist schuldig, dergleichen Handlungsinventarium dergestalt zu verwahren, daß das Innere der Handlung zum Nachtheil der Pflegebefohlenen nicht öffentlich kund werde. §. 387 d. T.

143) §. 395 d. T. — Ebenso nach l. 13 §. 1 C. arbitrium tutelae (V., 51) und l. 2 C. de alimentis pupillo praestandis (V., 50).

144) §. 396 d. T.

145) §. 397 d. T.

146) §. 398 d. T. — Im gemeinen Recht ist es controvers: ob dem Testator das Verbot der Inventur noch jetzt zustehe, und ob der Testirer jedem Vormunde, ohne Rücksicht, ob er ihn selbst in seinem Testament ernannt hat, oder ob er vom Gesetze be-

Privatverzeichnisse müssen auf Erfordern,[147]) und zwar der Regel nach sofort, von demjenigen, der zur Aufnahme verstattet worden, als richtig eidlich bestärkt werden,[148]) sofern nicht der Erblasser die eidliche Bestärkung untersagt hat,[149]) welches Verbot jedoch seine Wirkung verliert, sobald gegründete Vermuthungen einer begangenen Unrichtigkeit dem Richter bekannt werden.[150]) Die Wittwe muß[151]) die eidliche Bestärkung noch vor Vollziehung der zweiten Ehe leisten;[152]) sonst kann bei Verwandten in auf- und absteigender Linie, ingleichen bei Seitenverwandten, die als Respektspersonen für den Pflegebefohlenen anzusehen sind, das vormundschaftliche Gericht die eidliche Bestärkung, nach Beschaffenheit der Umstände, bis zu einer näheren Veranlassung aussetzen.[153]) —

Die Aufnahme eines Privatverzeichnisses aber muß jederzeit erfolgen und kann in Ansehung des unter vormundschaftliche Verwaltung und Aufsicht gehörenden Vermögens[154]) vom Erblasser weder verboten,[155]) noch durch irgend eine dem Pflegebefohlenen nachtheilige Bedingung eingeschränkt werden.[156]) Ist dies dennoch geschehen, so hat der Inhaber des Nachlasses

---

rufen oder von der Obrigkeit bestellt worden, für das von ihm herkommende Vermögen die Errichtung eines Inventars verbieten könne. (Ges.-Rev. Pens. VII. S. 170).

147) Jedes Miterben, auch eines solchen, dem vom Erblasser eine bestimmte Summe ausgesetzt ist, wenn er einen Pflichttheil zu fordern hat. Denn der Pflichttheilsberechtigte hat ein wesentliches Interesse an der Feststellung des Nachlasses, die allein ihm die Prüfung möglich macht, ob und inwieweit er verkürzt ist. (§. 440 Thl. I. Tit. 9 A.L.R.) Die Befugniß minderjähriger Pflichttheilsberechtigter, von dem eingesetzten Erben die eidliche Manifestation des Nachlasses zu fordern, kann nur durch ausdrückliches Anerkenntniß (§. 438 Thl. II. Tit. 2 A.L.R.), nicht aber durch Verjährung während der Minderjährigkeit (§. 440 a. a. O. §. 535 Thl. I. Tit. 9 A.L.R.) verloren gehen. (J.M.Rescr. vom 4. Mai 1840, J.M.Bl. pro 1840 S. 155).

148) §§. 389. 390 d. T. — Manifestations-Eid. Nähere Vorschriften enthalten die §§. 28—36 Thl. I. Tit. 22 A.G.O.

149) Was nur demjenigen zusteht, der dem Pflegebefohlenen mehr als einen ihm schuldigen Pflichttheil zugewendet hat. §. 393 d. T.

150) §§. 393. 394 d. T.

151) Nämlich: wenn es gefordert wird. Das Letztere wird nach der Regel des §. 389 vorausgesetzt. — Die entgegengesetzte Ansicht, wonach die Wittwe unter allen Umständen den Manifestationseid vor Eingehung der folgenden Ehe zu leisten hat, ist auf ein monitum gegen den mit §. 392 gleichlautenden §. 306 des gedruckten Entwurfs von einem Revisor des Extrakts der monita ausdrücklich verworfen, und dies von Suarez bei der revisio monitorum stillschweigend genehmigt worden. (Ges.-Rev. Pens. VII. S. 174).

152) §. 392 d. T.

153) §. 391 d. T. — Ist vertragsmäßig die Ableistung des Manifestationseides vom Vormunde ganz oder bis zu einer bestimmten Zeit erlassen, so kann einseitig hiervon nicht abgegangen werden. (Koch's Privatrecht II. S. 743).

154) Gegenüber dem nicht freien Vermögen der noch unter väterlicher Gewalt stehenden Kinder, auf welche die Vorschrift des §. 399 d. T. nicht auszudehnen ist, so lange nicht ein Fall der nothwendigen Auseinandersetzung oder Sicherheitsbestellung eintritt. (Kab.-Ordre vom 19. August 1809 bei Rabe Bd. X. S. 149).

155) Auch der Vormund, welchem der Testator die Errichtung eines förmlichen Inventars untersagt hat, ist dadurch nicht dispensirt, ein Privatverzeichniß anzufertigen und eidlich zu bestärken, wie eine Zusammenstellung der §§. 395 u. 399 d. T. ergiebt. — Die hierauf bezügliche Controverse des gemeinen Rechts war im §. 39 der Vorm.-Ordn. von 1718 ausdrücklich entschieden. (Ges.-Rev. Pens. VII. S. 176).

156) §. 399 d. T. — Der §. 117 Thl. I. Tit. 21 A.L.R., in welchem man einen Widerspruch mit dieser Vorschrift hat finden wollen, betrifft einen ganz anderen Fall,

daraus nur das Recht, das Inventarium in Gegenwart des Richters oder eines Notars[157]) zu versiegeln und so in gerichtliche Verwahrung[158]) zu übergeben, muß jedoch auf Erfordern des Vormundschaftsgerichts auch an Eides Statt versichern, daß das Verzeichniß mit den gesetzlichen Erfordernissen eines Nachlaßverzeichnisses versehen und von ihm nach seiner besten Kenntniß und Wissenschaft treulich aufgenommen ist.[159]) Auch im Interesse derjenigen Kinder, die von ihren Eltern oder Großeltern mit ihren Erbtheilen nur auf bestimmte Summen oder Sachen angewiesen sind, muß, ungeachtet des Verbots der Aufnahme eines gerichtlichen oder Privatverzeichnisses von Seiten der Erblasser, der Haupterbe zur künftigen Beurtheilung, ob eine Verletzung im Pflichtheil vorhanden sei, ein Privatverzeichniß aufnehmen und beim Vormundschaftsgericht versiegelt niederlegen.[160])

Dergleichen verschlossene Privatverzeichnisse bleiben der Regel nach uneröffnet, bis der letzte der Pflegebefohlenen der Vormundschaft entlassen wird,[161]) und können früher von dem Vormundschaftsrichter nur dann eröffnet werden,

1) wenn ein erheblicher Verdacht der Verkürzung der Pflegebefohlenen im Pflichttheil eintritt, oder eine schlechte Verwaltung oder gar Verschwendung des Besitzers des Nachlasses glaubhaft angezeigt wird,[162])

2) wenn eine Auseinandersetzung zwischen den Pflegebefohlenen und ihren Miterben geboten ist,[163])

3) wenn das Andringen der Gläubiger die Offenlegung des Vermögenszustandes unvermeidlich macht.[164])

§. 40. c. Auseinandersetzung.

Nach berichtigtem Inventar muß der Pflegebefohlene mit Denjenigen, denen ein Miteigenthum an der Masse oder irgend einem Theile derselben

---

nämlich das Verhältniß zwischen Eigenthümer und Nießbraucher bezüglich der Rückgewähr, während der §. 399 d. T. eine im Vormundschafts-Interesse gebotene Einschränkung des Erbschaftsbesitzes enthält. (Ges.-Rev. Pens. VII. S. 176).

157) Die sich davon überzeugen müssen, daß in dem versiegelten Umschlage wirklich ein Verzeichniß des Nachlasses enthalten sei. §. 402 d. T.

158) Die nach einem Bescheide des Justizministers vom 7. Juni 1838 (Jahrb. LI. S. 363) in einem „besonderen verschlossenen Behältniß" erfolgen soll, nicht „im Depositalkasten."

159) §§. 400—403 d. T.

160) §. 404 d. T.

161) §. 408 d. T. — Dann muß es den Erben selbst oder einem von ihnen zu bestellenden oder ihnen zuzuordnenden Mandatar zurückgegeben werden, wie der Ges.-Rev. im §. 224 seines Entwurfs ergänzt.

162) §. 405 d. T.

163) §. 406 d. T. Namentlich: wenn die Gütergemeinschaft zwischen den Pflegebefohlenen und dem überlebenden Ehegatten des Erblassers aufhört. — Auch wenn der Erblasser eine Privattheilung angeordnet hätte, kann aus diesem Grunde das Inventar nicht zurückgenommen werden, um es nach gemachtem Gebrauche wieder versiegelt zu deponiren, da der Sinn der Vorschrift eben der ist, daß das Vormundschaftsgericht mit Hülfe des Inventars soll prüfen können, ob die Auseinandersetzung die Pflegebefohlenen nicht verkürzt. (Ges.-Rev. Pens. VII. S. 177 gegen Merkel Commentar zu §. 406 d. T.)

164) §. 407 d. T.

gebührt, auseinandergesetzt werden.[165]) Die Auseinandersetzung geschieht in der Regel unter Direktion des vormundschaftlichen Gerichts,[166]) und nur, wenn sie in Güte nicht zu Stande gebracht werden kann, gebührt die rechtliche Entscheidung dem Richter, unter welchem der Erblasser seinen letzten persönlichen Gerichtsstand hatte.[167]) —

Wenn die überlebende Mutter der Pflegebefohlenen mit dem Vater derselben in Gütergemeinschaft gelebt, so steht ihr frei, auf deren Fortsetzung[168]) mit den noch nicht abgefundenen Kindern anzutragen, und der

---

165) §. 409 d. T.

166) Ueber die Mitwirkung der Vormundschaftsbehörden bei solchen Erbtheilungen, bei welchen Pflegebefohlene Theil nehmen, für welche befreite Vormünder bestellt sind, verhält sich die Verfügung des Justiz-Ministers vom 5. Mai 1841 (J.M.Bl. S. 108), deren wesentlicher Inhalt folgender ist:

1. Die Befreiung von den §§. 422—678 d. T. vorgeschriebenen Beschränkungen reicht für sich allein nicht hin, die im §. 419 als Regel vorgeschriebene Direktion des Vormundschaftsgerichts auszuschließen. Es kann den Vormündern zwar die Entwerfung des Auseinandersetzungsrezesses übertragen werden: derselbe erfordert aber obervormundschaftliche Prüfung und Bestätigung, wie jeder andere Rezeß.
2. Hat der Erblasser die gerichtliche Siegelung oder Inventur untersagt oder die Niederlegung eines versiegelten Inventars angeordnet, so verbleibt es bei den Bestimmungen der §§. 395 bis 408 d. T. Tritt aber einer der Fälle der §§. 405 bis 407 ein, in denen die Eröffnung des Inventars hat erfolgen müssen, und kommt es hiernächst während der Vormundschaft zu einer Auseinandersetzung, so ist die Vormundschaftsbehörde ebenso berechtigt, als verpflichtet, sich einer Prüfung der Auseinandersetzung und einer Bestätigung des Rezesses zu unterziehen.
3. Hat der Testator zugleich die Mitwirkung des vormundschaftlichen Gerichts bei der Auseinandersetzung ausdrücklich untersagt, so muß, so lange keiner der Fälle der §§. 405—407 eintritt, das gesetzlich zulässige Verbot der Eröffnung des Inventars aufrecht erhalten und demnach die Anlegung einer Auseinandersetzung, die der Anordnung des Erblassers zufolge im Laufe der Vormundschaft erfolgen soll, den Vormündern überlassen werden. Diese haben nur den Theilungsrezeß in gleicher Art, wie das Inventar, gerichtlich niederzulegen.
4. Wegen der Veräußerung eines Grundstücks sind in allen Fällen die §§. 686 ff. d. T. zu beobachten.

167) §§. 419. 420 d. T. — Die §§. 409. 419. 420 d. T. enthalten nur Anweisungen für das vormundschaftliche Gericht, und es hat darnach das letztere, wenn es zugleich Erbschaftsforum ist, die Auseinandersetzung von Amtswegen zu veranlassen, außer diesem Falle aber muß es durch den Vormund oder selbst seine Anträge bei dem Erbschaftsrichter machen, sofern die gerichtliche Erbtheilung überhaupt nothwendig ist. (Besch. des J. Min. v. 31. Mai 1839, J.M.Bl. S. 201). Vollzieht der Vormundschaftsrichter die Theilung, ohne zugleich Erbschaftsrichter zu sein, so hat dieselbe nur den Charakter einer Privattheilung, die eine Vereinigung aller Interessenten voraussetzt. (Koch's Commentar zu §. 409 d. T.) Entsteht dabei Streit, so muß die Sache an den Erbschaftsrichter zum Verfahren nach §§. 9 ff. Thl. I. Tit. 46 A.G.O. abgegeben werden, bei welchem das Vormundschaftsgericht den Vormund zu dirigiren hat. — Diese Direktion des Vormundschaftsgerichts (wie nach §. 378 die Anordnung der Inventur), ist übrigens durch das Rescript vom 24. Mai 1817 auf „die elterliche Erbschaft der Pflegebefohlenen oder auf deren ursprünglich ererbtes Vermögen" eingeschränkt, obwohl, wie der Ges.-Rev. (Pens. VII. S. 168) nachweist, diese Einschränkung keineswegs der eigentlichen Absicht des Gesetzgebers gemäß ist, welcher in allen Fällen die Siegelung eines Nachlasses zwar dem Richter des Ortes, wo die Sache befindlich, überlassen, die fernere Behandlung der Sache aber, Inventur und Auseinandersetzung nämlich, lediglich dem Vormundschafts-Richter anvertrauen wollte. —

168) Da die Gütergemeinschaft nach §. 634 Thl. II. Tit. 1 A.L.R. mit dem Tode

Vormund ist in diesem Falle nur alsdann die Auseinandersetzung zu verlangen berechtigt,

a. wenn die Mutter der Pflegebefohlenen zur anderweitigen Ehe schreitet,

b. wenn die Töchter heirathen oder die Söhne eine eigene Wirthschaft anstellen,

c. wenn die Mutter sich der Verschwendung oder sonst einer schlechten Verwaltung verdächtig macht.[169])

Gegen den überlebenden Vater der Pflegebefohlenen kann auf Auseinandersetzung, auch bei der Gütergemeinschaft, nur angetragen werden:

a. wenn er zur anderweitigen Ehe schreitet,

b. in allen Fällen, in denen er für das Vermögen seiner Kinder Sicherheit zu bestellen gesetzlich verbunden ist.[170])

Ueberhaupt kann die Vormundschaft die Auseinandersetzung überall da nicht verlangen, wo Gesetze, Verträge, oder Verordnungen des Erblassers derselben entgegenstehen, und muß, sofern sie dennoch aus rechtlichen Gründen darauf bestehen zu können glaubt, diesen Punkt mit dem anderen Theile vorher im ordentlichen Rechtswege ausmachen.[171])

§. 41. d. Einleitung der Administration.

Nach erfolgter Ausmittelung des Vermögens der Pflegebefohlenen muß das Gericht für die ordentliche Einleitung der Administration und für die Sicherheit der Pflegebefohlenen dabei Sorge tragen.[172]) In letzterer Beziehung sollen alle Schuld-Instrumente[173]) der Pflegebefohlenen,[174]) die Capitalien mögen schon von dem Erblasser oder erst während der Vor-

---

eines Ehegatten endet, so kann hier von einer Fortsetzung im eigentlichen Sinne nicht gesprochen werden. Vielmehr ergiebt sich die sog. communio bonorum prorogata aus §. 653 a. a. O. und gegen das Gutachten der Gesetz-Commission vom 17. April 1805 (in den Erg. zu §§. 410—413 d. T.) als ein Miteigenthum an dem Nachlaß, woraus nicht nur folgt, daß der überlebende Ehegatte nicht mehr für die Gemeinschaft erwirbt (§. 658 Thl. II. Tit. 1 A.L.R.), sondern auch, daß kein einzelner der Miteigenthümer das Recht der Verwaltung und Verfügung über den Nachlaß fordern kann. (Koch's Commentar zu §. 410 d. T. und § 653 Thl. II. Tit. 1 A.L.R.) Hierauf beziehen sich: a. das Rescript vom 2. Juni 1812 (Jahrb. Bd. I. S. 61), nach welchem ein mit seinen Kindern die Gütergemeinschaft fortsetzender Ehegatte zur Verpfändung oder Veräußerung der gemeinschaftlichen Grundstücke oder Gerechtigkeiten der Einwilligung der Kinder oder deren Vormünder bedarf, b. das Rescr. v. 4. Novbr. 1836 (Erg. a. a. O.) welches — unter Bezugnahme auf die Gründe des oben allegirten Gutachtens der Gesetz-Commission — entscheidet: daß die überlebende Wittwe zur Einklagung der zur Gemeinschaft gehörigen Capitalien allein nicht legitimirt ist. (Vergl. auch den Ges.-Rev. Pens. VII. S. 178.)

169) §§. 410—413 d. T.

170) §§. 414. 35. 36 d. T.

171) §§. 415—418 d. T. §§. 80 ff. Thl. I. Tit. 17 A.L.R

172) §. 421 d. T. —

173) Nicht auch Besitz-Instrumente, da ein Mißbrauch davon nicht zu machen und die Wiederherstellung nicht schwierig ist. (Rescr. vom 13. August 1827, Jahrb. Bd. XXX. S. 133.)

174) Ueber die Aufbewahrung der Dokumente über das den Kindern zustehende Vermögen, wenn der Vater lebt, vergl. §. 58. —

mundschaft ausgethan sein, in gerichtliche Verwahrung genommen[175]) und von dem Vermögen des Mündels darf dem Vormunde in der Regel nur so viel in Händen gelassen werden, als zum Unterhalt, zur Erziehung und zur Fortsetzung der Administration nöthig ist.[176])

B. Führung der Vormundschaft.

§. 42. Im Allgemeinen.

Das Amt des Vormundes umfaßt die Vorsorge sowohl für die Person, wie für die Rechte und das Vermögen des Pflegebefohlenen,[177]) dessen gesetzlicher Vertreter, „Vorgesetzter"[178]) der Vormund ist (tutor gerens). Ihm liegt die Vornahme aller bei Führung der Vormundschaft vorkommenden Rechtshandlungen, insbesondere die Abschließung der Verträge für den Pflegebefohlenen ob, soweit dem Letzteren die dazu erforderliche Handlungsfähigkeit abgeht.[179]) Er ist dabei nur der Aufsicht und oberen Leitung des vormundschaftlichen Gerichts unterworfen, welchem er von allen erheblichen oder bedenklichen Umständen Anzeige machen, und dessen Anordnungen er befolgen muß[180]). Eine besondere Genehmigung der Rechtshandlungen des Vormundes durch das vormundschaftliche Gericht ist nur in bestimmten Fällen oder bei sonstigen erheblichen Veranlassungen erforderlich, und erscheint dann in der Regel als eine Wirkung jenes Aufsichtsrechts. Nur bei einigen Geschäften sind die Funktionen des Vormundes insofern eingeschränkt, als bei diesen er allein nicht die dem Pflegebefohlenen fehlende Handlungsfähigkeit ergänzt. Hier hat sich vielmehr der Staat das Genehmigungsrecht vorbehalten und übt dasselbe durch die vormundschaftlichen Gerichte aus. Dieses ist überall da der Fall, wo das Gesetz die Gültigkeit des Geschäfts an die Genehmigung des vormundschaftlichen Gerichts bindet[181]). In allen andern Fällen ist die unterbliebene

175) §. 423 d. T.

176) §. 422 d. T.

177) §§. 231—234 d. T.

178) §. 22 Thl. I. Tit. 4 A.L.R. — Vergl. Erk. des Ob.-Trib. v. 28. Jan. 1856 (Striethorst Arch. Bd. 20 S. 85), wonach unter den im §. 22 cit. gedachten „Vorgesetzten" nicht das vormundschaftliche Gericht, sondern der gesetzliche Vertreter zu verstehen ist. —

Nach dem Erk. des Ob.-Trib. vom 20. Mai 1859 (J.M.B. 1859 S. 290) gehören zu den im Schlußsatze der Nr. 4 Art. 20 Ges. vom 3. Mai 1852 gedachten Vertretern auch Vormünder für ihre Mündel.

179) §§. 240. 242. 250. 438 d. T.; §§. 10 ff. Thl. I. Tit. 5 A.L.R. — Selbst den bei solchen Handlungen oder Verträgen durch den Vormund dolo oder culpa lata Dritten zugefügten Schaden muß der Pflegebefohlene vertreten, da die Handlungen des Vormundes so angesehen werden, als ob sie der Pflegebefohlene selbst vorgenommen hätte. Vergl. Ges.-Rev. (Pens. VII. a. a. O. S. 145). —

180) §§. 235—239 d. T. —

181) Diese Fälle sind: a. Veräußerung von Juwelen und Kostbarkeiten des bloßen Nutzens wegen, §. 554 d. T.; b. Ausleihung von Capitalien ohne Sicherheit, §§. 467—469 d. T.; c. Bestellung einer Kaution für den Ehemann aus der Substanz des Vermögens der bevormundeten Ehefrau, §. 753 d. T.; d. Annahme von Kapitals-

Einholung der Genehmigung auf die Gültigkeit des vom Vormunde vorgenommenen Geschäfts nicht von Einfluß, die Nichtbefolgung der vorgeschriebenen Administrativmaßregel seitens des Vormundes hat vielmehr nur einen erhöhten Grad seiner Vertretungsverbindlichkeit zur Folge[182].

---

zahlungen in Ermangelung einer generellen Ermächtigung, §§. 499. 500 d. T.; e. in der Regel Anstellung von Klagen, §. 501 (u. §. 69); f. wenn ein vom Prozeßgegner angenommener Eid erlassen oder für geschworen angenommen werden soll, §. 285 Thl. I. Tit. 10 A.G.O.; g. Zurückschiebung eines dem Vormunde de ignorantia angetragenen Eides, §. 292b Thl. I. Tit. 10 A.G.O.; h. Aufnahme von Darlehnen, §§. 525. 526 d. T., ausgenommen bei einer Kaufmannshandlung, §§. 631. 632 d. T.; i. in der Regel Remissionen am Pachtgelde, und Stundungen an Gutseinkünften, Pacht- und Miethsgeldern, §§. 539. 543. 544 d. T.; k. Beschwerung des unbeweglichen Vermögens mit Schulden und dinglichen Lasten, §. 549 d. T.; l. Veräußerung der Immobilien überhaupt und insbesondere Veräußerung derselben aus freier Hand, §§. 550—587 d. T.; m. Verkauf einer kaufmännischen Handlung im Ganzen, §§. 634. 635 d. T.; n. Entsagung oder unbedingter Antritt einer Erbschaft, §. 644 d. T. §§ 430. 431 Thl. I. Tit. 9 A.L.R.; o. Entsagung der Aussetzung der allgemeinen Gütergemeinschaft, und Ausschließung oder Eingehung der letzteren, §§. 783. 793. 799 d. T.; p. Ertheilung einer Prokura oder Handlungsvollmacht, §. 624 d. T. §. 499 Thl. II. Tit. 8 A.L.R., Art. 21 des Einführungsgesetzes zum A.D.H.G. (G.S. S. 449), §. 40 Instruction des Just.-Min. vom 12. Dezember 1861 (J.M.B. S. 328). —

182) Hierüber ist viel gestritten. Die Gegner (vergl. Koch Privatrecht III. Aufl. Bd. II. S. 660 ff. 677. 679 und Commentar zu §. 2 d. T. Anm. 1 a. E., und zu §. 235 Anm. 91.; Rescr. vom 4. Januar 1842, J.M.B. S. 22) gehen davon aus, daß die Führung der Vormundschaft in den Händen der Gerichte sich befinde, der Pflegebefohlene durch das vormundschaftliche Gericht vertreten werde und dieses zum Behufe der Ausführung der erforderlichen Maßregeln einen Mandatar in der Person des Vormundes annehme, so daß der Letztere zu dem Pflegebefohlenen in dem Verhältnisse der freiwilligen Stellvertretung stehe. Die Bestallung soll die Stelle der Vollmacht, und die gesetzlichen Vorschriften über die Geschäftsführung des Vormundes sollen die Stelle seiner besonderen Instruktion vertreten, so daß im Falle einer Verletzung der letzteren gemäß §§. 90—92. 96 Thl. I. Tit. 13 A.L.R. weder das vormundschaftliche Gericht, noch der Pflegebefohlene durch die Handlungen oder Verträge des Vormundes gebunden werden könnten. Sie stützen diese Ansicht im Wesentlichen auf §§. 235—239 d. T. — Zur Widerlegung genügt es schon, auf die obigen Ausführungen im Allg. Theile über die Stellung des Vormundes zum vormundschaftlichen Gericht und zum Pflegebefohlenen hinzuweisen. Daraus ergiebt sich, daß das A.L.R. bei der Uebertragung des Vormundschaftsrechts aus dem Bereiche des Privatrechts auf das Gebiet des öffentlichen Rechts die Rechte und Pflichten des Staates in Bezug auf den Schutz der Pflegebefohlenen in der Art zwischen dem Vormunde und dem vormundschaftlichen Gerichte getheilt hat, daß im Allgemeinen die unmittelbare Führung der Vormundschaft, insbesondere aber die Vertretung des Pflegebefohlenen, dem Vormunde, alle anderen Funktionen des Staats aber dem vormundschaftlichen Gerichte übertragen sind. Der Vormund leitet also seine Befugnisse, ebenso wie das vormundschaftliche Gericht, unmittelbar vom Staate, nämlich aus dem Gesetze, her. Nach §. 1 d. T. stehen Personen, welche für sich selbst zu sorgen nicht im Stande sind, unter der besonderen Aufsicht und Vorsorge des Staates, und nach §. 3 d. T. und §. 33 Thl. I. Tit. 1 A.L.R. werden diejenigen, welchen der Staat die Sorge für seine Pflegebefohlenen in Ansehung aller ihrer Angelegenheiten aufgetragen hat, Vormünder genannt. Mit Bezug hierauf verordnet §. 235 d. T. ganz consequent, daß der Vormund als ein Bevollmächtigter des Staates anzusehen sei, d. h. also: als das durch das Gesetz angeordnete Organ zur Verwirklichung des nach §. 1 cit. vom Staate seinen hülfsbedürftigen unselbstständigen Unterthanen zu gewährenden Schutzes. Jeder Beamte ist bezüglich der ihm vom Staate übertragenen Rechte und Pflichten ein Bevollmächtigter des Staates, und nur in diesem Sinne kann der §. 235 d. T. bezüglich des Vormundes verstanden werden. Er hat also keine privat-

Die Funktionen des vormundschaftlichen Gerichts lassen sich hiernach theilen in ein **Oberaufsichtsrecht** (im engeren Sinne) und in ein **Genehmigungsrecht**.

---

rechtliche Bedeutung, und es folgt daraus nicht, daß der Vormund ein bloßer Bevollmächtigter des vormundschaftlichen Gerichts, oder, wie Koch Privatrecht Bd. II. S. 677 sagt, ein bloßes „Werkzeug" desselben sei. Deshalb kann auch das vormundschaftliche Gericht nicht selbst, mit Umgehung des Vormundes, handeln und Verträge schließen. Eine solche Befugniß ist ihm nicht eingeräumt; überall ist nur davon die Rede, daß dasselbe den Vormund zu beaufsichtigen und mit Anweisungen zu versehen, sowie betreffenden Falles dessen Handlungen zu genehmigen oder zu reprobiren habe. Die unmittelbare Sorge für die Person und das Vermögen des Pflegebefohlenen, die Vornahme der Rechtshandlungen und die Abschließung der Verträge für den letzteren, ist Sache des Vormundes, denn: 1) vertritt derselbe die Stelle der Eltern, §. 240 d. T., und hat, abgesehen von der verschärften Beaufsichtigung und einigen anderen Einschränkungen, die Rechte, welche sonst mit der väterlichen Gewalt verbunden sind, §. 242 d. T.; 2) kann der Pflegebefohlene nur durch den Vormund und mit dessen Genehmigung Verträge schließen, §§. 10 ff. Thl. I. Tit. 5 A.L.R.; 3) wird der Pflegebefohlene durch die Handlungen des Vormundes Dritten gegenüber berechtigt und verpflichtet, §. 250 d. T.; 4) gebührt dem Vormunde die Vermögensverwaltung, §. 233 d. T., und bei dieser hat er alles zu thun, was einem guten Hauswirthe in Ansehung seines eigenen Vermögens obliegt, insofern er darunter durch ausdrückliche Gesetze, durch den Willen des Erblassers und durch besondere rechtliche Verordnungen nicht eingeschränkt ist, §. 438 d. T. Daraus geht klar hervor, daß der Vormund nothwendig allein der Geschäftsführer für den Pflegebefohlenen (tutor gerens) ist, und daß das vormundschaftliche Gericht Rechtshandlungen für den letzteren nicht vornehmen kann, vielmehr nur den Vormund in seiner Amtsführung soweit einschränkt, als dieses durch das Oberaufsichts- und Genehmigungsrecht bedingt wird. In §. 681 d. T. ist deutlich ausgesprochen, daß die Befugnisse des vormundschaftlichen Gerichts dem Vormunde gegenüber nur als „Einschränkungen" anzusehen sind, und daß der Vormund von diesen „Einschränkungen" befreit werden kann. Die Vertreter der Ansicht, wonach der nicht befreite Vormund blos die Stellung eines Mandatars des vormundschaftlichen Gerichts einnimmt, müßten aber, dem Gesetze entgegen, dem befreiten Vormunde nicht eine bloße Befreiung von Einschränkungen, sondern ganz neue Rechte zugestehen, welche sonst nur dem vormundschaftlichen Gerichte gebührten. Endlich steht jener Ansicht auch folgende Bemerkung von Suarez zu §§. 180. 181 des gedruckten Entwurfs entgegen:

> Nähere Bestimmungen, bei welchen Arten der Geschäfte der Vormund hauptsächlich verbunden ist, **Verhaltungsmaßregeln** von der Obrigkeit einzuholen, dergestalt, daß er durch dessen Unterlassung sich dem Staate und den Pflegebefohlenen verantwortlich macht, werden in den folgenden speziellen Abschnitten vorkommen.
>
> In welchen Fällen aber **zur Gültigkeit** einer Handlung auch in Ansehung eines Dritten die Approbation des vormundschaftlichen Gerichts nothwendig ist, ist in den dahin gehenden verschiedenen Arten der Geschäfte im Gesetzbuche verordnet. (Entsch. Bd. 13 S. 17).

Dem entsprechend, hat das Ob.-Trib. durch Plenarbeschl. vom 22. Juni 1846 (Entsch. Bd. 13 S. 3) mit Recht folgenden Satz aufgestellt:

> Zur Ungültigkeitserklärung eines vom Vormunde für den Mündel abgeschlossenen Vertrages reicht der Umstand allein, daß die Genehmigung des Vormundschaftsgerichts vorgeschrieben, aber nicht eingeholt ist, nicht hin.

Vergl. auch den Aufsatz von Piners (Ulrich Arch. Bd. 2 S. 437) und die Erk. des Ob.-Trib. vom 13. Juli und 22. September 1860 (Strieth. Arch. Bd. 38 S. 175. 237. 238).

Für die entgegengesetzte Ansicht werden (von Koch a. a. O.) insbesondere citirt:

1) §. 248 d. T., wonach das vormundschaftliche Gericht auf Antrag des Pflegebefohlenen die vom Vormunde verweigerte Einwilligung in eine Handlung desselben ergänzen kann und

Bei jeder Vormundschaft treten beide Funktionen in Wirksamkeit; selbst ein befreiter Vormund ist im Allgemeinen der Aufsicht des vormundschaftlichen Gerichts unterworfen und bedarf zur Veräußerung von Immobilien des Pflegebefohlenen der obervormundschaftlichen Genehmigung.[183]) Sogar in Bezug auf die Verwaltung des Vaters an dem Vermögen seiner minderjährigen in väterlicher Gewalt befindlichen Kinder kommen unter Umständen jene Funktionen des vormundschaftlichen Gerichts zur Geltung.[184]) Bei Ehefrauen als solchen dagegen, — wenn sie nicht ohnehin unter Vormundschaft oder Curatel stehen, — ist das Oberaufsichtsrecht des vormundschaftlichen Gerichts ausgeschlossen.[185])

---

1. In Bezug auf die Person des Pflegebefohlenen.

a. Erziehung und Unterhalt.

§. 43. α. Bei Minderjährigen.

Der minderjährige Pflegebefohlene soll durch eine seinem Stande, seinem Vermögen und seinen Fähigkeiten angemessene Erziehung zu einem tugendhaften und brauchbaren Bürger des Staates ausgebildet werden.[186]) In Bezug auf die Art der Erziehung sind vorzugsweise die Bestimmungen der Eltern maßgebend; jedoch kann das vormundschaftliche Gericht mit

---

2) §. 299 d. T., wonach der Vormund diejenigen Handlungen, welche das vormundschaftliche Gericht ohne seine Zuziehung oder wider seinen Willen vorgenommen hat, nicht zu vertreten schuldig ist.

Indessen mit Unrecht. Der §. 248 hat seinen Grund in der Voraussetzung, daß das vormundschaftliche Gericht für den Vormund als Beamten die unmittelbar vorgesetzte Behörde ist, an welche Beschwerden über ihn zu richten sind, und welcher deshalb auch die Machtvollkommenheit beigelegt ist, eine von dem Vormunde grundlos verweigerte Einwilligung zu nützlichen Handlungen des Pflegebefohlenen zu ergänzen.

Der §. 299 bestimmt nichts darüber, ob das vormundschaftliche Gericht ohne Zuziehung oder wider Willen des Vormundes handeln könne, und welche Wirkungen solche Handlungen, wenn sie vorgenommen sind, dem Pflegebefohlenen und Dritten gegenüber haben sollen, sondern verordnet nur, daß der Vormund dafür nicht aufzukommen hat. Dieser Bestimmung hätte es nicht bedurft, wenn das vormundschaftliche Gericht der eigentliche tutor, und der Vormund nur der Mandatar desselben wäre. Wo aber das Gesetz Handlungen des vormundschaftlichen Gerichts ohne Vermittelung des Vormundes anerkennt (§§. 436. 488 d. T.), ist überall von einer Repräsentation des Mündels nicht die Rede. Der außerdem noch angeführte §. 232 Thl. I. Tit. 12 A.L.R. beweist nichts gegen die hier vertretene Ansicht; er hat nur den practischen Grund, die im Falle der Unbekanntschaft des Vormundes nach §. 231 a. a. O. erforderliche Bekanntmachung durch die Zeitung zu umgehen.

183) §§. 685—687 d. T. —

184) In Betreff des freien Vermögens gebührt dem Vater die Verwaltung so, wie einem befreiten Vormund, §§. 159. 160 Thl. II. Tit. 2 A.L.R., §. 990 d. T. Vergl. unten § 51. Bezüglich des nicht freien Vermögens wegen der Sicherstellung, Conservirung der Sicherheit, Anlegung der ausgekauften Immobilien gelösten Kaufgelder, bei Veräußerung von Capitalien und Immobilien u. s. w., vergl. unten §§. 51. 59. 64. —

185) §§. 232 ff. 378 ff. Thl. II. Tit. 1 A.L.R.

186) §. 311 d. T.

Zuziehung eines der nächsten am Orte oder in der Provinz sich aufhaltenden Verwandten Abweichungen davon festsetzen, sofern dieses durch die Umstände bedingt wird.[187]) Jedenfalls aber muß für den gehörigen Schulunterricht gesorgt werden.[188]) Die nächste Aufsicht über die Erziehung liegt dem Vormunde ob, der die Stelle der Eltern vertritt und alle sonst mit der väterlichen Gewalt verbundenen Befugnisse hat. Beschwerden des Pflegebefohlenen über den Vormund sind beim vormundschaftlichen Gerichte anzubringen, welches auch von Amtswegen den Vormund beaufsichtigen und mit den erforderlichen Anweisungen versehen muß. Zu diesem Behufe hat der Vormund von allen erheblichen Umständen Anzeige zu machen und alljährlich einmal einen Bericht über Aufenthalt, Verpflegung und Erziehung der Pflegebefohlenen zu erstatten.[189])

Die Erziehung des vaterlosen Pflegebefohlenen gebührt vorzugsweise der Mutter und kann dieser auch wegen einer nach erfolgter Auseinandersetzung eingegangenen ferneren Ehe nicht genommen werden.[190]) Nach der Mutter haben die Großeltern, und nach diesen die Seitenverwandten, ohne Ansehung des Grades, das nächste Recht und die Pflicht zur Erziehung, wobei demjenigen der Vorzug gebührt, welcher auf Grund seiner gesetzlichen Verpflichtung die Alimentation des Pflegebefohlenen hat übernehmen müssen. In allen Fällen aber kann das vormundschaftliche Gericht, wenn nach seinem Ermessen das Wohl des Pflegebefohlenen es erfordert, die Erziehung mit Ausschluß der Mutter und der Verwandten dem Vormunde selbst oder einem Dritten übertragen.[191])

Während der Unmündigkeit ist der Pflegebefohlene in der Religion seines verstorbenen Vaters,[192]) oder in derjenigen Religion zu erziehen, in welcher der Vater ihn wenigstens das ganze letzte Jahr vor seinem Tode hat erziehen lassen.[193]) Das vormundschaftliche Gericht hat für die Befolgung dieser Vorschriften zu sorgen,[194]) ohne dabei an etwa von den Eltern

---

187) §§. 312—314 d. T. — Dabei ist insbesondere auf die Persönlichkeit und das Vermögen des Pflegebefohlenen Rücksicht zu nehmen. — l. 1. 5 D. ubi pupillus. XXVII, 2. —

188) §§. 43—46 Thl. II. Tit. 12 A.L.R.; Kab.-Ord. vom 14. Mai 1825 (G.S. S. 149), Verf.-Urk. vom 31. Januar 1850 Art. 21. —

189) §§. 237. 240—243 d. T. — Instrukt. des Pup.-Collegiums zu Paderborn vom 29. Septbr. 1843 und Bericht vom 24. Decbr. 1844, mitgetheilt durch Rescr. v. 9. März 1845; Instr. des O.L.Ger. zu Halberstadt vom 27. Novbr. 1839, mitgetheilt durch Rescr. v. 12. März 1845 (J.M.Bl. de 1845 S. 47. 63).

190) §. 315 d. T. cfr. l. 1. 2. C. ubi pupilli V., 49. —

191) §§. 315—325 d. T. — Der Unterschied der Religionsparthei unter Christen allein ist kein genügender Grund zur Ausschließung der Mutter oder der nahen Verwandten von der Erziehung. —

192) §§. 74. 80. 81 Thl. II. Tit. 2 A.L.R.; Dekl. v. 21. Novbr. 1803 und K.-O. v. 17. August 1825 (Rabe Bd. 7. S. 524; G.S. 1825 S. 221); cfr. Erg. II. Ausg. Bd. 3 S. 277, Rescr. v. 8. August 1836. — Eine Religionsänderung in der letzten Krankheit ist nicht zu berücksichtigen. §. 81. —

193) §. 82 a. a. O. Bornemann Syst. Bd. 5 S. 300. 301. — Koch (Commentar Anm. 10 zu §. 82) hält den §. 82 nicht mehr für anwendbar, indessen mit Unrecht. Das darin aufgestellte Princip gilt auch noch nach der Dekl. vom 21. November 1803 (cfr. die vorige Anm.). —

194) §. 323 d. T.

eingegangene Verpflichtungen gebunden zu sein.[195]) Nach vollendetem vierzehnten Lebensjahre hat der Pflegebefohlene selbst die Wahl seiner Religion.[196])

Zum Unterhalte und zur Erziehung der Pflegebefohlenen ist zunächst dessen eigenes Vermögen zu verwenden, und erst in Ermangelung oder nach Aufzehrung desselben sind die Verwandten, die Commune oder der Staat wegen des Unterhaltes in Anspruch zu nehmen.[197]) Die Kosten der Erziehung müssen den Verhältnissen entsprechend festgesetzt und, wenn die jährlichen Einkünfte des Vermögens des Pflegebefohlenen nicht hinreichen, selbst aus der Substanz entnommen werden.[198]) Zur Ueberschreitung der festgesetzten Erziehungskosten bedarf der Vormund der obervormundschaftlichen Genehmigung.[199])

§. 44. β. Bei anderen Pflegebefohlenen.

Bei Wahn- und Blödsinnigen sind die zur etwaigen Heilung der Pflegebefohlenen erforderlichen Kosten den Erziehungskosten gleichgestellt.[200]) Der Vormund hat dafür zu sorgen, daß der Pflegebefohlene von demjenigen in gehörige Aufsicht genommen wird, dem die Pflicht der Erziehung obliegt.[201]) Doch kann Niemandem die Beaufsichtigung eines Rasenden aufgezwungen werden; findet sich keine andere Gelegenheit zu seiner Unterbringung, so ist der Staat ihn in eine öffentliche Anstalt aufzunehmen verpflichtet.[202])

---

195) §. 77 Thl. II. Tit. 2 A.L.R.

196) §. 84 a. a. O.

197) §§. 308—310 d. T. §§. 14 ff. Thl. II. Tit. 3, §. 9 ff. 16 Thl. II. Tit. 19 A.L.R.; Ges. über die Verpflichtung zur Armenpflege vom 31. Dezember 1842 (G.S. 1843 S. 8); Rescr. vom 7. October 1826 (Erg. II. Ausg. Bd. 6 S. 790). — Wegen der Vorsorge für kathol. Militair-Waisenmädchen, vergl. Kab.-Ord. v. 25. April 1850, mitgetheilt zur Beachtung durch Rescr. vom 4. Juni 1850 (J.M.Bl. S. 220). —

198) §§. 335. 337 d. T. — Selbst gegen die Bestimmung des väterlichen Erblassers ist nöthigenfalls die Substanz anzugreifen. Rescr. v. 14. Novbr. 1815 (Jahrb. Bd. 6 S. 182; Erg. z. A.L.R. II. Ausg. Bd. 6 S. 791). Natürlich! Denn der Pflegebefohlene muß leben, und so lange er selbst Vermögen hat, tritt die Alimentationsverbindlichkeit Anderer nicht ein. — Nach einem Rescr. v. 7. Januar 1812 (Jarhb. Bd. 1 S. 20; Erg. a. a. O.) soll auch Capitalvermögen eines Fideicommisses zur Erziehung unvermögender Pflegebefohlenen verwendet werden können. — Das Rescr. v. 5. Februar 1798 (Erg. a. a. O.) führt aus, daß, wenn die Unzulänglichkeit des Nachlasses nicht schon aus dem Inventar klar ist, bis zur Konkurseröffnung oder bis zur Abfassung der Präklusoria im erbschaftlichen Liquidationsprozesse unvermögenden minorennen Erben der nothdürftige Unterhalt aus den Revenüen der sub beneficio angetretenen Erbschaft angewiesen werden kann, weil sie redliche Besitzer sind, §§. 189. 190 Thl. I. Tit. 7 A.L.R. Das wird auch nach der Konk.-Ordn. vom 8. Mai 1855 als richtig gelten müssen. — Die Bestimmungen der §§. 335—337 entsprechen den Vorschriften des R. R. l. 3. 4 D. ubi pupillus XXVII., 2. — l. 1 §§. 7—9 D. de tut. act. XXVII., 3.

199) §. 336 d. T.

200) §§. 347. 348 d. T.

201) §. 342 d. T. — Entspricht dem R. R. cfr. l. 7 D. de cur. fur. XXVII., 10.

202) §§. 343. 344 d. T. Rescr. v. 21. März 1846 (M.Bl. d. i. V. S. 53). Darin ist ausgesprochen, daß die Aufnahme in eine öffentliche Anstalt nur auf Kosten des Pfleglings oder der sonst zur Alimentation Verpflichteten geschieht. — Ueber das Verfahren wegen Unterbringung Wahn- und Blödsinniger in Irrenanstalten vergl. Rescr. des Staatsraths vom 29. Septbr. 1803 (Rabe Bd. 7 S. 496), mitgetheilt zur Nachachtung durch das Rescript des Just.-Min. vom 29. Januar 1805 (Rabe Bd. 8 S. 242),

Für den vermögenslosen Pflegebefohlenen hat derjenige, der zur Alimentation desselben verpflichtet ist, auch die Kosten der Aufsicht zu tragen, wenn er diese nicht selbst übernimmt.[203]) Dasselbe gilt bezüglich derjenigen Taubstummen, welche wegen der mit ihrem körperlichen Mangel verbundenenen Gemüthsschwäche einer besonderen Aufsicht bedürfen.[204])

Verschwender muß der Vormund unter beständige Aufsicht haben, zu nützlicher Thäthigkeit anhalten, sie auch nöthigenfalls, jedoch nur mit Genehmigung und Anleitung des vormundschaftlichen Gerichts, durch Zwangsmittel zu einer ordentlichen und regelmäßigen Aufführung zu bringen suchen.[205])

§. 45. γ. Bei Kindern unter väterlicher Gewalt.

Da, wo eine Vormundschaft nicht eingeleitet ist, findet in der Regel eine Oberaufsicht des vormundschaftlichen Gerichts über die Erziehung Minderjähriger nicht statt. Ausnahmsweise tritt sie aber in den nachfolgenden Fällen auch bei Kindern unter väterlicher Gewalt ein, sowohl in stehender, wie nach geschiedener Ehe der Eltern.[206])

1) In Betreff der Kinder in stehender Ehe:[207])

a. Wenn christliche Eltern die Taufe ihrer Kinder länger als sechs Wochen nach deren Geburt verabsäumen, so soll das vormundschaftliche Gericht, nach vergeblicher Aufforderung, durch einen zu bestellenden Kurator dieselbe besorgen lassen.[208])

b. Entsteht unter den Eltern, in Bezug auf die körperliche Pflege und Wartung eines Kindes[209]) Streit, so ist derselbe durch das vormundschaftliche Gericht mit Zuziehung eines am Orte befindlichen Verwandten

---

und K.-O. v. 5. April 1804 (Rabe Bd. 8 S. 24; Jahrb. Bd. 26 S. 390). Die Rescripte und die Kabinets-Ordre sind abgedruckt in den Erg. II. Aufl. Bd. 9 S. 117. 118. Vergl. jedoch das Rescr. des M. d. G. ꝛc. vom 16. Februar 1839, mitgetheilt durch Rescr. v. 4. März 1839 (J.M.Bl. S. 102), Rescr. v. 3. Februar 1840 (J.M.Bl. S. 69) und das Rescr. des M. d. G. ꝛc. v. 18. Mai 1850 (J.M.Bl. S. 167), wodurch die zuerst gedachten Bestimmungen modificirt werden. —

203) §. 345 d. T. —

204) §. 346 d. T. —

205) §§. 349. 350 d. T. — Das Zwangsmittel wird wohl nur Einsperrung sein können. Koch (Commentar Anm. 26 zu diesem Paragraphen) hat Bedenken gegen die Wirksamkeit, und im Allgemeinen mit Recht. Indessen ist das Möglichste zu versuchen. Die Einsperrung ist in Analogie des Rescripts v. 18. April 1818 auf höchstens zwei Jahre auszudehnen und nöthigenfalls zu wiederholen. Cfr. Rescr. vom 11. Octbr. 1822 (Erg. Bd. 3 S. 280); Ges.-Rev. a. a. O. Mot. zu §§. 51. 52 d. E. S. 46. 47. —

206) Hier ist kein Unterschied, ob es Kinder aus einer Ehe zur rechten oder zur linken Hand sind. Auch gilt dasselbe von Pflegekindern, Adoptivkindern und in Einkindschaft befindlichen Stiefkindern, §§. 555. 561. 753 ff. 681. 720. 750 Thl. II. Tit. 2 A.L.R.

207) Im R. R. fand eine Einwirkung des Staates auf die Erziehung der in väterlicher Gewalt befindlichen Kinder nicht statt. Jedoch konnte auch dort der Vater, insbesondere wegen schlechten Lebenswandels, von der Erziehung der Kinder ausgeschlossen werden, indem die Mutter dem interdictum de liberis ducendis oder der actio de liberis exhibendis aus solchen Gründen eine wirksame exceptio entgegensetzen konnte. l. 1 §. 3; l. 3 §§. 4. 5 D. de lib. exhib. XLIII., 30.

208) Anh. §. 131 z. A.L.R. (II. 11 §. 446) Rescr. vom 23. Februar 1802 und die darin mitgetheilte Kab.-Ordre (Erg. z. A.L.R. II. Ausg. Bd. 5 S. 601). —

209) §§. 64—71 Thl. II. Tit. 2 A.L.R.

von Seiten jedes der beiden Eheleute oder zweier Bekannten und Standesgenossen derselben zu entscheiden.[210])

c. Der Vater kann bei Ausübung seines Zwangs- und Züchtigungsrechts die Hülfe des vormundschaftlichen Gerichts in Anspruch nehmen,[211]) und dieses hat dann nach Prüfung der Umstände die Art und Dauer der anzuwendenden Besserungsmittel zu bestimmen.[212])

d. Von Amtswegen hat das vormundschaftliche Gericht nur dann einzuschreiten, wenn es erfährt, daß die Eltern ihre Kinder grausam mißhandeln, zum Bösen verleiten, oder ihnen den nothdürftigen Unterhalt versagen. In einem solchen Falle kann den Eltern die Erziehung ganz genommen und auf ihre Kosten Andern übertragen werden.[213])

2) In Betreff der Kinder aus geschiedenen Ehen.[214])

Die Bestimmung, bei welchem der geschiedenen Ehegatten, oder wo sonst die Kinder erzogen werden sollen, hängt zunächst von dem übereinstimmenden Willen der Eltern ab.[215]) Doch hat das vormundschaftliche Gericht darin eine Aenderung zu treffen, wenn das Wohl der Kinder gefährdet erscheint. Auch in Ermangelung einer Uebereinstimmung der Eltern[216]) entscheidet das vormundschaftliche Gericht darüber, ob einem derselben und welchem von beiden die Erziehung der Kinder anvertraut werden soll.[217]) Hierbei ist vorzugsweise auf die aus den Scheidungsursachen sich

210) §§. 72. 73 a. a. O.

211) §§. 86. 87 a. a. O. Dort heißt es „Eltern". Dennoch wird wohl nur dem Vater vermöge der väterlichen Gewalt der Antrag zustehen. Schwebt bereits eine Vormundschaft, so bedarf es eines Antrages nicht. Ges.-Rev. a. a. O. Mot. zu §§. 51. 52 d. E. S. 47. —

212) §§. 88. 89 a. a. O. Wegen Art und Dauer des Zwanges cfr. oben zu §. 44. — Entscheidet sich das Gericht für Einsperrung, so soll zunächst nach Befund des Sachverhältnisses an den Justizminister oder den König berichtet werden, Rescr. v. 11. März 1806 (Erg. Bd. 3 S. 279) und Rescr. v. 21. Januar 1830 (Jahrb. Bd. 35 S. 126). —

213) §§. 90. 91. 266 a. a. O. — Ein eigenmächtig das väterliche Haus verlassendes Kind ist auf den Antrag des Vaters durch die Polizei zur Rückkehr anzuhalten, und kann demselben nur überlassen bleiben, sich auf Grund der §§. 90. 91 cit. an das Gericht zu wenden. Rescr. des Min. d. J. v. 26. Decbr 1852 (M.Bl. d. i. V. 1853 S. 13 Nr. 9). — Wird die Erziehung dritten Personen übertragen, so setzt das Vormundschaftsgericht die Erziehungskosten fest und zieht sie, allenfalls durch Exekution, ein. Dem Vater steht bezüglich des Kostenbetrages der Rechtsweg frei. Rescr. v. 14. Juni 1822 (Erg. a. a O. S. 281). —

214) §§. 92 ff. a. a. O. — Dieselben Grundsätze gelten im Allgemeinen im R. R. l. un. Cod. div. fact. apud quem. V., 24 und Nov. 117 cap. 7. —

215) Dies folgt aus den Rechten der Eltern überhaupt. cfr. Ges.-Rev. a. a. O. Mot. z. §. 55 d. E. S. 49; Bornemann System Bd. 5 S. 303.

216) Die Vorschriften darüber, welchem der Ehegatten die Erziehung übertragen werden soll, sind §§. 92—107 a. a. O.

217) §§. 92 ff. Das Ober-Tribunal hat im Präjud. Nr. 404 v. 15. Januar 1838 (Präj.-Samml. S. 164) und in dem Erk. v. 4. Decbr. 1857 (Striethorst Arch. Bd. 26 S. 342) den Satz ausgesprochen: „die Bestimmung, welchem von beiden Ehegatten die Erziehung der Kinder zu überlassen, gehört nicht vor den erkennenden, sondern vor den vormundschaftlichen Richter." — Das ist richtig, schließt jedoch nicht aus, daß auch der Prozeßrichter in die Lage kommen kann, in Bezug auf die Erziehungsfrage zu erkennen. Das letztere ergiebt sich klar aus §. 51 Thl. I. Tit. 40 A.G.O. Eine solche Entscheidung kann jedoch nur im Ehescheidungsprozesse ergehen, setzt einen darauf gerichteten Antrag der Parthei voraus, ist lediglich von den Scheidungsursachen nnd der Schuld-

ergebenden Umstände und darauf Rücksicht zu nehmen, ob einer der Ehegatten für den überwiegend oder allein schuldigen Theil erklärt ist. Auf Antrag des von der Erziehung ausgeschlossenen Ehegatten können wegen nachträglich eintretender Besorgniß der Vernachlässigung oder schlechten Erziehung der Kinder bei dem Andern die getroffenen Maßregeln wieder aufgehoben werden.[218]) Bei einer solchen Besorgniß bezüglich beider Ehegatten hat der Curator wegen der Erziehung der Kinder an einem dritten Orte Vorschläge zu machen.[219]) Im Falle der Regulirung eines Interimistikums gelten dieselben Grundsätze vorläufig schon während des Scheideprozesses.[220])

§. 46. δ. Bei unehelichen Kindern.

Ueber uneheliche Kinder erstrecken sich die persönlichen Rechte der Eltern nicht weiter, als es der Zweck der Erziehung erfordert. Die Pflicht für Beschaffung des Unterhaltes und der Erziehung eines solchen Kindes liegt dem Vater ob.[221]) Steht die Mutter noch unter väterlicher Gewalt, so bedarf es einer Mitwirkung des vormundschaftlichen Gerichts nicht; es ist vielmehr hinlänglich, wenn der mütterliche Großvater aufgefordert wird, für das Beste seines unehelichen Enkels zu sorgen.[222]) Der Großvater

---

frage abhängig zu machen, kann sich nur darauf erstrecken, ob einer der Ehegatten oder beide von der Erziehung auszuschließen sind, und hat nur Wirkung unter den streitenden Eltern selbst. Die Rechte der Kinder werden dadurch nicht alterirt; diese sind lediglich vom vormundschaftlichen Gerichte wahrzunehmen, welches dabei an die Entscheidung des Ehescheidungsrichters insofern nicht gebunden ist, als es auch dem durch Erkenntniß von der Erziehung nicht ausgeschlossenen Ehegatten die Kinder nicht zu überlassen braucht, sofern dieses schädlich erscheint. Hiernach erledigt sich die viel bestrittene Frage, ob in den Fällen der §§. 92—100 a. a. O. der Vormundschafts- oder der Prozeßrichter kompetent sei. Vergl. die verschiedenen Ansichten: Ges.-Rev. a. a. O. S. 51 und das dort angeführte Reskr. v. 3. März 1820; Bornemann Syst. Bd. 5 S. 303. 304; Gitzler Eherecht S. 197 Not. 13. —

218) §§ 93—97 a. a. O.

219) §§. 97—100 — Dasselbe wird geschehen müssen, wenn beide Eheleute die Erziehung ablehnen und Jeder verlangt, daß der Andere die Kinder übernehme, weil dann gewiß die begründete Besorgniß einer schlechten Erziehung vorhanden ist. Ges.-Rev. a. a. O. Mot. z. §. 58 d. E. S. 52. — Dem von der Erziehung ausgeschlossenen Ehegatten kann der Zutritt zu den Kindern nicht gänzlich versagt werden, nur sind dabei stets die vom Gerichte zu treffenden Bestimmungen über Zeit und Art dieser Besuche zu beobachten. §§. 101. 102 a. a. O. Beruht die Bestimmung wegen Zeit und Art der Besuche auf einer Uebereinkunft der Ehegatten, so ist bei einem Streite über die Verbindlichkeit und den Umfang des Uebereinkommens der Rechtsweg zuläßig, ohne daß dadurch das Vormundschaftsgericht an der Wahrung des Wohles des Kindes und an desfallsigen anderweiten Bestimmungen gehindert wird. Reskr. vom 26. Juni 1820 (Jahrb. Bd. 15 S. 247; Gräff Bd. 1 S. 155).

220) §. 729 Thl. II. Tit. 1 A.L.R. und §. 53 Thl. I. Tit. 40 A.G.O. —

221) §§. 645. 612 a. a. O.

222) Anh. §. 95 z. A.L.R. (§. 614 a. a. O.), entnommen aus dem Reskr. vom 16. Dezember 1800 (Erg. a. a. O. S. 377), welches mit Unrecht davon ausgeht, daß die väterliche Gewalt sich auch auf die Enkel erstrecke. Das ist nach Pr. R. nicht der Fall. Bezüglich der unehelichen Kinder ergiebt sich das Gegentheil noch besonders aus §. 644 a. a. O., wonach diese nur unter Vormundschaft stehen sollen. Cfr. Ges.-Rev. a. a. O. S. 165—167 und Bornemann System Bd. 5 S. 430 Note. — Koch hält das Reskr. für richtig und den §. 644 nicht für widerlegend (A.L.R. Anm. 22 zu Anh. §. 95). — Mit dem Aufhören der väterlichen Gewalt des Großvaters über die Mutter

fungirt dann als natürlicher Vertreter seines Enkels und nicht als Vormund.[223]) Das Gericht kann jedoch auch in diesem Falle, wenn es ihm dienlicher erscheint, eine Vormundschaft einleiten[224]) und muß dieses in allen andern Fällen.[225])

Der Vormund hat die Ansprüche des Kindes gegen den Vater, auch wider den Willen der Mutter, geltend zu machen,[226]) und muß unter obervormundschaftlicher Aufsicht mit beiden Eltern die zum Unterhalte und zur Erziehung des Kindes erforderlichen Einrichtungen verabreden, über deren Befolgung wachen und von etwaigen Verstößen dagegen dem vormundschaftlichen Gerichte Anzeige machen.[227])

Bis zur Mündigkeit ist der Pflegebefohlene in dem Glaubensbekenntnisse der Mutter, wenn aber nur der Vater, nicht auch die Mutter, christlich ist, in der Religion des Ersteren zu erziehen.[228]) — Das Kind muß in der Regel bis zum zurückgelegten vierten Lebensjahre der mütterlichen Pflege und Erziehung überlassen werden.[229]) Nachher hängt es von der Wahl des Vaters ab, ob er seinerseits die Pflege und Erziehung des Kindes besorgen, oder dieselbe auch ferner auf seine Kosten der Mutter belassen will.[230])

---

tritt die Nothwendigkeit der Bevormundung des Kindes ein. Rescr. vom 24. Jan. 1841 (J.M.Bl. 1841 S. 59). Die entgegengesetzte Ansicht ist vom Civil-Senate des Kammergerichts am 1. Dezember 1854 für den Todesfall der Mutter angenommen worden (Erg. II. Ausg. Suppl. Bd. 6 S. 153).

223) Er ist deshalb auch nicht den Beschränkungen eines Vormundes unterworfen, cfr. Gründe des Plen.-Beschl. des Ob.-Trib. vom 6. November 1854 (Entschd. Bd. 29 S. 34. Präj. 2563. Präj.-Samml. neue Folge S. 59). —

224) Rescr. vom 29. Juli 1833 und 9. Juni 1837 (Erg. a. a. O. S. 378); Rescr. vom 25. Januar 1841 (J.M.Bl. S. 59); cfr. auch Gründe des vorgedachten Plen.-Beschl. des Ob.-Trib. —

225) §. 644 a. a. O. Wenn beide Eltern Juden sind, ist auch ein jüdischer Vormund zu bestellen. Ist eins der Eltern Christ, so muß auch der Vormund ein Christ sein. Rescr. vom 30. Juni 1794 (Rabe Bd. 2 S. 661—665 in den Erg. a. a. O. S. 377). —

226) §. 617 a. a O. Die Mutter kann nicht gezwungen werden, den Namen des Schwängerers und die sonstige Information zur Klage des Vormundes zu ertheilen, Rescr. vom 6. Juni 1816 (Gräff Bd. 1 S. 171; Jahrb. Bd. 8 S. 240); Bornemann Syst. Bd. 5 S. 432. —

227) §§. 612. 615. 616 a. a. O.

228) §§. 642 643. 645 a. a. O. — Ges.-Rev. a. a. O. Mot. zu §§. 263. 264 d. E. S. 203—205. — Ist eines der Eltern Christ, so ist das Kind, ohne Rücksicht auf den Willen der Eltern, in der christlichen Religion zu erziehen, und dafür sind die vormundschaftlichen Behörden verantwortlich. Rescr. vom 11. April 1823 und Rescr. vom 31. Dezember 1834 (Erg. a. a. O. S. 395). — Ein Streit zwischen der Mutter und dem Vormunde über die Religion, in welcher das Kind erzogen werden soll, ist durch das vormundschaftliche Gericht zu entscheiden. Die thatsächliche Vorfrage dagegen, ob der Vater ein Christ sei, kann nur durch ein qualifizirtes Anerkenntniß der Vaterschaft oder im Rechtswege festgestellt werden. Erk. des Ob.-Trib. vom 15. April 1859 (Strieth. Arch. Bd. 32 S. 366).

229) §. 621 a. a. O.

230) §. 622 a. a. O. — Das Recht des Vaters, die Erziehung des Kindes selbst zu besorgen, ist nicht von seiner Person untrennbar, vielmehr kann der Vater das Kind behufs Erziehung auch Andern anvertrauen. Erk. des Ob.-Trib. vom 12. Mai 1851 (Entsch. Bd. 20 S. 548, Strieth. Arch. Bd. 2 S. 127); Bornemann Syst. Bd. 5 S. 437 und Ges.-Rev. a. a. O. Mot. zu §§. 241—244 d. E. S. 180; Schmidt Familienr. S. 602. Für die entgegengesetzte Ansicht cfr. Koch Recht der Ford. Bd. 3

Wählt er ersteres, so kann dennoch die Mutter das Kind in eigener Pflege und Erziehung behalten, wenn sie die Kosten allein übernimmt.[231]) Das vormundschaftliche Gericht ist jedoch im Falle eines für das Kind zu besorgenden Nachtheils anderweite Verfügungen zu treffen jederzeit befugt.[232])

Die Kosten des Unterhalts und der Erziehung trägt der Vater, und in Ermangelung eines solchen oder in dessen Unvermögensfalle die Mutter, und nach dieser deren Eltern.[233]) Sind auch letztere nicht mehr vorhanden oder unvermögend, so geht die Verpflichtung auf den Staat über.[234]) Die Verbindlichkeit dauert, abgesehen von dem Falle eines den eigenen Nahrungserwerb hindernden Gebrechens oder einer ebensolchen Krankheit, nur bis nach zurückgelegtem vierzehnten Lebensjahre des Kindes. Jedoch hat der Vater auch nachher noch das Lehr- und Lossprechegeld zu zahlen, wenn das Kind ein Handwerk oder eine Profession erlernt; und wenn der Vater selbst es zu einem Gewerbe hat erziehen lassen, mit welchem es sich dann seinen Unterhalt noch nicht verdienen kann, muß er das Kind so lange alimentiren, bis es sich durch das Gewerbe selbst zu ernähren im Stande

---

S. 27; desselben Privatr. Bd. 2 S. 258 u. Rescr. v. 10. März 1839 (J.M.Bl. 1839 S. 118). — Koch ist jedoch in seinem Commentar Anm. 26 zu §. 622 cit. zu der ersteren Meinung übergetreten. — Das Recht des Vaters zur eigenen Besorgung der Erziehung steht auch dessen Erben zu. §. 19 Ges. vom 24. April 1854; Bornemann Syst. Bd. 5 S. 440; Koch Recht der Ford. Bd. 3 S. 42; desselben Lehrbuch Bd. 2 S. 261; Schmidt a. a. O. — Hat der Vater das Kind übernommen, so kann er der Mutter den Zutritt zu demselben nicht versagen, und im Streite findet darüber der Rechtsweg statt. Erk. des Ob.-Trib. vom 22. Mai 1837, Präj. Nr. 249 (Präj.-Samml. S. 171).

231) §. 623 a. a. O. — Ges.-Rev. a. a. O. Mot. zu §§. 241—244 d. E. S. 177 ff. — a. Will der Vater das Kind übernehmen, so muß er dasselbe von der Mutter abholen; ein Stellvertreter bedarf dazu einer schriftlichen Vollmacht. Rescr. v. 18. April 1840 (J.M.Bl. S. 147); Erk. des Ob.-Trib. vom 5. September 1845 (Entsch. Bd. 11 S. 344). — b. Steht der Vater unter Vormundschaft, so kann sein Vormund ohne Vollmacht das Kind fordern und abholen, Erk. des Ob.-Trib. v 27. Septbr. 1854 (Strieth. Arch. Bd. 15 S. 43). — c. Es bedarf nicht der ausdrücklichen Erklärung der Mutter, daß sie das Kind auf ihre Kosten weiter erziehen wolle; vielmehr genügt es zur Befreiung des Vaters von den Kosten, wenn die Mutter auf eine gehörige Aufforderung die Herausgabe des Kindes verweigert. Die Mitwirkung des vormundschaftlichen Gerichts ist dabei nicht erforderlich. Ges.-Rev. a. a. O. S. 181; Bornemann Syst. Bd. 5 S. 436. 437; Erk. des Ob.-Trib. vom 23. November 1839 (J.M.Bl. 1850 S. 615, Centralbl. 1840 S. 927 cfr. Erg. a. a. O. S. 334). — d. Das Recht braucht dem Vater im Erkenntnisse wegen der Alimente nicht vorbehalten zu sein. Das ad c gedachte Erk. des Ob.-Trib. und Koch Recht der Ford. Bd. 3 S. 28. — e. Die Mutter kann nachträglich von der eigenen Erziehung des Kindes abstehen und letzteres dem Vater offeriren und überbringen, wodurch des Letzteren Alimentationsverbindlichkeit wieder eintritt. Erk. des Ob.-Trib. vom 8. April 1853 (Entsch. Bd 25 S. 166) und Bornemann Syst. Bd. 5 S. 436. 437. — f. Vertragsmäßig auf bestimmte Zeit versprochenene Alimente muß der Vater auch nach der seitens der Mutter verweigerten Herausgabe des Kindes zahlen. Conkl. d. G. C. vom 11. Dezember 1781. (Klein Annal. Bd. 1 S. 12; Erg. a. a. O. S. 382). — g. Dem Kinde gegenüber wird der Vater im Falle des §. 623 cit. von seiner Alimentationsverbindlichkeit nicht befreit, cfr. ex analog § 7 a. a. O.

232) §§. 624—626 a. a. O. Aus dem in der vorigen Note sub g. Gesagten folgt, daß dann stets der Vater die Alimente zahlen muß. Dem vormundschaftlichen Gerichte gegenüber kann er sich davon nicht durch das Erbieten zur Uebernahme des Kindes befreien.

233) §§. 612. 621. 629—631 a. a. O.; §. 20 Ges. vom 24. April 1854. —

234) §. 632 a. a. O.

ist.[235]) Bei der Feststellung der Alimente in Gelde sind, unter Berücksichtigung der jeden Orts gewöhnlichen Preise und der mit den Jahren wachsenden Bedürfnisse des Kindes, die Kosten einer Erziehung im Bauer- oder gemeinen Bürgerstande maßgebend.[236])

Durch den Tod des Vaters wird in den Rechten des Kindes nichts geändert, dieselben können daher auch gegen die Erben des Vaters verfolgt werden.[237])

b. **Wahl der Lebensart.**[238])

§. 47.

Auch bei der Wahl der Lebensart des minderjährigen Pflegebefohlenen ist zunächst die Bestimmung des Vaters maßgebend. In Ermangelung einer solchen oder wenn die Umstände deren Befolgung nicht angemessen erscheinen lassen, hat das vormundschaftliche Gericht unter Zuziehung der Mutter oder der Großeltern, und bei Kindern von Zunftgenossen nach Anhörung der Zunftältesten, die Wahl der Lebensart des Pflegebefohlenen zu bestimmen.[239])

Söhne unter väterlicher Gewalt haben sich bis nach zurückgelegtem vierzehnten Lebensjahre den vom Vater getroffenen Anordnungen in Betreff der für sie bestimmten Lebensart zu fügen. Bei dann noch fortdauernder Abneigung des Sohnes gegen den ihm vom Vater bestimmten Beruf, muß das vormundschaftliche Gericht auf Ansuchen eines Theiles unter Zuziehung eines oder zweier am Orte befindlicher Verwandten und der Lehrer des Sohnes die beiderseitigen Gründe prüfen, und solche Einrichtungen treffen,

235) §§. 633—637 ibid.

236) §§. 626. 627 a. a. O. Das Gesetz läßt es zweifelhaft, welches Ortes Preise maßgebend sein sollen. Das Ob.-Trib. hat wiederholt lediglich den Wohnort der Geschwängerten zur Zeit der Anstellung der Alimentenklage für maßgebend erklärt. Dem ist jedoch nicht beizutreten. Bezüglich der Alimente wird der Prozeß zwischen dem Kinde und dem Vater geführt. Das Kind fordert die Kosten seines Unterhalts und seiner Erziehung, und diese können doch nur nach den Preisen des Orts richtig bemessen werden, wo das Kind erzogen und unterhalten wird. Diese Ansicht wird auch vertreten von: Ges.-Rev. a. a. O. Mot. z. §. 247 d. E. S. 184; Gitzler Eherecht S. 145 Note 11; Koch Recht der Ford. Bd. 3 S. 31 und A.L.R. Anm. 31. zu §. 627 cit. Die Ansicht des Ob.-Trib. ist ausgesprochen in den Erkenntnissen v. 29. Novbr. 1842 (Präj. Nr. 1224, Präj.-Samml. S. 172), vom 14. Juli 1851 (Strieth. Arch. Bd. 2 S. 326), vom 22. Juni 1855 (Strieth. Arch. Bd. 17 S. 304) und v. 12. Dezember 1860 (Strieth. Arch. Bd. 40 S. 45) — Sind die Alimente im Prozesse einmal rechtskräftig festgesetzt, so kann von einer Aenderung der Höhe derselben wegen Veränderung des Erziehungsorts nicht mehr die Rede sein. Das würde gegen die Natur der Rechtskraft verstoßen. Entgegengesetzter Ansicht ist Koch a. a. O. —

Zuerkannte Alimente können aus dem Erkenntnisse auch vor dessen Rechtskraft vom Tage der Klageanmeldung an durch Exekution eingezogen werden. §. 6 Nr. 1 Thl. I Tit 14 A.G.O —

237) §. 19 Ges. vom 24. April 1854 (G.-S. S. 193). Doch hat das Kind keine Alimente zu fordern, wenn es von seinem gesetzlichen Erbrechte Gebrauch macht. Anh. §. 97 z. A.L.R.

238) In einem Falle ist die Einwirkung der Eltern und der Vormundschaft auf die Wahl der Lebensart der Minorennen ganz ausgeschlossen. Ein minorenner Soldat nämlich ist in Bezug auf seine freiwillige Entschließung, im stehenden Heere über die vorgeschriebene Zeit hinaus fortdienen zu wollen, für großjährig zu erachten. Kab.-Ord. vom 10. Februar 1825 (G.-S. S. 15).

239) §§. 329—333 d. T.

daß die den Umständen am meisten entsprechende Lebensart gewählt wird. Im Zweifel sind die Anordnungen des Vaters aufrecht zu erhalten.[240]) In derselben Art hat das vormundschaftliche Gericht einen Streit zwischen dem Vater und seinem Sohne zu schlichten, wenn letzterer von der mit Zustimmung des Ersteren freiwillig gwählten Lebensart wieder abgehen will.[241])

Dieselben Grundsätze kommen zur Anwendung: bei Adoptivsöhnen,[242]) in Einkindschaft befindlichen Stiefsöhnen,[243]) Pflegesöhnen[244]) und Söhnen aus einer Ehe zur linken Hand.[245]) Bei letzterer kann der Vater, wenn die Mutter bürgerlicher Herkunft ist, die Wahl der Lebensart so treffen, als wenn sie eheliche Kinder eines handwerktreibenden Bürgers wären.[246]) Bei Pflegesöhnen ist der Stand der natürlichen Eltern maßgebend.[247]) Hiernach hat sich nach dem Tode des Vaters auch das vormundschaftliche Gericht zu achten. — Die Wahl der Lebensart für uneheliche Kinder hängt lediglich von der Vormundschaft ab.[248])

c. Verheirathung.

§. 48.

So lange der Vater lebt, bedürfen dessen Kinder zu ihrer Verheirathung seines Consenses und es findet dabei eine Einwirkung des vormundschaftlichen Gerichts nicht statt.[249])

Bei minderjährigen vaterlosen Waisen ist außer der Einwilligung der Mutter,[250]) oder, wenn auch diese verstorben, der Großeltern, auch die des Vormundes erforderlich. In Ermangelung auch der Großeltern bedarf es nur der Einwilligung des Vormundes. Dieser soll seinen Consens nicht ohne obervormundschaftliche Genehmigung ertheilen, ohne daß jedoch von der letzteren die Gültigkeit der Ehe abhängig ist.[251]) Der vom Vormunde verweigerte Consens kann von Obervormundschaftswegen durch ein bloßes Dekret

---

240) Zum Studiren kann der Sohn wider seinen Willen niemals angehalten, und umgekehrt der Vater zur Bestreitung der Kosten des Studirens wider seinen Willen nicht genöthigt werden, §. 115 Thl. II. Tit. 2 A.L.R. — Pflegebefohlene resp. Söhne, die nicht die entsprechenden Geistesfähigkeiten und Anlagen besitzen, sind vom Studiren abzuhalten, solche dagegen, denen vorzügliche Fähigkeiten und Anlagen eigen sind, zum Studiren aufzumuntern und zu unterstützen. §§. 62—64 Thl. II. Tit. 12 A.L.R.; §. 334 d. T.

241) §§. 109—117 Thl. II. Tit. 2 A.L.R. — Der Ges.-Rev. (a. a. O. zu §. 71 d. E. S. 55) will diese Bestimmungen gänzlich fallen lassen, weil er sie für unpassend und schädlich hält. Damit sind einverstanden: Koch (Commentar zu §. 109 ff. Thl. II. Tit. 2) und Bornemann (Syst. Bd. 5 S. 305).

242) §§. 681 ff. a. a. O.

243) §§. 720. 732 a. a. O.

244) §. 757 a. a. O.

245) §§. 562 ff. a. a. O.

246) §§. 564. 565 a. O.

247) §. 757 a. a. O.

248) §. 646 a. a. O.

249) §§. 45 ff. Thl. II. Tit. 1 A.L.R. Im Falle des Streites gehört die Sache vor den Prozeßrichter.

250) Im R. R. wurde der Consens der Mutter (nach dem Tode des Vaters) nur bei minderjährigen Töchtern erfordert. l. 1. 20 C. de nupt. V., 4.

251) §§. 49—54 a. a. O. — Schr. des Just.-Min. vom 9. Juni 1820 (Erg. Bd. 3 S. 213); Erk. des Ob.-Trib. vom 3. Februar 1848 (Rechtsf. Bd. 3 S. 336);

ergänzt werden, wogegen dem Vormunde jedoch der Rechtsweg offen steht.[252]) Eine Uneinigkeit unter mehreren Vormündern entscheidet bloß der Beschluß des vormundschaftlichen Gerichts.[253])

Eine ohne vormundschaftliche Genehmigung geschlossene Ehe ist anfechtbar. Das vormundschaftliche Gericht hat genau zu prüfen, ob der Pflegebefohlene die Ehe fortsetzen will und ob ihm dieses zuträglich ist. Findet sich in der einen oder anderen Beziehung das Gegentheil, so ist auf Nichtigkeits-Erklärung zu klagen, wogegen andernfalls die Fortsetzung der Ehe nachgegeben werden kann.[254]) Ohne erhebliche Gründe, als welche alle diejenigen gelten, aus denen eine vernünftige und wahrscheinliche Besorgniß entspringt, daß die künftige Ehe unglücklich und mißvergnügt sein dürfte, ist der vormundschaftliche Consens nicht zu versagen.[255])

Koch Commentar Anm. 62. 63. 74 zu §§. 53. 54 a. a. O. — Der Vormund kann den Consens, gegen die Regel des §. 37 a. a. O., auch einem noch nicht 18 Jahr alten männlichen Pflegebefohlenen ertheilen, wenn das Vormundschaftsgericht die Verbindung, der großen Jugend des Curanden ungeachtet, für zuträglich hält, und die Braut und deren Vater sich diese Verbindung gefallen lassen, welche nach §. 990 a. a. O. innerhalb 6 Monaten nach zurückgelegtem 18. Jahre des Curanden widerrufen werden kann. Anh. §. 66 (zu §. 37 cit.). Cfr. Ges.-Rev. a. a. O. S. 61; Bornemann Syst. Bd. 5 S. 55. Dieses bezieht sich nur auf männliche Pflegebefohlene, nicht auch auf weibliche. Anderer Meinung ist Gitzler Eherecht S. 68 Note 11:

Ein Streit über die verweigerte obervormundschaftliche Genehmigung des vom Vormunde ertheilten Consenses ist im gewöhnlichen Beschwerdewege zu erledigen. Rescr. vom 30. Juni 1834 (Erg. Bd. 3 S. 36); Ges.-Rev. a. a. O. S. 81. — Nach kanonischem Rechte ist der Mangel des väterlichen oder vormundschaftlichen Consenses kein Grund der Nichtigkeit oder Anfechtbarkeit der Ehe. Arndts Pand. §. 452 Note 2.

252) §§. 60. 70 a. a. O. Die Klage ist gegen den Pflegling zu richten; nur zu diesem, nicht auch zu dessen Verlobten, steht der Vormund in einem Verhältnisse. Koch (Commentar zu §. 70) hält dafür, daß beide Brautleute zu verklagen seien. Bornemann (Syst. Bd 5 S. 71) ist der Ansicht, daß der Vormund gegen das Gericht klagen müsse. Allein letzteres steht dem ersteren nicht als eine juristische Person gegenüber. Darin ist Bornemann jedoch beizutreten, daß die Trauung nicht eher erfolgen kann, als bis der Widerspruch des Vormundes beseitigt ist, der deshalb nöthigenfalls ad agendum provozirt werden muß. Indessen ist die mit obervormundschaftlicher Genehmigung einmal geschlossene Ehe nicht anfechtbar, weil nach §. 69 der Consens des Vormundes durch das Dekret des Gerichts „ersetzt" wird. Deshalb wird zweckmäßig der Prozeßrichter auf die Klage des Vormundes die Trauung zu inhibiren haben. Vergl. Koch a. a. O.

253) §. 72 a. a. O. —

254) §§. 978. 979 a. a. O. —

255) §§. 58. 59 a. a. O. — Als solche erhebliche Gründe sind besonders bezeichnet: a) Wenn den künftigen Eheleuten das nöthige Auskommen fehlen würde, §. 60 a. a. O. die Prüfung steht dem vormundschaftlichen Gerichte zu. Nach dem Rescr. vom 23. November 1835 (Erg. Bd. 6 S. 791) soll der Consens minderjährigen Burschen in der Regel versagt werden. Bei minderjährigen Mädchen soll, wenn sie zu denjenigen gehören, die auf ihrer Hände Arbeit angewiesen sind, ein strenger Beweis über die Mittel des Unterhalts nicht verlangt werden, insbesondere nicht Atteste der Gutsherrschaft und des Gemeindevorstandes, sondern nach Anhörung des Vormundes und der Verwandten, und nach gehöriger Vernehmung der Pflegebefohlenen, ist der Consens zu ertheilen, wenn der Bräutigam ein ordentlicher Mann und die Möglichkeit vorhanden ist, daß die Eheleute sich und ihrer Familie, künftig, wenn auch mit großer Anstrengung, den nöthigen Unterhalt erwerben können. Zu dem nöthigen Auskommen gehören nach dem Erk. des Ob.-Trib. vom 6. Juli 1855 (Strieth. Bd. 17 S. 338) nicht blos die Mittel zum

Der Vormund selbst oder eines seiner Kinder dürfen sich ohne vorgängige Untersuchung und Genehmigung des vormundschaftlichen Gerichts mit dem Pfleglinge nicht verheirathen.[256])

Mit Bestimmung und Herbeischaffung der Ausstattungskosten ist es wie mit den Erziehungskosten zu halten, mit der Maßgabe, daß bei unvermögenden Pflegebefohlenen nur Verwandte in aufsteigender Linie und nur solche Geschwister, welche bereits ausgestattet sind, dazu beizutragen haben.[257])

Auch zu Ehegelöbnissen sind die vorgedachten Consense erforderlich, und zwar dergestalt, daß in Ermangelung der erforderlichen Genehmigung das Ehegelöbniß für denjenigen ungültig ist, welcher des fehlenden Consenses bedurfte.[258]) Uebrigens berechtigt die Minderjährigkeit allein den Pflegebefohlenen nicht zum Rücktritte von einem gültig eingegangenen Ehegelöbnisse.[259]) Der ertheilte Consens kann nachträglich zurückgenommen werden, wenn Umstände, welche die Verweigerung desselben gerechtfertigt haben würden, sich erst in der Folge ereignen oder offenbaren.[260])

---

nothdürftigen Unterhalte der künftigen Eheleute, sondern auch die Mittel zur Bestreitung der in Folge der Ehe voraussichtlich sonst nöthig werdenden Ausgaben. — b) Wenn der andere Theil zu einer infamirenden, oder auch nur sonst nach der gemeinen Meinung schimpflichen Strafe rechtskräftig verurtheilt ist, §. 61 a. a. O. — c) Wenn derselbe der Verschwendung (er braucht nicht gerichtlich für einen Verschwender erklärt zu sein, Koch Commentar Anm. 67 zu §. 62 a. a. O.), Trunkenheit, Liederlichkeit, oder sonst einem groben Laster ergeben ist, §. 62 a. a. O. — d) Wenn derselbe schon einmal geschieden und dabei für den (allein) schuldigen Theil erklärt worden ist, §. 63 a. a. O. — e) Wenn derselbe mit epileptischen Zufällen, Schwindsucht, venerischen oder anderen ansteckenden Krankheiten behaftet ist, §. 64 a. a. O. — f) Wenn eine minderjährige Person des Adels oder höheren Bürgerstandes sich mit einer Person aus einer niedrigeren Klasse verheirathen will, §. 65 a. a. O. Dies bezieht sich nicht auf die ungesetzlichen Mißheirathen, sondern tritt nur insofern ein, als wegen des Standes-Unterschiedes Reue und Unzufriedenheit zu befürchten ist. Ges.-Rev. a. a. O. S. 80.

256) §. 14. a. a. O. Ist es dennoch geschehen, so ist der Vormund zu removiren und ein neuer zu bestellen. Sodann ist zu prüfen, ob der Pflegebefohlene die Ehe fortsetzen will, und ob ihm daraus Schaden entsteht. Findet sich dabei eine wirkliche Abneigung oder sonst ein überwiegender Nachtheil, so ist auf Nichtigkeitserklärung zu klagen. Andernfalls wird zwar die Ehe fortgesetzt, es kann aber auch dann noch der Pflegebefohlene innerhalb 6 Monaten nach erlangter Großjährigkeit auf Ungültigkeitserklärung antragen. §§. 978 ff. a. a. O., wo auch die vermögensrechtlichen Folgen festgesetzt sind. — Auf Kuratoren, welche blos zu einem mit keiner fortwährenden Administration verbundenen einzelnen Geschäfte bestellt sind, findet alles Dieses keine Anwendung. §. 15 a. a. O.

257) §§. 339. 340 d. T. Das Nähere über die Beitragspflicht ist nach §§. 313 ff. Thl. II. Tit. 2 A.L.R. und §§. 14 ff. Thl. II. Tit. 3 a. a. O. zu bestimmen. Streitigkeiten zwischen den Eltern und den auch nicht unter Vormundschaft stehenden Kindern wegen der Ausstattungspflicht überhaupt und wegen der Höhe der Ausstattung sind mit Ausschließung des Prozeßweges durch das vormundschaftliche Gericht unter Zuziehung zweier Verwandten oder Standesgenossen zu entscheiden, §§. 238—241 Thl. II. Tit. 2 a. a. O.

258) §. 78 Thl. II. Tit. 1 a. a. O.

259) §. 110 a. a. O., weil die restitutio ex capite minorennitatis nicht gilt.

260) §. 111 a. a. O. —

2. In Bezug auf das Vermögen des Pflegebefohlenen.

a. Im Allgemeinen.

§. 49. α. Bevormundete.

Der Vormund hat, wie gezeigt, unter Direktion des vormundschaftlichen Gerichts, wie ein guter Hausvater, für die Sicherstellung, Erhaltung, Administration und Verbesserung des Mündelvermögens zu sorgen.[261]) Er darf von demselben je nach dem Befinden des vormundschaftlichen Gerichts nur so viel in Händen behalten, als zum Unterhalte des Pflegebefohlenen, zu dessen Erziehung und zur Vermögensadministration erforderlich ist.[262]) Hat er keine Kaution bestellt, so muß das vormundschaftliche Gericht in Ansehung der Einkünfte Maßregeln festsetzen, wodurch ihm alle Gelegenheit zu nachtheiligen und willkürlichen Dispositionen möglichst benommen wird.[263])

Bei befreiten Vormündern steht dem vormundschaftlichen Gerichte nur ein allgemeines Aufsichtsrecht zu.[264])

Bei der Sicherstellung und Verwaltung des Nachlasses durch ernannte Testamentsexecutoren hat das vormundschaftliche Gericht nur nach Maßgabe der vom Erblasser darüber getroffenen Bestimmungen mitzuwirken, vorausgesetzt, daß der Erblasser dem betheiligten Pflegebefohlenen keinen Pflichttheil schuldig war oder ihm mehr, als diesen, hinterlassen hat.[265])

---

261) §§. 233. 237—239. 421. 438 d. T. — Koch (Commentar zu §. 233 d. T.) ist der Ansicht, daß der Vormund zu unentgeltlichen Veräußerungen in keinem Falle ermächtigt sei. Dem kann nicht unbedingt beigetreten werden. Die Grenzen der Ermächtigung des Vormundes bei der Vermögensverwaltung sind dadurch gegeben, daß der Vormund als guter Hausvater handeln soll. Soweit also eine unentgeltliche Veräußerung den konkreten Umständen nach der Verwaltung eines boni patris familias entspricht, wird sie für zulässig zu erachten sein. Uebrigens nimmt auch Koch (a. a. O. und Privatrecht 3. Aufl. Bd. 2 S. 684) an, daß es zulässig ist, einen Theil der dem Pflegebefohlenen verschriebenen Sicherheit aufzugeben, wenn entgegengesetzten Falles dem Pflegebefohlenen ein auch nur indirecter Schaden drohen würde. Im Röm. Rechte haftet der Vormund für diligentia quam in suis l. 27 D. de adm. et peric. XXVI., 7; l. 1 pr. D. de tut. act. XXVII., 3 und, wenn er sich aufgedrängt hat, für omnis culpa l. 53 §. 3 D. de Furt. XLVII., 2. — Schenkungen und sonstige Freigebigkeit sind dem Vormunde verboten, außer wo der Anstand es erfordert. l. 16 C. de adm. tut. V., 37; l. 17 D. de cur. fur. XXVII., 10; l. 12 §. 3 l. 13 §. 2 l. 22 D. de adm. XXVI., 7; l. 1 §§. 2. 4—6 D. de tut. act XXVII., 3. —

262) §. 422 d. T.

263) §. 436 d. T.

264) §. 685. 690 d. T.

265) Mangels besonderer, die Gewalt des Testamentsexekutors ausdehnender oder einschränkender Bestimmungen bedarf es keiner gerichtlichen Inventur, und die Ausmittelung, Constituirung und Verwaltung des Nachlasses gehören zu dem Amte des Testamentsexekutors, wobei der bevormundete Erbe gemäß §§. 558. 559 Thl. I. Tit. 12 A.L.R. durch den Vormund vertreten wird. Anh. §. 157 zu §. 421 d. T.; entnommen dem Rescr. v. 25. Januar 1796 (Rabe Bd. 8 S. 248). — Nach dem Rescr. v. 13. Mai 1842 (J.M.Bl. 1842 S. 138) gebührt dem Testamentsexekutor die Vermögensverwaltung in allen Fällen, wo von dem Erblasser keine Beschränkung verordnet ist. Dieses wird auch mit Koch Commentar Anm. 48 zu §. 157 d. Anh. für richtig anzunehmen sein. Bornemann (Syst. II. Ausg. Bd. 6 S. 231) vertheidigt die Ansicht des Rescr. vom 12. Oktbr. 1837 (Jahrb. Bd. 50 S. 480), wonach der Anh. §. 157 blos für den Fall

In dem Falle aber, wo dem überlebenden Ehegatten die freie Disposition über das Vermögen eingeräumt ist, **muß das vormundschaftliche Gericht** für die Sicherung des miterbenden Pflegebefohlenen Sorge tragen und insbesondere zu diesem Behufe der Mutter stets, und nach Befinden auch dem Vater, einen Ehrenvormund an die Seite setzen.[266])

§. 50. Fortsetzung.

Die vormundschaftliche Verwaltung unterliegt gewissen Modificationen in Betreff des nicht freien Kindervermögens, dessen Verwaltung dem Vater entzogen und einem Kurator übertragen ist, und in Betreff des Vermögens einer unter Vormundschaft stehenden Ehefrau. In dem ersteren Falle gilt der von der Verwaltung ausgeschlossene Vater, sofern die Ausschließung nicht seines schlechten moralischen Verhaltens wegen geschehen ist, als Ehrenvormund, und wenn ihm der Nießbrauch geblieben ist, muß der Kurator wegen beabsichtigter Hauptveränderungen mit ihm Rücksprache nehmen. Ein Widerspruchsrecht gebührt dem Vater dabei jedoch nur unter denselben Voraussetzungen, wie einem andern Nießbraucher. Erst mit dem Aufhören der väterlichen Gewalt tritt eine unbeschränkte vormundschaftliche Verwaltung ein.[267])

Die Verheirathung eines männlichen Pflegebefohlenen bewirkt keine Aenderung in der Führung der vormundschaftlichen Verwaltung.[268]) Der Vormund bekommt vielmehr auch in Ansehung des den Kindern des Pflegebefohlenen gehörigen Vermögens alle Rechte und Pflichten, die ihm in Betreff des eigenen Vermögens des Vaters vorgeschrieben sind. Befreiungen des Vormundes von der obervormundschaftlichen Controle bezüglich des väterlichen Vermögens werden auf einen nachherigen Vermögensanfall der Kinder nicht ausgedehnt.[269])

Die Verheirathung einer weiblichen Pflegebefohlenen ist auf die Verwaltung ihres vorbehaltenen Vermögens und der Einkünfte desselben nicht

---

gilt, wenn dem Testamentsexekutor die Verwaltung des Nachlasses ausdrücklich aufgetragen worden ist. — Testamentsexekutoren können auch in Kodizillen und außergerichtlichen Dispositionen ernannt werden; Frauenspersonen sind dazu nicht geeignet. Reskr. vom 19. Mai 1804 (Erg. II. Ausg. Bd. 2 S. 58; Mathis Bd. 2 S. 10; Rabe Bd. 8 S. 60.)

Die Gerichte sind nicht verpflichtet, die ihnen in einem Testamente allgemein aufgetragene Vollziehung des letzten Willens zu übernehmen, sofern darin nicht gemeinnützliche Stipulationen, legata ad pias causas ꝛc. enthalten sind. Reskr. v. 19. April 1806 (Erg. a. a. O.: Mathis Bd. 3 S. 1; Rabe Bd. 8 S. 512). —

266) Anh. § 168 zu §. 689 d. T., entnommen aus dem Reskr. v. 18. Jan. 1796 Satz 2 (Erg. a. a. O. Bd. 6 S. 829—831; Stengel Bd. 2 S. 317; Rabe Bd. 3 S. 237). Danach hat der Ehrenvormund sich nicht in die Verwaltung zu mischen, sondern nur darauf zu achten, ob sich Fälle ereignen, die nach §§. 688 ff. d. T. das Einschreiten des vormundschaftlichen Gerichts nöthig machen. — Der Anh. §. 168 soll sich nicht auf den Fall beziehen, wo der überlebende Ehegatte mit der Klausel, daß er über den Nachlaß frei walten und schalten könne, zum Erben eingesetzt ist. Erk. d. Ob.-Trib. vom 16. Mai 1859 (Strieth Arch. Bd. 34 S. 50). — Vergl. auch Erk. d. Ob.-Trib. vom 4. Januar 1859 (Strieth Arch. Bd. 32 S. 96).

267) §§. 976—983 d. T. — Wegen des Widerspruchsrechts des Nießbrauchs cfr. §§. 99. 100. 109. 110 Thl. I. Tit. 21 A.L.R. —

268) §. 802. d. T. —

269) §§. 804. 805 d. T. —

von Einfluß. Der Erbschatz und das eingebrachte Vermögen gehen in der Regel in die Verwaltung des Mannes über;[270]) jedoch bleibt die Substanz der vormundschaftlichen Aufsicht unterworfen. Aenderungen an der Substanz und, wenn die Verwaltung dem Vormunde belassen ist, auch Aenderungen in der Art der Administration hängen von dem Ermessen des vormundschaftlichen Gerichts ab, und der Ehemann der Pflegebefohlenen hat dabei nur eine berathende Stimme.[271])

Erfolgt die Verheirathung des Mündels während der Vormundschaft, und zwar

1) an einem Orte, wo Gütergemeinschaft gilt, so bleibt diese, ohne daß es einer öffentlichen Bekanntmachung bedarf, für die Dauer der Vormundschaft ausgesetzt, sofern nicht das Beste des Mündels es offenbar anders erheischt, in welchem Falle der Vormund mit Genehmigung des vormundschaftlichen Gerichts der Aussetzung sich begeben kann.[272])

---

270) §§. 741. 742 d. T. —

271) §§. 746—748 d. T. — Die Verwaltung des Ehemannes ist so eingeschränkt, daß ihm in der Regel dieselbe nicht wünschenswerth ist, weshalb dieselbe auch in der Praxis meistens dem Vormunde überlassen bleibt. Der Nießbrauch aber gebührt auch dann dem Manne, §. 737 d. T. Wegen der Trennung des Nießbrauchs und der Verwaltung vergl. die von dem Ges.-Rev. Pens. VII. S. 269 gemachte Mittheilung einer Bemerkung von Suarez. Der Ges.-Rev. selbst bemerkt (a. a. O. S. 222):

> „Die §§. 742—745 Tit. 18 drücken sich nicht recht klar darüber aus, was hier eigentlich unter Verwaltung verstanden wird, und lassen eine Lücke darüber, wie es mit den Mobilien, den baaren Geldern, den Darlehnen, der Einziehung der Einkünfte außer den Capitalszinsen, den Prozessen, den Vergleichen, den Passivschulden gehalten werden soll. Die Absicht dieser Paragraphen möchte aber wohl dahin gehen, daß der Ehemann bei dem Erbschatze und dem nicht vorbehaltenen Vermögen die nämlichen Verwaltungsbefugnisse haben soll, welche einem Vormunde zustehn; wenigstens möchte eine solche Bestimmung den Verhältnissen am angemessensten sein und zugleich den Nutzen haben, daß man nun bestimmt weiß, wie weit die Verwaltungsbefugnisse des Ehemannes gehen."

De lega ferenda mag dieses richtig sein, de lege lata muß wohl angenommen werden, daß dem Ehemann die Verwaltung nur so weit zusteht, als sein Nießbrauch dieses bedingt, und daß die Rechte des Eigenthümers dabei von der Vormundschaft wahrgenommen werden, in Analogie der §§ 168. 170 Thl. II. Tit. 2 A.L.R. — Vergl. §§. 205. 231. 247 a. a. O., welche bezüglich der Substanz des ganzen Vermögens durch §. 742 d. T. modificirt sind. —

272) §§. 782—784 d. T. — Die obervormundschaftliche Genehmigung ist Bedingung der Gültigkeit. Es ist bezweifelt worden, ob sich diese Paragr. auch auf männliche Pflegebefohlene beziehen, weil die §§. 736—801 d. T. im Allgemeinen nur von weiblichen Pflegebefohlenen handeln, insbesondere die §§. 785 ff unzweideutig nur der weiblichen Pflegebefohlenen Erwähnung thun, und der §. 415 Thl. II. Tit 1 A.L.R. wegen der Aussetzung der Gütergemeinschaft nur bei weiblichen Pflegebefohlenen hierher verweist. Aus den im Rescr. vom 14. August 1820 (Erg. Bd. 6 S. 843. 844) angeführten Materialien aus der gleichen ratio legis für männliche, wie weibliche Pflegebefohlene, und endlich daraus, daß der Tit. 18 Thl II. A.L.R. sedes materiae, hier aber in §§. 781—784 von Pflegebefohlenen beiderlei Geschlechts die Rede ist, hat das Ob.-Trib. mit Recht angenommen, daß die §§. 781—784 d. T. sich auf männliche Pflegebefohlene beziehen. Vergl. das Erk. des Ob.-Trib. vom 10. October 1854 (Entschd. Bd. 30 S. 123). Dieselbe Ansicht ist auch in dem vorgedachten Rescr. vom 14. August 1820 und von dem Ges.-Rev. (a. a. O. S. 225) ausgesprochen. Wegen der Ausschließung der Gütergemeinschaft nach erlangter Volljährigkeit seitens des männlichen Pflegebefohlenen, vergl. unten §. 74. D. — Auf die Gemeinschaft des Erwerbes beziehen sich die

Bestand bei Einleitung der Vormundschaft die gütergemeinschaftliche Ehe bereits, so bewendet es dabei; etwa eintretende Aufhebungsgründe müssen aber zum Besten des Mündels geltend gemacht werden.[273]) Gütergemeinschaft durch Vertrag einzugehen, sind der Vormund und das Gericht nur alsdann berechtigt, wenn davon ein offenbarer Vortheil für das Mündel mit völliger Sicherheit zu erwarten ist.[274])

2) Soll die Ehe von einer weiblichen Pflegebefohlenen an einem Orte geschlossen werden, wo nur die Gemeinschaft des Erwerbes oder gar keine Gütergemeinschaft gilt, so ist nach den Umständen zu prüfen, ob ein Theil des Vermögens der Braut vorzubehalten oder, — was jedoch nur mit ihrer ausdrücklichen Einwilligung geschehen kann, — zum Erbschatze zu bestellen sei. In einem solchen Falle ist das Erforderliche vor Eingehung der Ehe mit dem Bräutigam durch Verträge festzusetzen. Daß kein Vorbehalt gemacht, oder kein Erbschatz bestellt worden, macht weder den Vormund, noch das vormundschaftliche Gericht verantwortlich.[275])

Sollen bei der Verheirathung eines oder einer Pflegebefohlenen Verträge wegen der künftigen Erbfolge geschlossen werden, so ist dazu die Genehmigung des vormundschaftlichen Gerichts erforderlich. Weder der Vormund, noch das Gericht machen sich verantwortlich, wenn sie es in Ansehung der Erbfolge bei den gesetzlichen Bestimmungen belassen. Nur aus besonders erheblichen Nützlichkeitsgründen kann dabei gewissen Vortheilen entsagt werden, welche den Pflegebefohlenen nach den Gesetzen auf den künftigen Nachlaß ihres Ehegatten zustehen würden. Ein widriger Erfolg kann auch dann weder dem Vormunde noch dem Gerichte zur Last gelegt werden.[276])

Eine Ehe zur linken Hand ändert in der vormundschaftlichen Vermögens-Verwaltung auch bei einer weiblichen Pflegebefohlenen nichts.

---

§§. 782 ff. nicht, §. 798 d. T., §§. 396 ff. Thl. II. Tit. 1 A.L.R. — Die §§. 780 ff. d. T. gelten an allen Orten, wo Gütergemeinschaft gesetzlich ist, ohne daß es auf entgegengesetzte provinzialrechtliche Bestimmungen über den Anfang der Gütergemeinschaft ankäme. Rescr. vom 1 März 1833, bestätigt durch Kab.-Ord. vom 5. August 1833 und bekannt gemacht durch Rescr. vom 12. August 1833 (Jahrb. Bd. 42 S. 124; Gräff Bd. 6 S. 166). Insbesondere gelten sie:

a) wo Lübisches Recht gilt, Gutachten der Ges.-Comm. vom 22 October 1800 ad pass. I. (Rabe Bd 6 S. 237; Erg. Bd. 6 S 839. 840);
b) wo Magdeburgisches Recht gilt, Gutachten der Ges. Comm. v. 5. Febr. 1802 (Stengel Bd. 15 S. 331; Rabe Bd 7 S. 41; Erg. Bd 6 S. 840–842);
c) in Westphalen und in den Kreisen Rees, Essen und Duisburg, §. 1 Gesetz vom 16. April 1860 (G.-S. S. 165).

273) §§. 780. 781 d. T. —

274) §. 799 d. T. — Hier fehlt eine Bestimmung darüber, in welcher Art die Vormundschaft über die Ehefrau auf die Verwaltung des gemeinschaftlichen Vermögens durch den Mann in den Fällen von Einfluß ist, in welchen Gütergemeinschaft besteht. In Ermangelung einer Bestimmung darüber, werden dem Manne alle Befugnisse gemäß Abschn. 6 Tit. 1 Thl. II. A.L.R. einzuräumen und der Vormundschaft nur die daraus sich ergebenden Rechte der Frau zuzusprechen sein. —

Für Westphalen ꝛc. vergl. §§. 3 ff. Ges. vom 16. April 1860 (G.-S. S. 165), wonach der Ehemann unter Lebenden selbst über Grundstücke und auf den Namen der Frau geschriebene Capitalien unbeschränkt verfügen kann, nur nicht unentgeltlich.

275) §§. 738–740 d. T. —

276) §§. 776—779 d. T. —

Der Vormund hat aber für die Aussetzung und Sicherstellung einer ausreichenden Abfindung zu sorgen.[277])

Genehmigt das vormundschaftliche Gericht auf Antrag des Vormundes den Einkauf einer verheiratheten Pflegebefohlenen bei einer öffentlich angeordneten Wittwenverpflegungsanstalt, so muß der Ehemann sich die Leistung des Beitrages aus den Einkünften ihres Vermögens gefallen lassen. Kann und will er aber der Ehefrau eine gleich gute und sichere Versorgung auf andere Art anweisen, so muß von dem Einkaufe Abstand genommen werden.[278])

§. 51. β. Kinder unter väterlicher Gewalt.

Auch bei der Verwaltung des Vermögens der minderjährigen Kinder unter väterlicher Gewalt durch den Vater tritt die Mitwirkung des vormundschaftlichen Gerichts[279]) ein. Steht der Vater selbst noch unter Vormundschaft, so hat er in Betreff seiner Kinder nur diejenigen Rechte der väterlichen Gewalt, welche sich auf eine Vermögens-Verwaltung nicht beziehen.[280]) Ist der Vater selbstständig, so ist zwischen dem freien und nicht freien Vermögen der minorennen Kinder[281]) zu unterscheiden. —

I. In Betreff des freien Vermögens gebührt dem Vater, sofern nicht derjenige, welcher dem Kinde das Vermögen zugewendet, etwas anderes bestimmt hat, nur die gewöhnliche vormundschaftliche Verwaltung,[282]) und der Vater ist dabei allen Beschränkungen eines Vormundes unterworfen.[283]) Von einem zum freien Vermögen gehörigen Anfalle hat er dem vormundschaftlichen Gerichte binnen zwei Monaten nach erlangter Wissenschaft Anzeige zu machen, widrigenfalls er das Recht der Verwaltung verliert, in eine fiscalische Strafe von 5 bis 100 Thalern verfällt und so lange für das geringste Versehen haftet, bis dem Kinde ein besonderer Kurator bestellt werden kann.[284]) Will er das Vermögen in Händen behalten, so

---

277) §§. 800. 801 d. T. cfr. §§. 874 ff. Thl. II. Tit. 1 A.L.R.

278) §§. 600. 601 d. T. —

279) Für Westphalen und die Kreise Rees, Essen und Duisburg, vergl. §§. 10. 11 des Ges. vom 16. April 1860 (G.-S. S. 165); für die Fürstenthümer Paderborn und Minden, die Grafschaften Ravensberg und Rietberg, die Herrschaften Rheda und Gütersloh und das vormalige Amt Reckeberg, vergl. Ges. vom 26. März 1861 (G.-S. S. 169). —

280) §§. 802—806 d. T. —

281) Was zum freien und nicht freien Vermögen gehört, darüber vergl. §§. 147—157 Thl. II Tit. 2 A.L.R.

282) §§ 159. 160 Thl. II. Tit. 2 A.L.R. Verpflichtet wird er nicht, §. 989 d. T.

283) §. 990 d. T. — Jedoch ist er mit der eidlichen Bestärkung des vorzulegenden Inventarii in der Regel zu verschonen, §. 991. — Ueberhaupt wird anzunehmen sein, daß der Vater nur den gelinden Beschränkungen eines befreiten Vormundes unterworfen ist, wenngleich der §. 990 d. T. ganz allgemein auf den 7. Abschnitt d. T. verweist. Denn wenn nach §§. 681 ff. d. T. der Vater den von ihm ernannten Vormund von der obervormundschaftlichen Aufsicht befreien kann, so muß er selbst doch gewiß in eben demselben Maaße von dieser Aufsicht befreit sein, §. 101 Einl. z. A.L.R. Vergl. auch Ges.-Rev. (Pens. VII., Mot. zu §. 119 II. 2 d. E. S. 71). Dafür spricht auch §. 993 d. T. —

284) §§. 984—986 d. T. — Eine gleiche Pflicht der Anzeige liegt den zur Sorge für die Bevormundung verpflichteten Verwandten und demjenigen Gerichte ob, welches

muß er dafür gehörige Sicherheit bestellen; andernfalls bleibt er der Regel nach gleich einem testamentarischen Vormunde, von Bestellung einer Caution wegen der Einkünfte frei.[285]) Die Nutzungen kann der Vater zur Verpflegung und Erziehung der Kinder mitverwenden, soweit sie dazu nach dem Ermessen des vormundschaftlichen Gerichts erforderlich sind; Ueberschüsse wachsen der Substanz zu.[286])

II. 1) Bei dem Nießbrauche und der Verwaltung des nicht freien Vermögens hat der Vater in der Regel nur bezüglich solcher Substanzveränderungen, die ein Nießbraucher nicht ohne Einwilligung des Eigenthümers vornehmen darf, die Einwilligung des vormundschaftlichen Gerichts einzuholen.[287]) In Fällen jedoch, wo das Interesse des Vaters mit dem des Kindes kollidirt, ist dem Kinde vom vormundschaftlichen Gerichte ein Curator zu bestellen.[288])

---

eine letztwillige Disposition publizirt, wonach den Kindern freies Vermögen angefallen ist, §§. 987. 988 d. T. —

285) §§. 992. 993 d. T. —

286) §§. 161. 162 Thl. II. Tit 2. A.L.R.; §. 65 a. a. O. — Sofern der Vater im Stande ist, dem Kinde die nöthige Verpflegung zu gewähren, kann er nicht verlangen, daß die Kosten derselben aus der Substanz des freien Vermögens genommen werden, weil seine Alimentationsverbindlichkeit nicht blos subsidiär ist. Vergl. Koch (Commentar Anm. 10 zu §. 161 cit.).

287) §§. 168. 170 a. a. O. — Das Pr. Recht weicht hier sowohl vom Röm. Rechte, wie vom Deutschen Rechte ab. Im Röm. Rechte galt zwar nach l. 8 §. 4 in fine C. de bon. quae lib. VI., 61 ebenfalls die Regel, daß der väterliche Nießbrauch nur soweit eingeschränkt sei, als die Proprietät dieses erfordere. Aber dennoch waren alle Veräußerungen der Substanz ungültig, außer wenn sie zur Bezahlung von Schulden oder Vermächtnissen erfolgten, oder wenn die Aufbewahrung der Sache lästig war, l. 8 §. 5 C. 1 c. und l. 2 C. de bon. mat. VI., 60. Nach Deutschem Rechte hatte der Vater blos die Gewere und den gewöhnlichen Nießbrauch an dem Vermögen der Kinder. Kraut: Vormundschaft Bd. 2 S. 608—612. Das Pr. Recht geht also bedeutend weiter, als jene beiden, indem es dem Vater in Betreff der Capitalien in der Regel die freie Disposition gestattet, §. 169 a. a. O. — Vergl. Ges.-Rev. a. a. O. Mot. zu §. 119 d. E. S. 74. — Der Ges.-Rev. schlägt vor, daß der Vater zu allen Veränderungen der Substanz während der Minderjährigkeit der Kinder die obervormundschaftliche Genehmigung einholen soll, §. 162 d. E. und Mot. dazu S. 82. — Vergl. Anm 289. — Die Genehmigung ist nur erforderlich, wenn es sich um Sachen oder Rechte handelt, bei denen ein Nießbrauch des Vaters eintritt, Erk. des Ob.-Trib. vom 13. Februar 1852 (Entsch. Bd. 22 S. 381).

Besondere Förmlichkeiten sind bei Einholung und Ertheilung der Einwilligung nicht zu beobachten. Da jedoch der Einwilligung seitens des Gerichts eine genauere Prüfung vorangehen muß, hat der Vater dem Gerichte alles von demselben behufs dieser Prüfung Verlangte zu unterbreiten, insbesondere auf Erfordern eine Taxe zu beschaffen. Rescr. vom 12. August 1838 (Jahrb. Bd. 52 S. 155; Gräff: Bd. 12 S. 72). Das Gericht ist hierbei nicht streng an die Vorschrift des §. 563 d. T. gebunden, cfr. Koch: Commentar Anm. 18 zu §. 170. —

Bei dem Anfalle von nicht freiem Vermögen braucht der Vater dem vormundschaftlichen Gerichte keine Anzeige zu machen und kein Inventarium einzureichen. Rescr. vom 6. Dezember 1809 (Erg. Bd. 6 S. 856—858; Mathis Bd. 8 S. 539; Rabe Bd. 10 S. 209). Die Vorschriften §§. 984 ff. d. T. beziehen sich blos auf freies Vermögen. Der Ges.-Rev. (Pens XV. Mot. z. §§. 120—122 d. E. S. 77—79) hält dadurch das Interesse des Kindes für gefährdet und schlägt deshalb eine Abänderung vor. Dem ist beizutreten.

288) §§. 28 ff. d. T.

2) Zur Sicherstellung[289]) ist der Vater nur in folgenden Fällen verpflichtet:

a. wenn er auf Behandlung oder Indult gegen seine Gläubiger anträgt, wenn Sequestration seiner Grundstücke oder Mobiliar-Exekution gegen ihn verhängt, oder Wechselexecution vollstreckt wird, oder wenn er sonst offenbar in Verfall seines Vermögens zu gerathen anfängt;[290])

b. wenn er wegen eines Amts, einer Kasse oder Pachtung dem Fiskus oder einer anderen mit einem Vorrechte versehenen Anstalt verhaftet ist oder wird;[291])

---

289) §. 178 Thl. II. Tit. 2 A.L.R. Der Ges.-Rev. (a. a. O. Einl. der Mot. zu §§. 120 ff. S. 76) will die Rechte des Vaters an dem nicht freien Vermögen im Wesentlichen lediglich auf den Nießbrauch zurückführen, die Verwaltung des Vaters aber unter spezielle Aufsicht des vormundschaftlichen Gerichts stellen. Allerdings gewähren die bestehenden Gesetze den Kindern keinen genügenden Schutz für die Substanz ihres Vermögens. Allein es scheint kein Bedürfniß zu einer so erheblichen Aenderung vorzuliegen, wie sie der Revisor vorschlägt. Der Vater ist der natürliche Vertreter seiner Kinder und hat das nächste Interesse an dem Wohle derselben. Jedenfalls hat er, wie Suarez sagt, doch die Vermuthung für sich, daß er seine Kinder nicht um das Ihrige bringen werde. Es ist deshalb das Natürlichste, daß dem Vater, dem sonst in allen Beziehungen die Sorge für das Wohl der Kinder und die Vertretung derselben obliegt, auch die Vermögensverwaltung überlassen wird. Dabei ist zu berücksichtigen, daß die vorgeschlagene Aenderung dem Staate eine sehr bedeutende Last aufbürden würde. Zur Erreichung des Zweckes würde es wohl hinreichen, wenn dem Vater zur Pflicht gemacht würde, auch von jedem unfreien Vermögensanfalle dem vormundschaftlichen Gerichte Anzeige zu machen und ein Inventarium mit der eidesstattlichen Versicherung der Richtigkeit desselben einzureichen. Denn hauptsächlich liegt die Gefährdung der Kinder darin, daß ihr nichtfreies Vermögen unerkennbar mit dem Vermögen des Vaters vermischt wird, ohne daß vorher festgestellt ist, was überhaupt dazu gehört hat. Im Uebrigen würde eine größere Beschränkung des Vaters in der Disposition über Capitalien genügen, §. 169. — Die gesetzliche Verpflichtung des Vaters, nach §. 179 a. a. O. auf Erfordern für das Vermögen seiner Kinder Sicherheit zu bestellen, ist eine höchst persönliche und geht daher auf seine Erben nicht über. Erk. des Ob.-Trib. v. 18. Oct. 1858 (Strieth. Arch. Bd. 31 S. 66). —

290) §. 179 a. a. O. Also auch, wenn er für einen Verschwender erklärt ist. Diese Fälle sind nur Beispiele, weshalb am Schlusse die clausula generalis beigefügt ist. (Ges.-Rev. a. a. O. z. §. 140 d. E. S. 92. 93. — Ist die Sicherheit einmal bestellt, so kann der Vater sie auch dann nicht wieder aufheben, wenn er zu besserem Vermögen gelangt; denn die Kinder haben ein jus quaesitum. Bessert sich das Vermögen, ehe die Sicherheit wirklich bestellt ist, so kann sie nicht mehr gefordert werden. Vergl. Koch Commentar Anm. 25 zu §. 179. —

291) §§. 180. 181 a. a. O.; §§. 78. 79. 80 Konk.-Ordn.; Art. XI. des Einf.-Ges. zur Konk.-Ordn. vom 8. Mai 1855 (G.-S. S. 317). — Hier ist der Grund der, daß die Kinder in Ermangelung einer besondern Sicherheit durch das Vorrecht oder die Gleichberechtigung des Fiscus ꝛc. gefährdet sind; die Vorschrift gilt also nur von solchen Bedienungen, vermöge deren der Vater Gelder oder andere Vermögensstücke des Fiskus ꝛc. zur Administration oder Aufbewahrung, nicht aber von solchen, wo er diese Gegenstände blos gelegentlich in die Hände bekommt, Anh. §§. 86. 87. —

Die Sicherheitsbestellung ist nicht erforderlich, wenn die Mutter den Vater davon befreit hat (vorausgesetzt, daß sie den Kindern mehr als den Pflichttheil hinterlassen), oder wenn der Fiscus ꝛc. eine Caution angenommen und sich seines sonstigen Vorrechts begeben hat, Anh. §. 88; Rescr. vom 31. October 1801 und 7. April 1812 (Ges.-Rev. a. a. O. Mot. zu §. 140 d. E. S. 96), und Rescr. vom 23. Februar 1815 (Jahrb. Bd. 5 S. 6, Gräff Bd. 1 S. 164).

Die Anh.-Paragraphen sind entnommen: a. der §. 86 aus d. Rescr. v. 22. Septbr. 1794. (Erg. a. a. O. Bd. 3 S. 298; Rabe Bd. 2 S. 693; Stengel Bd. 1 S. 374.)

c. wenn er zu einer anderweiten Ehe schreitet; — in diesem Falle jedoch nur, wenn er Immobilien besitzt, auf welche er dann das Vermögen der Kinder, mit den Rechten einer vormundschaftlichen Caution, eintragen lassen muß.[292])

---

b. der §. 87 aus dem Rescr. vom 9. Oktober 1797 (Erg. a. a. O. ibid.; Rabe Bd. 4 S. 303.) Nach diesem Rescripte sollten Salarienkassenrendanten zur Sicherheitsbestellung nicht verpflichtet sein. Der Ges.-Rev. (a. a. O. Not. z. §. 140 d. E. S. 95) hielt dieses schon nach der damaligen Gesetzgebung für unrichtig. Nach der neuen Konk.-Ordn. §§. 79. 80 kann kein Zweifel sein, daß Salarienkassenrendanten in die Kategorie des §. 180 fallen. c. der Anh. §. 88 aus dem Rescr. v. 23. Juni 1800 (Erg. a. a. O. S. 300; Rabe Bd. 6 S. 153—155). — Nach einem ungedruckten Rescr. v. 18. Oktbr. 1819 sollen Regiments- und Bataillonskommandeure zur Sicherheitsbestellung nicht verpflichtet sein. (Ges.-Rev. a. a. O. S. 94.) —

An derselben Stelle erwähnt der Ges.-Rev. ein Rescr. vom 28. Februar 1825, wonach verwaltende Forstbeamte, auch wenn sie keine Gelderhebung haben, Sicherheit bestellen sollen. —

292) §§. 187. 188. a. a. O. Bis zur Wiederverheirathung bedarf es dieser Sicherstellung nicht, auch wenn der Vater sich mit den Kindern vorher auseinander gesetzt hat. Es genügt, der noch fehlenden Sicherheit in dem Auseinandersetzungsrezesse oder Atteste Erwähnung zu thun Anh. § 89 entnommen aus dem Rescr. v. 9. Oct. 1797 (Rabe Bd. 4 S. 311). §. 18 Thl. II. Tit. 1 A.L.R. Auch da, wo die drei ersten Titel des II. Theils A.L.R. suspendirt sind, gelten der §. 187 und der Anh. §. 89; Rescr. vom 6. November 1805 (Erg. Bd. 3 S. 307. 308; Mathis Bd. 2 S. 17; Rabe Bd. 8 S. 403) —

Auch für diesen Fall kann die Mutter im Testamente den Vater bezüglich des von ihr herrührenden Vermögens von der Sicherstellung entbinden, sofern sie den Kindern mehr als den Pflichttheil hinterläßt; cfr. die vorige Anmerkung. Die Verpflichtung des Vaters zur Sicherstellung bezieht sich nur auf das zur Zeit der Wiederverheirathung vorhandene und resp. ermittelte nichtfreie Vermögen. Rescr. vom 8. Dezember 1823 (Jahrb. Bd. 22 S. 170; Gräff Bd. 1 S. 165); Ges.-Rev. a. a. O. 100. 101; Bornemann Syst. Bd. 5 S. 325. Mit Rücksicht hierauf und weil auch nach der Wiederverheiratung dem Vater die freie Verwaltung verbleibt, sind Zuwüchse, z. B. die Einnahme für außerordentliche Holzverkäufe, die Ausbeute aus Bergwerken und dergleichen, die der Substanz des Vermögens hinzutreten (§§. 34. 37 Thl. I. Tit. 21 A.L.R.), der Sicherstellung nicht unterworfen; Rescr. v. 11. Dezember 1840 (J.M.Bl. 1841 S. 10). Die Sicherstellung muß aber bei der Wiederverheirathung für alles dann vorhandene Vermögen erfolgen, mag dasselbe von der Mutter oder anders woher stammen; Ges.-Rev. a. a O. S. 101; Koch A.L.R. Commentar Anm. 34. al. 2 zu §. 187 und die Ausführung desselben in der Jur. W. 1837 S. 494. —

Die Verpflichtung des Vaters geht nur dahin, das Vermögen der Kinder auf seine Grundstücke eintragen zu lassen. Wenn nicht zugleich aus einem anderen Grunde (§§. 179—181) Sicherstellung nothwendig ist, kann etwas anderes vom Vater nicht verlangt werden. Wohl aber ist der Vater berechtigt, die Sicherheit auf andere Art zu bestellen, und dann hat das Gericht dieselbe zu prüfen und sich betreffenden Falles der Annahme und Aufbewahrung des Unterpfandes zu unterziehen. Der Ges.-Rev., welcher dieses a. a. O. S. 102 ausführt, thut zwar der Prüfung der Sicherheit keine Erwähnung. Allein da die anderweit zu gewährende Sicherheit an die Stelle der Eintragung tritt, so ist jedenfalls mindestens zu prüfen, ob sie der durch Grundstücke zu gewährenden Sicherheit entspricht, sofern diese keine genügende ist. Andernfalls wird überhaupt zu prüfen sein, ob die Sicherheit ausreicht.

Nach §. 188 a. a. O. in Verbindung mit §. 428 d. T. muß auf Verlangen des Vaters zum Besten anderer Eintragungen die durch Hypothek bestellte Sicherheit bis auf die zweite Hälfte des Grundstückswerths zurücktreten. Bornemann Syst. Bd. 5 S. 328; Rescr. vom 25. September 1809 (Mathis Bd. 10 S. 330; Rabe Bd. 10 S. 156).

Die Frage, ob der Vater, welcher bei Eingehung der zweiten Ehe das Vermögen der Kinder erster Ehe auf seine Grundstücke hat eintragen lassen, von der hierdurch

Der Vater muß, und zwar bei Verlust seines Nießbrauchs[293]) im Falle der vorsätzlichen Unterlassung, von dem Eintritte eines solchen Falles dem vormundschaftlichen Gerichte Anzeige machen, welches sodann für die Sicherheit durch den früher bestellten Theilungs-Kurator[294]) oder einen von Amtswegen neu zu bestellenden Kurator Sorge zu tragen hat.[295]) In allen Fällen kann nur eine solche Sicherheit gefordert werden, wie der Vater sie nach seinen Umständen aufzubringen vermag.[296])

---

geleisteten Sicherheit auf seinen Antrag wieder entbunden werden kann, wenn er späterhin die Grundstücke verkauft, hat zu vielfachen Zweifeln Veranlassung gegeben. Vergl. darüber Erg. Bd. 3 S. 301—303; Ges.-Rev. a. a. O. S. 96—99.

Schließlich hat sich das Rescr. vom 27 April 1829 (a. a. O.) für die Negative ausgesprochen und sich dabei auf eine nicht publizirte Kab.-Ord. vom 23. März 1829 bezogen. Das Ob.-Trib. ist im Erkenntnisse vom 30. April 1835 (Centralbl. 1837 S. 709. 710) dieser Ansicht beigetreten. Die vom Rescr. a. a. O. mitgetheilten Materialien sprechen jedoch für das Gegentheil. Es ergiebt sich daraus, daß die Redaktoren lediglich die Verhinderung von Verpfändungen der Grundstücke zum Vortheil anderer Gläubiger und zum Nachtheil der Kinder bezweckt haben, und nicht eine absolute Sicherstellung. Dieser Zweck ist aber nur zu erreichen, so lange der Vater die Grundstücke besitzt; mit deren Verkauf fällt er fort. In letzterem Falle haben die Kinder eine ihnen zur besonderen Sicherheit verschriebene Hypothekenforderung Ueber diese kann der Vater allerdings auch nicht frei verfügen, § 169 a. a. O. Allein bei Prüfung seines Antrages wegen Einwilligung in die Löschung der Hypothek wird das vormundschaftliche Gericht nur nach denselben Grundsätzen urtheilen dürfen, wie in anderen Fällen des §. 169 cit. Es ergiebt sich daraus einerseits, daß das Gericht den Antrag nicht bloß aus dem Grunde zurückweisen kann, weil die Eintragung in Folge der Wiederverheirathung gemäß §. 187 a. a. O erfolgt sei, und andererseits, daß die Thatsache des Verkaufs des verpfändeten Grundstückes allein zur Begründung des Antrages auf Consensertheilung nicht hinreicht. Vergl. Koch Commentar zu A.L.R. zu § 187 Thl. II. Tit. 2; desselben Privatrecht, III. Aufl. Bd. 2 S. 632; Bornemann Syst. Bd. 5 S. 326. 327; sowie die (zunächst auf das Surplus Reservat, Anh. §. 79 gerichtete) Ausf. v. Arndts (J. R.) Jur. W. 1844 S. 747.

Nach dem Rescr. vom 25. September 1809 soll der Vater eine ohne Verpflichtung bestellte Kaution widerrufen können (Mathis Bd. 10 S. 330; Rabe Bd. 10 S. 156—159); Bornemann Syst Bd. 5 S. 325. Durch die Bestellung der Kaution haben aber die Kinder dem Vater gegenüber bestimmte Rechte erlangt, die dieser nicht einseitig aufheben kann, §§. 28. 29 d. T. Auf seine Rechtsunkunde bei Bestellung der Kaution kann sich der Vater nicht berufen, Einl. z. A.L.R. §. 12. Daher ist das obige Rescript nicht richtig. Es widerstreitet den Grundsätzen über Verträge. Für diese Ansicht vergl. Ges.-Rev. (a. a. O. S. 103) und Koch Privatrecht III. Aufl. Bd. 2 S. 632. Dagegen steht dem Vater das Recht zu, die auf seinen Grundstücken eingetragenen, den Kindern vererbten Illaten der Mutter einseitig löschen zu lassen, weil sie nicht den Kindern zur besonderen Sicherheit verschrieben sind, § 169 a. a. O. — Bornemann a. a. O. Ist aber ein Fall der gesetzlichen Nothwendigkeit der Sicherstellung eingetreten, so gelten die obigen Grundsätze, Ges.-Rev. a. a. O. S. 99. 100. —

Die Verpflichtung des Vaters zur Sicherstellung bei der Wiederverheirathung tritt nur dann ein, wenn die vorige Ehe durch den Tod getrennt war, oder wenn im Falle einer Ehescheidung keine Vormundschaft eingeleitet worden ist, Anh. §. 153 (zu §§. 33—35 d. T); Ges.-Rev a. a. O. Mot. z. §. 13. 14 II., 1 d. E. S. 35); Bornemann Syst. Bd. 5 S. 38 Note. —

293) §§. 199. 200 Thl. II. Tit. 2 A L.R. — Subsidiär sind auch diejenigen zur Anzeige verpflichtet, welche dem Vater eines der sub b. gedachten Aemter übertragen. §§. 197. 198 a. a. O. — Die Mutter und die nächsten Erbberechtigten sind zu der Anzeige befugt, aber nicht verpflichtet; §. 193 a. a. O.; Ges.-Rev. a. a. O. Mot. zu §. 140 II., 2 d. E. S. 104—106. —

294) § 191 a. a. O. Derselbe ist nicht nochmals zu verpflichten. —

295) §. 192 a. a. O.

296) §. 483 d. T.

3) Der Vater muß sich mit seinen minderjährigen Kindern auseinandersetzen:[297])

a. wenn ein Fall der Sicherheitsbestellung eintritt.[298]) Kann oder will er in den Fällen zu 2 a. b. keine Sicherheit leisten, so geht die Vermögensverwaltung überhaupt an einen zu bestellenden Kurator über, wovon jedoch eine Ausnahme in dem Falle eintritt, wo der Vater sonst die Bedienung nicht erlangen oder erhalten, aber ohne dieselbe zur Unterhaltung und Erziehung der Kinder außer Stande sein würde. In diesem Ausnahmefalle muß er dem vormundschaftlichen Gerichte bei Verlust der Verwaltung alljährlich ein Attest über den richtigen Befund der Kasse und Rechnung vorlegen;[299])

b. wenn der Vater zur anderweiten Ehe schreitet.[300]) Eine Wiederverheirathung ohne vorgängige Auseinandersetzung mit den Kindern aus der vorigen Ehe oder Einholung der Erlaubniß des vormundschaftlichen Gerichts[301]) macht den Vater der Verwaltung und des Nießbrauchs, des letzteren jedoch nur insofern verlustig, als die Einkünfte nach dem Ermessen des vormundschaftlichen Gerichts nicht zum Unterhalte der in seiner Pflege befindlichen Kinder erforderlich sind;[302])

c. wenn der Vater die Verwaltung verliert, was außer den unter 1. und 2. gedachten Fällen auch dann geschieht, wenn er in Konkurs verfällt, oder sonst außer Stande kommt, die Kinder standesmäßig zu verpflegen und zu erziehen.[303])

---

297) Für Westphalen cfr. §. 14 Ges. vom 16. April 1860 (G.-S. S. 169).

298) §. 36 d. T.

299) §§. 182—185 Thl. II., Tit. 2 A.L.R. — Das Rescr. vom 9. März 1801 (R. A. Bd. 2 S. 65; Rabe Bd. 6 S. 470), welches verordnete, daß in jedem einzelnen Falle angefragt werde, wenn einem Vater die Sicherstellung auf Grund des §. 183 erlassen werden solle, ist durch das Rescr. vom 2. Jan. 1821 (Jahrb. Bd. 17. S. 28; Gräff Bd. 1 S. 160) für ungültig erklärt. Cfr. Erg. a. a. O. S. 301. —

300) §. 35 d. T.

301) §§. 1002. 18 Thl. II. Tit. 1 A.L.R. Es hängt von dem Ermessen des Gerichts ab, ob dasselbe die Erlaubniß zur Wiederverheirathung schon vor, während oder erst nach der Auseinandersetzung ertheilen will. Ges.-Rev. Pens XV., Mot. zu §§. 13. 14 II., 1 d. E. S. 34; Bornemann a. a. O. S. 38. Note a. E.

302) Wegen der sonstigen Folgen vergl. §§. 1003—1005. —

303) §§. 206. 208. 209 Thl. II. Tit 2 A.L.R. Es ist Zweifel entstanden, ob der Nießbrauch des Vaters in diesen Fällen mit dem Vorhandensein der Thatsachen von selbst aufhöre, oder ob es einer besonderen Entziehung bedürfe, und ob demnach, wenn Gläubiger des Vaters auf die Revenüen Arrest gelegt haben, die Kinder gegen die Gläubiger auf Aufhebung des Arrestes klagen können, oder ob sie zunächst mit dem Vater die Frage wegen Beendigung des Nießbrauchs ausmachen müssen. In einem konkreten Falle ist in judicando das Letztere angenommen worden (vergl. Erg. Bd. 3 S. 312; Jur. W. 1842 S. 581. 582). Nach den vom Ges.-Rev (Pens. XV., Mot. z §§. 144—149 II., 2 d. E. S. 110. 111) mitgetheilten Materialien ist dieses jedoch bedenklich. Danach führt Suarez aus, daß in der in Rede stehenden Beziehung in Betreff des Kindervermögens dieselben Grundsätze maßgebend seien, wie bei dem Eingebrachten der Ehefrau, und fährt dann fort:

> „Wenn aber alsdann (nach Bestreitung der Erziehungs- und Verpflegungskosten) von den Revenüen etwas übrig bleibt, so ist zwar unbedenklich, daß dann der Vater, wenn er sich selbst zu ernähren außer Stande ist, unterstützt werden müsse. Ob aber außerdem der Ueberschuß den Kindern bleibe, oder dem Vater modo seinen Creditoren zu verabfolgen sei, möchte zweifelhaft

Zum Zwecke der Auseinandersetzung ist den minderjährigen Kindern ein Kurator zu bestellen,[304]) welcher dafür zu sorgen hat, daß das Vermögen derselben vollständig ausgemittelt, gegen Verdunkelungen bewahrt und betreffenden Falles gehörig sicher gestellt werde.[305]) Derselbe hat auch bei der ferneren Verwaltung des ausgemittelten Vermögens seiner Kuranden durch den Vater das Interesse derselben wahrzunehmen, wenn die einmal bestellte Sicherheit schlechter wird, wenn eine Veränderung damit vorgenommen werden soll, wenn der Vater bei seiner Verwaltung die gesetzlichen Schranken überschreitet, oder wenn ein Fall der nothwendigen Sicherheitsbestellung eintritt.[306]) Wegen unterlassener Befolgung dieser Vorschriften

---

scheinen. Ich würde aber das erste annehmen, weil doch im Grunde die creditores gar kein Recht auf das Vermögen der Kinder haben, und die ratio, warum dem Vater der usus fructus beigelegt ist, in casu substracto hinwegfällt."

Cfr. auch Koch: Commentar. Anm. 43 zu §. 204 II., 2.

In dem Präj Nr. 1730 vom 23. April 1846 (Präj.-Samml. S. 166) hat das Ob.-Trib. angenommen, daß der Verlust des Nießbrauchs an dem nicht freien Vermögen der Kinder außer dem Falle des Konkurses den Vater alsdann nicht trifft wenn die Kinder aus den Einkünften ihres gedachten eigenen Vermögens standesgemäß verpflegt und erzogen werden können.

304) Der s. g. Theilungs-Curator, §§. 34. 970 ff. d. T. — Ueber dessen Stellung, wenn er zugleich die Vermögensverwaltung hat, vergl. unten in dem Abschnitte über Kuratoren. —

305) §§ 970—972 d. T. „Der Verwaltung sich zu unterziehen, ist er weder befugt, noch schuldig; sondern diese verbleibt unter den gesetzlichen Einschränkungen dem Vater." §. 971.

306) §§. 973. 974 d. T. Demnach erreicht das Amt des Theilungs-Kurators nach beendigter Auseinandersetzung und bewirkter Sicherstellung noch nicht seine Endschaft, dauert vielmehr bis zur Majorennität der Kinder, oder Aufhebung der väterlichen Gewalt fort. Da jedoch die eigentliche Thätigkeit des Kurators und des vormundschaftlichen Gerichts mit der Beendigung der Auseinandersetzung und der bewirkten Sicherstellung aufhört, und das fernere Einschreiten derselben von Umständen abhängt, deren Eintritt nicht gewiß ist, so sind die Curatelacten nach Beendigung der Auseinandersetzung und Sicherstellung zu reponiren, und nur betreffenden Falles zu reassumiren. Vergl. Rescr. vom 22. Juni 1835 (abgedruckt in den Erg. Bd. 6 S. 851. 852). Sie sind auch erst 10 Jahre nach der Majorennität des jüngsten Kuranden zu kassiren; Cirk.-Rescr. vom 24. Juni 1848 III. Nr. 4 (J.M.Bl. 224). Der Kurator ist daher auch nicht zu einer jährlichen Berichterstattung verpflichtet; Ges.-Rev (Pens. VII., Mot. ad h. t. S. 278). Dagegen nimmt der Ges.-Rev. a. a. O an, daß der Theilungs-Curator Decharge verlangen könne. Allein da derselbe mit einer Vermögensverwaltung in keiner Weise befaßt ist, so fehlt es an jeder Voraussetzung einer Decharge. Die bloße Theilungs-Curatel ist eine solche, deren Natur das Erforderniß für eine Decharge ausschließt. §. 956 d. T. Vergl. hierfür Rescr. vom 17. März 1844 (J.M.Bl. 1844 S. 82); das Rescr. v. 22. Juni 1835 (Erg. a. a. O.) u. Rescr. v. 16. Juni 1834 (Jahrb. Bd. 43 S. 460; Gräff. Bd. 8 S. 161; Erg. a. a. O.). —

Der Ges.-Rev. (a. a. O.) folgert aus dem Fortbestehen der Theilungs-Curatel die Nothwendigkeit der Ernennung eines neuen Kurators für den Fall des Abganges des bisherigen und bezieht sich dafür auf ein Rescript vom 29. Mai 1826. —

Nach Ausmittelung und Sicherstellung des Kindervermögens hat der Kurator nur noch in den im Texte angegebenen Fällen für die Sicherheit zu sorgen; er ist aber nicht befugt, in anderen Beziehungen die Kinder dem Vater oder Dritten gegenüber zu vertreten, vielmehr bedarf es zu einer solchen Vertretung eines besonderen Kurators. Deshalb können minorenne Kinder bei der Subhastation des ihrem Vater gehörigen Grundstücks, auf welchem für sie ein Kapital eingetragen steht, durch den ihnen bei der Auseinandersetzung mit dem Vater bestellten Kurator gültiger Weise nicht vertreten werden,

haftet er jedoch nur dann, wenn ihm die betreffenden Umstände bekannt, oder aus grober Fahrlässigkeit unbekannt gewesen sind.[307])

Mit dem Aufhören der väterlichen Gewalt, oder so lange als dieselbe ruht, fällt die Verwaltung des Vaters fort und tritt bezüglich der minderjährigen Kinder eine ordentliche Vormundschaft ein.[308]) Doch verbleiben dem Vater in Betreff einer mit seiner freiwillig ertheilten oder richterlich ergänzten Einwilligung verheiratheten minderjährigen Tochter alle Rechte und Pflichten eines Vormundes. —[309])

§. 52. γ. Adoptivkinder u. s. w.

Das Vermögen der minderjährigen Kinder aus einer Ehe zur linken Hand verwaltet der Vater mit den Rechten und Pflichten eines

---

Erk. des Ob.-Trib. vom 19. November 1852 (Entsch. Bd. 24 S. 147; Strieth. Arch. Bd. 7 S. 241); selbst dann ist diese Vertretung nicht zulässig, wenn dem Kurator in seinem Curatorium ohne nähere Bestimmung zur Pflicht gemacht war, erforderlichen Falls sich auch der Verwaltung des Vermögens zu unterziehen und für dessen Sicherheit zu sorgen. Erk. des Ob.-Trib. vom 7. Januar 1857 (Strieth. Arch. Bd. 23 S. 208). Bei der Subhastation eines fremden Grundstücks, auf dem Kapitalien der Kinder eingetragen sind, ist der Vater zur Wahrnehmung der Rechte seiner Kinder befugt, und es bedarf der Zuziehung des Theilungs-Kurators nicht. Erk. des Ob.-Trib. vom 31. November 1851 (Strieth. Arch. Bd. 4 S. 101). — Ueber den Verbleib der reponirten Curatelacten und der Dokumente vergl. oben zu §. 15.

307) §. 975 d. T. — In einem solchen Falle ist dem Kinde ein Special-Kurator zur Geltendmachung des Regresses zu bestellen. Koch: Comm. Anm. 8 zu §. 975 d. T.

308) §§. 263 ff. Thl. II. Tit. 2 A.L.R. §§. 8. 9 983 d. T.

309) §. 229 Thl. II. Tit. 2 A.L.R.; §§. 2. 9 d. T. — Dieses ist jedoch keine eigentliche Vormundschaft. Nach § 2 d. T. wird eine Vormundschaft über minderjährige Kinder, deren Vater lebt, nur eingeleitet, wenn dieselben nicht unter väterlicher Gewalt und Aufsicht sind, oder die väterliche Vorsorge ihnen nicht zu Statten kommen kann. Demgemäß verordnet §. 9 d. T. die Einleitung der Vormundschaft nur für die Fälle §§. 255 ff. Thl. II. Tit. 2 A.L.R. Die Verheirathung einer minderjährigen Tochter, deren Vater lebt, ist folgerichtig nicht als Grund zur Einleitung einer Vormundschaft aufgestellt, weil ein solches Kind unter der Aufsicht des Vaters steht. Diese Aufsicht gebührt dem Vater vermöge seines natürlichen Verhältnisses zu dem Kinde. Daraus ergiebt sich, daß derselbe nicht überhaupt einem Vormunde gleich zu achten ist. Dieses folgt namentlich auch daraus, daß der §. 229 cit. nur auf den 8. Absch. d. T. verweist, nicht aber auf den 7., in welchem die Rechte und Pflichten des Vormundes bezüglich des Vermögens des Pflegebefohlenen abgehandelt werden. Das Allegat des 8. Abschnitts spricht deutlich für die Annahme, daß §. 229 cit. nur ausdrücken soll, daß dem Vater in seinem Verhältnisse zum Ehemanne alle die Rechte und Pflichten gebühren, welche nach §§. 736 ff. d. T. dem Vormunde beigelegt sind. Hieraus ergiebt sich:

a) daß es einer Verpflichtung des Vaters nicht bedarf. Koch: Commentar Anm. 2 zu §. 2 d. T.;

b) daß die Vorschrift des § 229 (auch wenn der Mann verstorben ist) die Einholung der Genehmigung des vormundschaftlichen Gerichts zu den das Vermögen der Tochter betreffenden Rechtsgeschäften nicht weiter erforderlich macht, als solche bei Kindern unter väterlicher Gewalt erforderlich ist. Erk. des Ob.-Trib. vom 12. Februar 1848 (Entsch. Bd. 5 S. 511). Vergl. das Rescript vom 10. Juli 1813 (J.M.Bl. S. 181).

Indessen ist die väterliche Gewalt als solche durch die Verheirathung aufgehoben, §. 228 a. a. O., und tritt auch dann nicht wieder ein, wenn die Ehe noch während der Minderjährigkeit der Tochter geschieden wird, Bornemann Syst. Bd. 5 S. 344.

Vormundes.[310]) Der Adoptivvater,[311]) der in Einkindschaft lebende Stiefvater[312]) und der Pflegevater[313]) haben an dem Vermögen der minderjährigen Kinder unter Lebenden keine Rechte, sofern nicht durch obervormundschaftlich genehmigte Verträge etwas anderes bestimmt ist. Die Ehescheidung ist an sich auf die Vermögens-Verwaltung nicht von Einfluß.[314])

§. 53. δ. Ehefrauen.

Die Verwaltung des Ehemannes an dem eingebrachten Vermögen seiner Ehefrau, an dem Erbschatze und, im Falle der Gütergemeinschaft, an dem gemeinschaftlichen Vermögen, ist der obervormundschaftlichen Aufsicht nicht unterworfen, wenn die Ehefrau großjährig ist.[315]) Ebenso verhält es sich mit der Verwaltung des vorbehaltenen Vermögens durch die großjährige Ehefrau.[316]) Bei bestehender Gütergemeinschaft hat jedoch die Ehefrau gegen die Dispositonen des Mannes über Theile des gemeinschaftlichen Vermögens ein Widerspruchsrecht. Wenn sie dem Dritten gegenüber, mit welchem der Mann kontrahiren will, davon Gebrauch macht, so muß zunächst abgewartet werden, ob das vormundschaftliche Gericht auf desfallsiges Anrufen des Mannes ihre Einwilligung ergänzt.[317])

Auch wenn die Frau unter Vormundschaft steht, gebührt in der Regel dem Ehemann die Verwaltung des Eingebrachten und des Erbschatzes; die Substanz bleibt jedoch der Aufsicht des Vormundes und des vormundschaftlichen Gerichts unterworfen.[318]) Baare Gelder und Kapitalien können ihm nur gegen hinlängliche, mit Grundstücken oder gerichtlich eingetragenen Aktivforderungen bestellte Sicherheit in die Hände gegeben werden. Geschieht dieses, so erstreckt sich fernerhin die vormund-

---

310) §§. 566—569 Thl. II. Tit. 2 A.L.R. Auch hier bedarf es keiner Verpflichtung. Dagegen wird gegen Koch (Comm. zum A.L.R. Anm. 5 zu §. 568) anzunehmen sein, daß der Vater der obervormundschaftlichen Aufsicht und Leitung unterworfen ist, weil ihm nach §. 561 a. a. O. bezüglich des Vermögens der Kinder die Rechte der väterlichen Gewalt nicht gebühren, es also an bestimmten Normen für die Verwaltung fehlen würde, wenn nicht der Vater gemäß §. 568 cit. als Vormund anzusehen wäre. Dafür spricht auch §. 569 cit.

311) §§. 693—706 a. a. O. —

312) §§. 731. 733 a. a. O. —

313) §§. 759. 760 a. a. O. —

314) Anh. §. 153 z. A.L.R. §. 33 d. T. —

315) §§. 231. 247. 287. 377. 380. 548 Thl. II. Tit. 1 A.L.R.

316) §§. 221—230 a. a. O.

317) §§. 387. 388 Thl. II. Tit. 1 A.L.R. In Westphalen hat nach dem Gesetz v. 16. April 1860 (G.S. S. 165), wo dieses gilt, der Ehemann über das gemeinschaftliche Vermögen die freie Disposition, ausgenommen bei unentgeltlichen Verfügungen in Betreff der Immobilien, eines aliquoten Theils oder des ganzen Vermögens, und in Betreff solcher Mobilien, bei denen er sich den Nießbrauch vorbehält.

318) §. 742 d. T. — cfr oben Anm. 265, §. 50. — Im Röm. Recht ist für die Dauer der Ehe der Mann Eigenthümer der dos, l. 7. 13 §. 2 D. de fundo dot. XXIII., 5; l. 47 §. 6 D. de pecul. XV., 1; l. 25. D. de act. rer. amot. XXV., 2 l. 7 pr. 10 §. 3. D. de jur dot. XXIII, 3; l. 20. C. eod. V., 12. In der Veräußerungsbefugniß ist der Mann nur in Betreff der Grundstücke beschränkt, l. 3 C. de jure dot. V., 12; l. 61 §. 1 D. eod XXIII., 3. Vergl. unten Anm. 433, §. 65.

schaftliche Obsorge nur auf die Conservirung der Sicherheit.[319]) Unter Umständen kann die Substanz des Mündelvermögens zum Besten des Mannes angegriffen werden, nemlich

1) wenn derselbe bei einer Kassenbedienung nicht anders, als durch Bestellung einer Kaution aus dem Vermögen der Pflegebefohlenen erhalten werden kann, oder wenn er sich auf Kassen- und Rechnungssachen verlegt und keinen anderen Weg hat zur Beschaffung des standesmäßigen Unterhalts für sich und seine Familie. In diesen Fällen kann der Vormund mit Rücksicht auf die persönlichen Eigenschaften des Mannes und mit Genehmigung des vormundschaftlichen Gerichts die Kaution, jedoch nur in einer bestimmten Summe und mit möglichst kurzer Kündigungsfrist, aus dem Vermögen der Pflegebefohlenen bestellen.[320]) Der Vormund hat dann den Mann und dessen Verhältnisse genau zu überwachen, sich jährlich, spätestens innerhalb sechs Wochen nach Ablauf des Kassenjahres, durch Vorzeigung der Quittung die Ablegung der Rechnung nachweisen zu lassen, dem vormundschaftlichen Gerichte von Zeit zu Zeit Bericht zu erstatten und im Falle erheblicher Besorgnisse unter Anleitung des Gerichts, durch Kündigung der Kaution oder Anordnung sonstiger geeigneter Maßregeln, die den Pflegebefohlenen drohende Gefahr nach Möglichkeit abzuwenden;[321])

2) wenn der Mann durch unverschuldete Unglücksfälle in Abnahme seiner Nahrung oder sonst in Verlegenheit gerathen ist, so kann die Substanz des Vermögens der Pflegebefohlenen zu seiner Unterstützung so weit verwendet werden, als es nothwendig ist, ihn zu seiner und seiner Familie Ernährung in Stand zu setzen oder zu erhalten. Gelangt er jedoch wieder in bessere Umstände, so muß der Vormund und das vormundschaftliche Gericht für die Ergänzung des Kapitalvermögens der Pflegebefohlenen nach Möglichkeit sorgen.[322])

Ist der Ehemann ein in gutem Rufe stehender Kaufmann, so können ihm auf sein Verlangen, sofern der Vormund und der diesem allenfalls beizugebende sachverständige Assistent aus der vorzulegenden Balance und den Büchern des Ehemannes kein Bedenken schöpfen, die Gelder und Kapitalien der Pflegebefohlenen auch ohne besondere Sicherheitsbestellung verabfolgt werden.[323]) Der Ehemann muß während der Vormundschaft

---

319) §§. 750—752 d. T. —

320) §§. 753—757 d. T. — cfr. §. 483 d. T. Die obervormundschaftliche Genehmigung ist zur Gültigkeit erforderlich, weil vorausgesetzt ist, daß der Mann selbst keine Sicherheit gewähren kann; §§ 467—469 d. T. —

321) §§ 758—761 d. T. —

322) §§. 762. 763 d. T. —

323) §§. 764—767 d. T. — Da kein Unterschied zwischen dem vor und während der Ehe erworbenen Vermögen gemacht ist, so kann das Vermögen der Pflegebefohlenen schon bei der Verlobung als Brautschatz versichert und nach der Verheirathung ohne Sicherstellung ausgeantwortet werden. Dabei sind jedoch die Vorschriften der §§. 764 ff. d. T. zu beobachten. Rescr. vom 1. März 1814. (Jahrb. Bd. 4 S. 7; Gräff Bd. 1 S. 295.) —

Es ist fraglich geworden, ob §. 764 mit §. 767 in Widerspruch stehe, weil der Ehemann nach ersterem Paragraphen die Gelder und Kapitalien verlangen könne, während nach §. 767 die Bewilligung von dem Ermessen des vormundschaftlichen Gerichts abhängt. Nach dem Zusammenhange kann indessen kein Zweifel sein, daß der §. 764 nur aus-

zu dem jährlichen Abschlusse und zur Aufstellung der Balance den Vormund und dessen Assistenten zuziehen. Die letztere muß versiegelt beim vormundschaftlichen Gerichte niedergelegt werden. Der Vormund kann, so oft er es nöthig findet, die Vorlegung der Bücher verlangen, und hat, sobald sich eine Gefahr zeigt, dem Gerichte Anzeige zu machen und unter Direktion desselben die erforderlichen Vorkehrungen zu treffen. Will der Mann mit dem Vermögen der Frau erst eine Handlung anfangen, so kann er dessen Ausantwortung nur gegen vollständige Sicherheitsbestellung fordern.[324])

b. Bewegliche Sachen.[325])

§. 54.

Das vormundschaftliche Gericht hat auf den Vorschlag des Vormundes darüber zu befinden, ob und was von den vorhandenen Mobilien verkauft, aufbewahrt oder dem Pflegebefohlenen zum eigenen Gebrauche überlassen werden soll. Hierbei sind vorzugsweise die etwa vorhandenen darauf bezüglichen Verordnungen des Erblassers des Pflegebefohlenen maßgebend.[326]) Der Verkauf muß erfolgen:

a. bei Sachen, die ohne Nachtheil für die Substanz nicht aufbehalten werden können, oder die durch längere Aufbewahrung an ihrem Werthe verlieren würden,

b. bei Sachen, die der Pflegebefohlene entweder gar nicht, oder doch in mehreren Jahren noch nicht würde gebrauchen können,[327])

c. bei Juwelen, Kostbarkeiten, Gold- und Silbergeschirr, und zwar auf den Antrag des Vormundes: α. wenn das Vermögen des Pflegebefohlenen mit Schulden belastet ist, die auf andere Art nicht getilgt werden können;[328]) β. wenn in solchen Kostbarkeiten ein beträchtliches Kapital steckt und vorauszusehen ist, daß der Pflegebefohlene entweder niemals, oder doch

---

drücken will, der Ehemann könne die Ausantwortung „beantragen". Vergl. Dr. Schütz (Jur. W. 1846 S. 153). —

324) §§. 768–773 d. T. — cfr. wegen der Sicherstellung §. 472 d. T. und §§ 188—193 Thl. I. Tit 14 A.L.R., vergl. auch unten Anm. 345, §. 54.

325) Der Ausdruck „Mobilien" ist in §§. 439 ff. d. T. nicht im Sinne des §. 18 Thl. I. Tit. 2 A.L.R., sondern für „Effekten" (§ 13 ibid.) gebraucht. —

326) §§. 439. 440 d. T. — Auch nach Röm. Recht hat der Vormund für die Erhaltung des Vermögens des Mündels zu sorgen, das Erforderliche wegen Aufbewahrung und Conservirung der Sachen anzuordnen, kostspielige oder dem Verderben ausgesetzte Sachen zu veräußern u. s. w. l. 22 §§ 3. 4. C. de adm. tut. vel cur. V., 37; l. 7 §. 1. D. de adm. et peric. XXVI., 7; l. 9 §. 5 eod. Jedoch darf der Vormund ohne obervormundschaftliche Genehmigung nichts veräußern, auch kann ihm ohne solche Genehmigung nicht gültig gezahlt werden. Davon sind nur ausgenommen: geringfügige, unbrauchbare oder zur Aufbewahrung nicht geeignete Sachen, Früchte, und die Einkünfte aus den letzten zwei Jahren. l. 1. D. de reb. eor. qui XXVII., 9 (oratio D. Severi); l. 3 §§. 4. 5. D. eod; l. 22. C. de adm. V., 37; l. 25. 27. C. eod.; l. 28 §. 5. C. eod. —

327) §. 441 d. T. —

328) §. 445 d. T.

innerhalb fünf Jahren noch nicht davon werde Gebrauch machen können,[329])
γ. wenn durch den Verkauf dem Pflegebefohlenen ein erheblicher Nutzen verschafft werden kann, jedoch nur mit obervormundschaftlicher Genehmigung.[330])

Der Verkauf muß durch Auktion erfolgen, und zwar bei den unter c. gedachten Gegenständen stets.[331]) Bei den übrigen findet der Zuschlag aus freier Hand auf den Antrag des Vormundes nach dem Ermessen des vormundschaftlichen Gerichts, jedoch nur auf Grund einer gerichtlichen Taxe statt:

a. an die Mutter oder einen majorennen Miterben, wenn dieselben vortheilhaftere Bedingungen stellen, als wahrscheinlicher Weise durch eine Auktion zu erreichen wären,

b. an Andere, wenn dieselben wenigstens die volle Taxe bieten, und, außer dem Vormunde, die am Orte befindlichen nächsten Verwandten, oder in Ermangelung der letzteren, solche Sachverständige, welche die Taxe nicht aufgenommen haben, den Verkauf aus freier Hand vortheilhaft finden.[332])

Juwelen, Kostbarkeiten, sowie Gold- und Silbergeschirr sind, so lange sie nicht verkauft werden, im Depositorio des vormundschaftlichen Gerichts, und allenfalls, wenn der Vormund auf den ganzen Betrag der gerichtlichen Taxe Kaution bestellt hat, von diesem unter dem Siegel des Gerichts zu verwahren. Jedoch können dem Pflegebefohlenen solche Stücke, wovon derselbe nach seinem Stande und Range Gebrauch machen kann, nach dem Gutachten des Vormundes und unter dessen besonderer Aufsicht verabfolgt werden.[333])

Die Verwaltung des Vaters an dem nicht freien beweglichen Vermögen seiner in väterlicher Gewalt befindlichen minderjährigen Kinder unterliegt der obervormundschaftlichen Aufsicht nur in derselben Art, wie die Verwaltung des Nießbrauchers der Aufsicht des Eigenthümers unterliegt.[334]) Dasselbe gilt von der durch den Ehemann geführten Verwaltung der beweglichen Illaten der unter Vormundschaft stehenden Ehefrau.[335])

---

329) §. 446 d. T. — Ob in den Juwelen ꝛc. ein beträchtliches Kapital steckt, wird nicht in abstracto, sondern für den konkreten Fall im Verhältnisse zu dem sonstigen Vermögen des Pflegebefohlenen zu beurtheilen sein. —

330) §. 554 d. T. Hier ist die obervormundschaftliche Genehmigung zur Gültigkeit der Veräußerung erforderlich, wie sich daraus ergiebt, daß dieser Fall der Veräußerung von Immobilien gleichgestellt ist. — Die Subhastation findet nicht mehr statt, §. 1 der Verordnung II. vom 4. März 1834.

331) §§ 441. 448 d T. —

332) §§ 442—444 d. T. — Die Taxe ist nach den Vorschriften Thl. II. Tit. 6 A.G.O. aufzunehmen. Rescr. v. 8. Februar 1840. (J.M.Bl. S. 71. 72.)

333) §§. 449—453 d. T. — Besonders ist dieses den weiblichen Pflegebefohlenen bei ihrer Verheirathung nicht leicht zu versagen. Dann liegt dem Ehemanne, gleich einem Vormunde, die Aufsicht über die Conservirung der Juwelen und Kostbarkeiten ob, selbst wenn dieselben zum vorbehaltenen Vermögen der Pflegebefohlenen gehören.

334) §§. 168. 170. 279 ff. Thl. II. Tit. 2 A.L.R. und §§. 173—175 Thl. I. Tit. 21 a. a. O. —

335) cfr. Anmerk. 265. — §§. 205. 231. 247 Thl. II. Tit. 2 A.L.R. und §. 742 d. T.

e. Baare Gelder und ausstehende Kapitalien.

§. 55. α. Der Bevormundeten.

Die bei Einleitung der Vormundschaft vorhandenen, oder während der Führung derselben eingehenden baaren Gelder müssen, bis sie untergebracht, oder sonst nützlich verwendet werden können, in gerichtlicher Verwahrung gehalten werden. Sofern dieselben nicht zu nothwendigen oder anderen nützlichen Ausgaben erforderlich sind, hat der Vormund für ihre sichere und nutzbare Unterbringung nach bestem Vermögen Sorge zu tragen.[336]) Für sich darf er die vorhandenen, oder während der Vormundschaft eingehenden Gelder nicht verwenden. Hat er es dennoch gethan, so kann er durch wechselmäßige Exekution zu deren Herausgabe an das Gericht gezwungen und von der Vormundschaft removirt werden, muß die genutzten Gelder auch mit 8 pro Cent verzinsen. Weiß er eine geeignete Gelegenheit zur Unterbringung vorhandener oder eingegangener Mündelgelder und zeigt sie dem Gerichte nicht an, so haftet er für den Ausfall an den Zinsen.[337])

Die Unterbringung soll in der Regel durch Ankauf öffentlicher, depositalmäßige Sicherheit gewährender Geldpapiere,[338]) oder durch Ausleihung

---

336) §§. 454. 466 d. T. —

337) §§. 485. 486. 925. 548 d. T. Vergl. Ges.-Rev. Pens. VII. S. 195. — Im Röm. Recht war ihm zur Unterbringung der Mündelgelder das s. g. laxamentum temporis gewährt, welches für die bei Uebernahme der Vormundschaft schon vorhandenen Gelder 6 Monate, für die erst später eingehenden Gelder 2 Monate betrug, l. 15. 7 §. 11. D. de adm. et per. XXVI., 7. Die Gelder mußten zum Ankauf von Grundstücken oder gegen Sicherheit verzinslich angelegt werden, l. 3 §. 2, l. 5 pr. l. 7. §. 3 D. eod.; l. 24. C. de adm. V., 37. Nach Ablauf des laxam. temp. mußte der Vormund landesübliche Zinsen zahlen, wenn er nicht die Unmöglichkeit der sicheren Unterbringung nachwies; die höchsten (12 Procent) Zinsen aber, wenn er das Geld für sich genutzt hatte, l. 15. 7 §. 11. D. eod.; l. 7 §§. 10. 12. D. eod.; l. 1. C. de usur. pup. V., 56.

338) Nur inländische Papiere (Rescr. v. 24. April 1833. Jahrb. Bd. 41 S. 435) sind dazu geeignet, und zwar nur folgende:

a. Pfandbriefe, Anh. §. 158 zu §. 454 d. T., entnommen dem Rescript vom 4. März 1799 (Stengel Bd. 8 S. 241; Rabe Bd. 5 S. 353);
b. Staatsschuldscheine, K. O. v. 3. Mai 1821 (G.S. S. 46);
c. konvertirte Pfandbriefe, die Obligationen der preußisch-englischen Anleihe vom Jahre 1830 und die Kur- und Neumärkischen Obligationen, K.-O. vom 27. Mai 1838 (G.S. S. 280);
d. die Obligationen über vom Staate übernommene provinzielle Staatsschulden, K.-O. v. 16. Septbr. 1842 (G.S. S. 249);
e. diejenigen Eisenbahnaktien und Eisenbahnobligationen, für welche bis zur Rückzahlung der darin angelegten Capitalien die Zinsen vom Staate unbedingt garantirt worden sind oder künftig garantirt werden. Beträgt jedoch der vom Staate garantirte Zinsatz weniger als 3½ Procent, so darf die Anlegung nur mit Genehmigung der dem Vormundschaftsgerichte vorgesetzten Behörde erfolgen, K. O. v. 22. Dezbr. 1843 (G.S. 1844 S. 45);
f. die Schuldverschreibungen der zur Deckung des außerordentlichen Geldbedarfs der Militairverwaltung für das Jahr 1850 aufgenommenen Staatsanleihe, Allerh. Erlaß vom 23. Septbr. 1850 (G.S. S. 412);
g. die Schuldverschreibungen der zur Bestreitung des Baues der Ostbahn, der Westphälischen und der Saarbrücker Eisenbahn aufgenommenen Staatsanleihe,

geschehen. Die letztere erfolgt entweder aus dem Generaldepositorio, oder auf den Namen des Pflegebefohlenen. Im ersteren Falle sind lediglich die Vorschriften der Depositalordnung und der dieselben ergänzenden oder ab-

---

Allerh. Erlaß vom 20. Dezbr. 1851 (G.S. von 1852 S. 34), und Allerh. Erlaß vom 9. Septbr. 1854 (G.S. S. 539);

h. die Obligationen der freiwilligen Staatsanleihe des Jahres 1848, Allerh. Erlaß vom 14. Juni 1848 (G.S. S. 156);

i. die Rentenbriefe, §. 37 d. Ges. über die Einrichtung von Rentenbanken vom 2. März 1850 (G.S. S. 119);

k. die Schuldverschreibungen der Staatsanleihe von 1854, Allerh. Erlaß vom 9. Septbr. 1854 (G.S. S. 539), und Allerh. Erlaß vom 15. Januar 1855 (G.S. S. 67);

l. die Stammaktien der Niederschlesisch-Märkischen und der Münster-Hammer Eisenbahn, Allerh. Erlaß v. 22. Oktbr. 1855 (G.S. S. 683);

m. die Staatsschuldverschreibungen über 16,598,000 Thlr. aus dem Gesetze vom 7. Mai 1856, Allerh. Erlaß v. 17. Novbr. 1856 (G.S. S. 993);

n. die Schuldverschreibungen der nach dem Erlasse vom 22. Oktbr. 1855 in Gemäßheit des Ges. v. 21. Mai 1855 aufgenommenen Staatsanleihe, Allerh. Erlaß v. 21. Januar 1857 (G.S. S. 63);

o. die Schuldverschreibungen der Staatsanleihe von 1859 im Betrage von 30,000,000 Thlr., Allerh. Erlaß v. 28. Mai 1859 (G.S. S. 279);

p. die Schuldverschreibungen der Tilgungskasse zur Erleichterung der Ablösung der Reallasten in den Kreisen Paderborn, Büren, Warburg und Höxter, §. 10 des Reglements vom 8. August 1836 (G.S. S. 238) und Rescript vom 27. November 1836 (Jahrb. Bd. 48 S. 496, Gräff Bd. 11 S. 57);

q. die Schuldverschreibungen der gleichnamigen Tilgungskasse für die Kreise Mühlhausen, Heiligenstadt und Worbis, §§. 10. 11 des durch K.-O. vom 18. April 1845 (G.S. S. 410) bestätigten Reglements vom 9. April 1845 (G.S. S. 414);

r. die schlesischen Pfandbriefe B., §. 13 Verordn. v. 8. Juni 1835 (G.S. S. 101).

Nicht geeignet sind namentlich auch Seehandlungsobligationen, K.-O. v. 16. Dezbr. 1805 und Rescr. v. 8. Febr. 1806 (Erg. II. Ausg. Bd 10 S. 461).

Kleine Depositalmassen, welche sich weder bei der Bank noch auf Pfandbriefe oder Privathypotheken zinsbar belegen lassen, können bei städtischen Sparkassen untergebracht werden, sofern deren Statut nach Maßgabe des Reglements vom 12 Dezember 1838 (GS. pro 1839 S. 5) von dem betreffenden Oberpräsidenten bestätigt worden ist. K.-O. vom 20. März 1827, Rescr. vom 3. Mai 1827, K.-O. vom 4. Mai 1839, mitgetheilt durch Rescr. v. 10. Mai 1839 (cfr. Erg. a. a. O. S. 461 ff. und J.M.Bl. pro 1839 S. 179).

Auch der Berliner Rentenversicherungs-Anstalt können die Kuranden mit einem verhältnißmäßigen Theile ihres Vermögens associirt werden. Rescr. vom 25. Mai 1840 (J.M.Bl. S. 194).

Sobald Depositalgelder eingehen, sind die Vormünder zu der bestimmten Erklärung aufzufordern, ob sie deren Anlegung bei der Bank, oder durch Ankauf von Staatsschuldverschreibungen verlangen. Rescr. v. 1. Novbr. 1832. (Jur. Zeit p. 1832 S. 1230).

Ueber die Ausloosung der Staatsschuldverschreibungen hat hauptsächlich der Vormund zu wachen. Hat aber das Gericht selbst ein Mündelkapital in solchen Papieren untergebracht und dem Vormunde die Nummer der erworbenen Verschreibung nicht mitgetheilt, demselben vielmehr eröffnet, daß die Zinsen von Gerichtswegen eingezogen werden würden, so ist nicht der Vormund, sondern das Gericht für die rechtzeitige Realisation der im Depositorium befindlichen Verschreibungen verantwortlich Von diesem Gesichtspunkte aus hat das Ob.-Trib. im Erk. v. 16. Juli 1860 (Strieth Arch. Bd. 39 S. 13) in einem solchen Falle für verlorene Zinsen den Depositalrendanten für vorzugsweise regreßpflichtig erachtet.

ändernden Gesetze maßgebend.[339]) Im letzteren Falle erfolgt die Ausleihung, jedoch nur gegen gehörige Sicherheit,[340]) durch den Vormund.

Als genügende Sicherheit gelten Wechsel oder bloße Schuldverschreibungen niemals, und wenn der Vormund darauf ein Darlehn gegeben hat, so muß das vormundschaftliche Gericht, sobald es davon Kenntniß erlangt, die Wiedereinziehung verordnen.[341]) Der Vormund haftet für allen aus der gesetzwidrigen Ausleihung dem Pflegebefohlenen entstehenden Schaden.[342]) Auch gegen gerichtliche Sicherheit darf der Vormund, sofern er nicht für die Substanz des Vermögens seines Pflegebefohlenen vollständige Kaution geleistet hat,[343]) ohne Vorwissen und Genehmigung des vormundschaftlichen Gerichts, Mündelgelder nicht ausleihen.[344]) Bei Prüfung der Sicherheit hat er sowohl wie das vormundschaftliche Gericht die gewöhnliche Aufmerksamkeit eines vernünftigen Hausvaters zu vertreten.[345]) Die Ausleihung

---

339) §. 480 d. T.; §§. 207 ff. Tit. II. Dep.-Ord. (cfr. Erg. II. Ausg. Bd. 10 S. 513 ff. Verordn. v. 18. Juli 1849 (G.S. S. 295). —

340) §§. 466. 471 ff. d. T. —

341) Gegen welche der Schuldner, der wissentlich Pupillengelder an sich genommen hat, sich nicht durch den Einwand einer stipulirten Zahlungs- oder Kündigungsfrist schützen kann. §§. 467—469 d. T. Das vormundschaftliche Gericht darf solche Ausleihungen niemals genehmigen; hat es aber die Genehmigung ertheilt, so ist das Geschäft gültig, und Richter und Vormund sind regreßpflichtig.

342) §. 470 d. T. —

343) §. 479 d. T.

344) §. 471 d. T. „Der Vormund, der es unterläßt, zur Ausleihung der Mündelgelder auf Realsicherheit die Genehmigung des vormundschaftlichen Gerichts einzuholen, haftet zwar für alle nachtheiligen Folgen eines bei der Prüfung der Sicherheit begangenen geringen Versehens, nicht aber für den durch einen reinen Zufall herbeigeführten Schaden." Erk. d. Ob.-Trib. v. 18. Oktbr. 1842 (Entsch. Bd. 8 S. 378; Präj. Nr. 1209, Präj.-Samml. S. 222). Dieses kann auch nach §§. 280. 282 d. T., wonach nur der casus mixtus vom Vormunde zu vertreten ist, nicht wohl bezweifelt werden. Hier ist also die obervormundschaftliche Genehmigung nicht Bedingung der Gültigkeit des Darlehnsvertrages. —

345) Abgesehen von dem aus §. 188 Thl. I. Tit. 14 A.L.R. zu entnehmenden Anhalte, fehlt es an einer gesetzlichen Bestimmung der Grundsätze, nach welchen die Sicherheit zu prüfen ist. Der Grund hierfür ergiebt sich aus folgender, vom Ges.-Rev. (Pens. VII. S. 192) mitgetheilten Bemerkung von Suarez in der rev. mon.: „Verschiedene Monenten und selbst Herr v. Grolmann wollen hier durchaus nähere Bestimmungen zur Beurtheilung der Sicherheit haben, ich halte aber dieselben theils für unmöglich, theils für schädlich, oder doch unnütz. Will man strenge gehen, so bleiben die Pupillenkapitalien ungenützt liegen. Laxere Grundsätze im Gesetze förmlich zu etabliren, ist äußerst gefährlich. Man thut also besser, wenn man bei der allgemeinen Bestimmung der Paragraphen stehen bleibt; der Gedanke, daß sie culpam levem vertreten müssen, ist hinlänglich, Vormünder und Pupillencollegia im Zaume zu halten, daß sie nicht zu weit gehen. Oft aber sind die Umstände so, daß auch ein vorsichtiger Hausvater nicht Anstand nehmen würde, ein Darlehn über zwei Drittel des Werthes eines Grundstückes zu bewilligen. Für solche Fälle muß man den Pupillencollegiis nicht zu sehr die Hände binden." Die Ausführung ist an sich rationell. Die Praxis lehrt aber, daß die Monenten und Herr v. Grolmann Recht hatten, denn die Furcht vor Regressen hält die vormundschaftlichen Gerichte nur zu sehr im Zaume, und im Allgemeinen wird dadurch eben die von Suarez gefürchtete zu große Strenge herbeigeführt. Es werden in der Regel hauptsächlich die für Ausleihung der General-Depositalgelder gegebenen strengen Vorschriften zur Richtschnur genommen, weil die Collegien sich nur so mit Sicherheit gegen Regresse glauben schützen zu können. Der Anh. §. 160 wird nur in den seltensten Fällen praktisch zur Anwendung gebracht. — Wegen Ausleihung der General-Depositalgelder vergl. Erg.

soll nur gegen den bei dem Kapitalsverkehre auf Grundstücken in der Provinz gewöhnlichen Zinssatz geschehen,[346]) und wenn sie zu niedrigeren als $3\frac{1}{2}$ pro Cent Zinsen an Privatpersonen erfolgen soll, ist dazu die Genehmigung der dem Vormundschaftsgerichte vorgesetzten Behörde erforderlich.[347]) Eine bessere Sicherheit ist im zweifelhaften Falle einem höheren Zinssatze vorzuziehen.[348])

Auch das Erbtheil des Pflegebefohlenen, welches bei einem seiner Miterben stehen bleiben soll, muß ebenso sicher gestellt werden. Wenn jedoch Eltern mit ihren Kindern sich auseinandersetzen und das Vermögen derselben nicht herausgeben können, ohne dadurch zur Fortsetzung ihres Amtes oder zum ferneren Betriebe ihres Gewerbes auf dem bisherigen Fuße außer Stand gesetzt zu werden, so müssen der Vormund und das Gericht mit einer solchen Sicherheit, als die Eltern nach ihren Umständen aufzubringen vermögend sind, sich begnügen. Dasselbe gilt von majorennen Geschwistern, welche das väterliche Gewerbe übernehmen und die Minderjährigen in ihrer Pflege und Erziehung behalten.[349])

Dem Vormunde und den Mitgliedern des vormundschaftlichen Gerichts darf aus dem Vermögen des Pflegebefohlenen kein Darlehn gegeben werden. War aber der Vormund schon vorher Schuldner seines nachherigen Pflegebefohlenen, so kann ihm das Kapital auch ferner belassen werden, wenn die Schuld ohne Widerspruch anerkannt und, abgesehen von der etwa bestellten vormundschaftlichen Caution, hinreichend sicher gestellt ist oder wird. Je nach den Umständen ist dem Pflegebefohlenen wegen dieses Geschäfts ein besonderer Kurator zu bestellen.[350])

§. 56. Fortsetzung.

In Betreff der vorhandenen ausstehenden Kapitalien hat der Vormund die Sicherheit zu prüfen, und dem vormundschaftlichen Gerichte anzuzeigen, welche davon nach seinem Dafürhalten stehen bleiben und welche gekündigt werden sollen.[351]) Die Kündigung muß bei allen Forderungen erfolgen,

---

Bd. 10 zu §§. 207 ff. 331 ff. Dep.-Ordn. Tit. II., und speziell in Bezug auf städtische Grundstücke, vergl. Erg. Bd. 10 zu §. 46 Tit. I. Dep.-Ordn. —

Das Rescript vom 26. September 1842 (J.M.Bl. 1842 S. 315), wonach eine besondere Vorsicht bei Ausleihung von Geldern auf Erbpachts- und solche Grundstücke empfohlen ward, die einem Obereigenthümer unterworfen waren, hat nur noch einen geringen Werth, §. 2 Ges. v. 2. März 1850 (G.S. S. 77).

346) §. 489 d. T.

347) § 490 d. T. und Ges. vom 6. Nov. 1841 (G.S. S. 294). Ist nicht aufgehoben, vergl. § 14 Verord. vom 2. Januar 1849 (G.S. S. 1).

348) §. 491 d T.

349) §§ 481—484 d. T. — Nach einem Rescr. vom 2. Mai 1796 (Rabe Bd. 3 S. 337) soll dem Vater sogar ein angemessener Vorschuß aus dem Vermögen seiner Kinder bewilligt werden, wenn dieses das einzige Mittel ist, ihn zur Bezahlung seiner Schulden in den Stand zu setzen, und er ohne dieses Gefahr laufen würde, Amt und bürgerliche Ehre zu verlieren (Bankerut zu machen), und zu einer guten Erziehung der Kinder außer Stand gesetzt zu werden. §§. 183. 186 Thl. II. Tit. 2 A.L.R. und §. 753 d. T. (Erg. II Ausg. Bd. 6 S. 802 zu §. 490 d. T.). —

350) §§. 487. 488 d. T. cfr. auch §. 147 d. T., wonach der Schuldner dem Pflegebefohlenen nicht eher zum Vormunde bestellt werden kann, als bis die Schuld vollständig feststeht —

351) §. 455 d. T. — Wenn der Erblasser Capitalien auf Aktien solcher Institute

welche entweder nicht durch Pfand oder Hypothek gedeckt, oder von dem Erblasser des Pflegebefohlenen unzinsbar ausgeliehen worden sind. Hat aber der Erblasser schriftlich verordnet, daß dergleichen Kapitalien stehen bleiben sollen, so muß dem so lange Folge geleistet werden, als daraus nicht eine offenbare Unsicherheit für den Pflegebefohlenen entsteht. Der Vormund hat hierüber zu wachen und nachtheilige Umstände dem Gerichte mitzutheilen. Erhellt jedoch aus der Verordnung des Erblassers, daß nach seinem Willen das Kapital bei dem Schuldner so lange, bis sich dessen Vermögensumstände bessern, stehen bleiben soll, so hat es dabei sein Bewenden, sofern keine Pflichttheilsverletzung vorhanden ist. In allen Fällen muß jedoch die Einziehung erfolgen, sobald die unumgängliche Nothdurft des Pflegebefohlenen es erfordert.[352]) Auch bei solchen Kapitalien, welche erst während der Vormundschaft ausgeliehen sind, muß der Vormund auf die Wirthschaft des Schuldners und auf die mit dem Unterpfande sich ereignenden Veränderungen aufmerksam sein und bei bekannt werdender Verschlimmerung die Aufkündigung und Wiedereinziehung des Capitals betreiben.[353])

§. 57. Fortsetzung.

Bei dem ganzen oder theilweisen Verluste eines während der Vormundschaft ausgeliehenen Capitals haften der Vormund und das vormundschaftliche Gericht für mäßiges Versehen.[354]) Ist das Versehen gegen rechtliche Grundsätze begangen worden, so haftet das vormundschaftliche Gericht vorzüglich, wogegen sonst der Vormund zuerst verantwortlich ist.[355]) Insbesondere gilt dieses von den bei Beurtheilung der Sicherheit begangenen Versehen. Hat sich die Sicherheit erst nachher verschlimmert, so haftet der Vormund nur insofern, als ihm die Verschlimmerung aus Mangel der gewöhnlichen Aufmerksamkeit unbekannt geblieben ist, oder als er nach erlangter Wissenschaft in der Aufkündigung und Beitreibung ein mäßiges

---

belegt hat, welche durch ausdrückliche, vom Könige vollzogene Bekanntmachung, Darlehne von Privatpersonen aufzunehmen autorisirt sind, so können solche Kapitalien so lange stehen bleiben, bis sich Gelegenheit findet, das Geld zu höheren Zinsen, gegen gewöhnliche gesetzmäßige Sicherheit unterzubringen. Anh. §. 159 zu §. 455 d. T. Nach dem Rescr. v. 23. Mai 1842 (J.M.Bl. S 217) soll dieses auf nicht garantirte Eisenbahn-, Stamm- und Prioritätsaktien keine Anwendung finden. Allein der Vormund und das Gericht werden nicht regreßpflichtig sein, wenn sie sich dennoch nach der vorgedachten gesetzlichen Bestimmung richten. Der Anh. § 159 ist dem Rescr. vom 29. März 1793 entnommen (Rabe Bd. 3 S. 314). — Auch im Röm. Rechte liegt dem Vormunde die Sorge für Einziehung schlecht stehender Forderungen ob; l. 15. 35. 44 pr. 50 D. de adm. et per. XXVI, 7.

352) §§. 456—461 d. T.

353) §. 473 d. T.

354) § 474 d. T.

355) Die §§. 475. 476 d. T. sprechen diesen Grundsatz nur für die bei Beurtheilung der Sicherheit begangenen Versehen aus. Die Anwendung desselben auf alle Fälle jedoch, in denen das vormundschaftliche Gericht bei Ausleihung von Mündelgeldern gegen rechtliche Prinzipien verstoßen hat, kann dem Zusammenhange nach nicht bedenklich sein. cfr. Erk. d. Ob-Trib. (Datum unbekannt) in Ulrich's Arch. Bd. 13 S. 349 — §§. 299. 303 d. T. —

Versehen begangen hat.[356]) Bei der Beurtheilung der Sicherheit der vom Erblasser auf Pfand oder Hypothek ausgeliehenen Kapitalien haftet der Vormund nur für ein grobes Versehen, und das vormundschaftliche Gericht bei Anwendung rechtlicher Grundsätze, wenn der Erblasser ein Rechtsverständiger war, ebenfalls nur für ein grobes, sonst für mäßiges Versehen.[357]) Haben sich aber die Umstände des Schuldners oder des Unterpfandes erst seit der angetretenen Vormundschaft verschlimmert, so haften Vormund und Gericht für ein bei der Einziehung, und ersterer auch für ein bei der Beitreibung begangenes mäßiges Versehen.[358])

§. 58. Fortsetzung.

Die Einziehung der Zinsen gehört in der Regel zu dem Amte des Vormundes.[359]) Sollen die Zinsen nicht an ihn selbst, sondern zum gerichtlichen Depositum oder an einen Dritten gezahlt werden, so muß das vormundschaftliche Gericht dieses den Schuldnern ausdrücklich bekannt machen.[360]) In diesem Falle liegt dem Vormunde nur ob, bei Gelegenheit der Rechnungslegung nach der Einzahlung der Zinsen sich zu erkundigen und nöthigenfalls das Gericht an deren Beitreibung zu erinnern.[361]) Sonst muß der Vormund säumige Zinszahler, ohne besondere Anweisung des Gerichts, verklagen, zugleich aber dem Vormundschaftsgerichte davon Anzeige machen und sein Gutachten über die etwa erforderliche Aufkündigung des Kapitals beifügen.[362])

Kapitalskündigungen des Vormundes sind in Ansehung des Schuldners auch ohne obervormundschaftliche Genehmigung gültig. Der Vormund muß aber von der Kündigung und den Gründen derselben dem Gerichte Anzeige machen und dessen Genehmigung nachsuchen. Wenn der Vormund nicht vermöge seiner Bestallung oder besonderer Ermächtigung zur Annahme der Kapitalszahlung berechtigt ist, so muß jedesmal das Gericht bestimmen, wohin und zu wessen Händen die Zahlung geschehen soll.[363])

---

356) §. 478 d. T. —

357) §§. 462. 464 d. T. —

358) §§. 463. 465 d. T. Im übrigen haftet der Vormund hier nur für grobes Versehen; §. 284 d. T. —

359) §. 492 d. T.

360) §§. 494. 437 d. T. — Wenn der Vormund keine Caution bestellt hat, so soll ihm die Einziehung der Zinsen nicht überlassen werden, §. 436 d. T. —

361) §. 495 d. T. Der §. 496 d. T. bezieht sich lediglich auf General-Depositalcapitalien, cfr. Ges.-Rev. Pens. VII. S. 197.

362) §. 493 d. T. — Eine autorisatio ad agendum ist zu Zinsenklagen des Vormundes nicht erforderlich. §. 501 d. T. —

363) §§ 497—500 d. T. — „Die unter Bestätigung des Vormundschaftsgerichts über die Bezahlung eines Kapitals geleistete Quittung des Vormundes liberirt den Schuldner der Vormundschaft, auch wenn derselbe zur Zahlung an den Vormund vom Vormundschaftsgerichte nicht angewiesen ist." Erk. des Ob.-Trib. vom 4. Febr. 1854 (Strieth. Arch. Bd. 12 S. 107). — Die Paragraphen entscheiden die Controverse des Röm. Rechts, ob zur völligen Liberation des Debitors bei einer Zahlung an den Vormund das decretum judicis erforderlich ist. Dig. XXVI., 7. l. 46 §§. 5. 7; XLVI., 3. l. 14 §. 1; Cod. V., 37. l. 25; Thibaut Pand. §. 522; Mühlenbruch, Doctr. Pand. II. §. 331; Glück Pand. S. 238. 239. Cfr. Ges.-Rev. a. a. O. S. 190. —

Alle über ausstehende Forderungen des Pflegebefohlenen lautende Schuld- und Hypotheken-Instrumente sind im gerichtlichen Depositum aufzubewahren.[364])

§. 59. β. Der Kinder unter väterlicher Gewalt.

Der Vater ist bei der Verwaltung des nicht freien Vermögens seiner unter väterlicher Gewalt befindlichen minderjährigen Kinder bezüglich der baaren Gelder und ausstehenden Forderungen im Allgemeinen keiner Beschränkung unterworfen.[365]) Ausnahmsweise ist die Einwilligung des vormundschaftlichen Gerichts erforderlich:

1) in Betreff der baaren Gelder. Bei der Veräußerung eines Grundstücks oder einer Gerechtigkeit des bloßen Nutzens wegen muß das gelöste Kaufgeld entweder anderweitig zu Grundstücken auf den Namen der Kinder verwendet, oder auf Hypothek angelegt,[366]) oder es muß von dem Vater besondere Kaution dafür bestellt werden,[367])

2) in Betreff der ausstehenden Kapitalien.[368]) Von diesen sind solche der freien Disposition des Vaters entzogen,

a. welche den Kindern zur Sicherheit besonders verschrieben sind,[369]) oder

---

364) §. 423 d. T. — Stehen die Kinder in väterlicher Gewalt, und hat der Vater die Vermögensverwaltung, so bleiben diesem die Instrumente mit Ausnahme der von ihm selbst ausgestellten Hypothekeninstrumente, Rescr. vom 25. April 1833 (Jahrb. Bd. 41 S. 494; Gräff Bd. 7 S. 232) und Rescr. vom 31. October 1834 (Jahrb. Bd. 44 S. 351; Gräff Bd. 8 S. 65). — Verschiedene Ansichten hierüber vergl. in der Jur. Z. pro 1834 S. 35—38; 113 und 447. —

365) §. 169 Thl. II. Tit. 2 A.L.R. In Westphalen und den Kreisen Rees, Essen und Duisburg hat bei der communio prorogata der überlebende Ehegatte über das ganze gemeinschaftliche Vermögen, einschließlich der Grundstücke und Kapitalien, die freie Disposition. Nur zu unentgeltlichen Verfügungen bedarf er einer Genehmigung, §. 10 Ges. v. 16. April 1860 (G.-S. S. 165). — Für das Fürstenthum Paderborn u. s. w. vergl. Gesetz vom 26. März 1861. Für das Römische Recht vergl. oben zu §. 51.

366) In diesem Falle wird das Kapital für ein solches anzusehen sein, welches den Kindern zur Sicherheit besonders verschrieben, und über welches also die freie Dispositionsbefugniß des Vaters ausgeschlossen ist. Vergl. Anm. 369. Andernfalls wäre die Bestimmung zwecklos.

367) §. 174 a. a. O. So lange der Vater keine Caution bestellt hat, können ihm danach die Kaufgelder nicht anvertraut werden. Das Gericht wird daher bei der Genehmigung der Veräußerung darauf zu sehen haben, daß wegen Zahlung der Kaufgelder das Erforderliche festgestellt wird; z. B. die Zahlung ad depositum. Koch Commentar Anm. 22 zu §. 174 a. a O.

368) Ueber die Frage, ob der Vater über die auf dem Grundstücke des Haussohnes haftende, bezahlte, aber nicht gelöschte Hypothek ohne obervormundschaftliche Einwilligung durch Cession disponiren kann, vergl. den Aufsatz von Arndts in der Jur. Wochenschr. 1840 S. 509, danach hängt die Entscheidung der Frage davon ab, ob man in der Cession einer unbezahlten Hypothek für den Haussohn eine neue, bis dahin nicht vorhanden gewesene Beschwerung des Grundstücks sieht. Die Entscheidung wird also je nach den verschiedenen Ansichten über den Anh. § 52 z. A.L.R. verschieden ausfallen.

369) §. 169 a. a. O. — Es sind vielfache Zweifel darüber entstanden, was unter den zur Sicherheit besonders verschriebenen Kapitalien zu verstehen sei. Das Rescr. vom 26. Juli 1814 (Jahrb. Bd. 3 S. 270; Gräff Bd 1 S. 157) bemerkt mit Recht, daß die Regel des §. 169 ganz aufgehoben werden würde, wenn alle auf den Namen der Kinder lautenden eigenthümlichen Kapitalien derselben der väterlichen Disposition entzogen werden sollten. Ebenso ergiebt sich aus dem Wortlaute unzwei-

b. über welche die Verwaltung des Vaters durch besondere Gesetze oder rechtsgültige Willenserklärungen eingeschränkt ist.[370])

---

deutig, daß darunter nicht überhaupt alle mit einer Sicherheit versehene Forderungen der Kinder zu verstehen sind. Deshalb ist auch in dem vorgedachten Rescr. und in dem Rescr. vom 7. Februar 1840 (J.M.Bl. S 71) angenommen, daß der Vater über die auf den Namen der Kinder lautenden Hypothekenkapitalien derselben im Allgemeinen zu disponiren befugt ist. Ferner bezieht sich diese Ausnahme auch nicht auf solche Kapitalien, bezüglich deren die Verwaltung des Vaters durch besondere Gesetze oder Willenserklärungen eingeschränkt ist, denn in Betreff dieser ist die Ausnahme in dem §. 169 noch besonders gemacht. Endlich ist auch die von Dorguth (Jur. W 1843 S. 819) vertretene Ansicht nicht begründet, wonach hier nicht Forderungen der Kinder, sondern solche Kapitalien gemeint sein sollen, die für Forderungen der Kinder verpfändet sind; denn dann würde die Bestimmung keine Beschränkung der vorher aufgestellten Regel sein, mit dieser vielmehr in gar keinem Zusammenhange stehen, abgesehen davon, daß sie in diesem Sinne überhaupt keinen Werth hätte. Der Wortlaut und insbesondere die Gegenüberstellung dieser Bestimmung als Ausnahme gegen die allgemeine Regel der freien Dispositionsbefugniß des Vaters über das Kapitalvermögen seiner Hauskinder rechtfertigen nur die Annahme, daß unter den den Kindern zur Sicherheit besonders verschriebenen Kapitalien solche zu verstehen sind, bei deren Zuwendung oder Sicherstellung speziell mit Rücksicht auf das Verhältniß der Kinder als Hauskinder besondere Bestimmungen zur Erhaltung der Kapitalien getroffen sind, ohne ausdrücklich den Vater in der Verwaltung zu beschränken. Ob solche Kapitalien außerdem noch durch Pfand, Hypothek rc. sichergestellt sind, ist gleichgültig. Koch, der im Allgemeinen dieselbe Ansicht vertritt, führt (Commentar zum A.L.R. Anm. 15 alin. 2 zu §. 169) als ein treffendes Beispiel den Fall an, wo ein Testator einem Hauskinde eine Summe vermacht und dazu eine auf den Namen lautende bestimmte Aktie der Schlesischen Feuerversicherungsgesellschaft anweist mit der Verordnung, daß dieselbe zur Sicherheit des Kindes auf dessen Namen umschrieben werden soll, und dieses wirklich geschieht. Dieser Fall fällt unter die hier in Rede stehende Ausnahme. Es wird also auf die jedesmaligen Umstände im konkreten Falle ankommen. Dabei macht es keinen Unterschied, ob der Vater selbst, oder ein Dritter das Kapital den Kindern zur besonderen Sicherheit verschrieben hat. Ein darauf bezüglicher Plenarbeschluß des Ob.-Trib. v. 11. Dezbr. 1846 (Präj. Nr. 1806) lautet:

> „Unter den Kapitalien der Kinder, über welche die Verwaltung des Vaters gesetzlich eingeschränkt ist, dergestalt, daß er darüber nicht einseitig verfügen kann, sind auch solche zu verstehen, für welche vom Vater selbst den Kindern besondere Sicherheit (Spezialhypothek) bestellt worden.“ (Entsch. Bd. 14 S. 60).

Bezüglich der Fragen, ob der Vater die mit seinem Grundstücke bestellte Sicherheit im Falle des Verkaufs desselben, und ob er jede ohne gesetzliche Verpflichtung bestellte Sicherheit widerrufen könne, vergl. Anm. 292, §. 51. — Koch (P.R. III. Aufl. Bd. 2 S. 633 Anm. 20a) führt ein Erk. d. Ob.-Trib. v. 16. März 1849 an, wonach ein für die Kinder eingetragenes Wiederkaufsrecht vom Vater auch ohne obervormundschaftliche Genehmigung aufgegeben werden kann. —

370) §. 169 a. a. O. — Wo die Instrumente über solche Kapitalien (zu 2 a. b.) aufbewahrt, ob sie dem Vater belassen oder ad depositum genommen werden sollen, ist bestritten. Nach dem Rescr. v. 31. Oktbr. 1834 (Jahrb. Bd. 44, Gräff Bd. 8 S. 65) sollen Hypothekeninstrumente über die Eintragung des Vermögens der Kinder auf die Grundstücke des Vaters zum gerichtlichen Depositorium genommen werden, und als Grund wird angegeben, daß dem Pfandschuldner das für den Gläubiger ausgefertigte Instrument nicht belassen werden könne. — In Ansehung der Dokumente über solche Kapitalien, über welche dem Vater die freie Disposition zusteht, kann der im Reskript vertretenen Ansicht nicht beigepflichtet werden, denn die Möglichkeit der Disposition ist durch den Besitz der Dokumente bedingt. Dagegen werden die Instrumente über die seiner freien Disposition entzogenen Kapitalien, und zwar sowohl Privat- wie Hypothekenkapitalien, von dem vormundschaftlichen Gerichte vermöge seines Aufsichtsrechts in Verwahrung zu nehmen sein. Vergl. verschiedene Ansichten: Erg. Bd. 3 S. 294. 295. Die gerichtliche Aufbewahrung der im Falle einer nothwendigen Sicherstellung vom Vater

§. 60. γ. Der Ehefrauen.

Der Ehemann kann über die zur Substanz des eingebrachten Vermögens seiner unter Vormundschaft stehenden Ehefrau gehörigen baaren Gelder und Kapitalien nicht verfügen, es sei denn, daß ihm dieselben vom vormundschaftlichen Gerichte gegen eine durch Grundstücke oder gerichtlich eingetragene Aktivforderungen bestellte genügende Sicherheit[371]) überlassen worden seien, in welchem Falle er darüber, als über sein Eigenthum, frei zu disponiren berechtigt und in Höhe des Betrages derselben als Schuldner seiner Ehefrau anzusehen ist. In solchen Fällen hat deshalb auch das vormundschaftliche Gericht nur auf die Conservirung der Sicherheit zu achten.[372]) Steht die Ehefrau nicht unter Vormundschaft, so tritt eine Mitwirkung des vormundschaftlichen Gerichts nur in dem Falle ein,[373]) wenn der Mann Kapitalien, welche auf den Namen der Frau,[374]) ihres Erblassers oder Geschenkgebers, oder auch, im Falle bestehender Gütergemeinschaft, auf den Namen beider Ehegatten geschrieben sind, einziehen, veräußern, verpfänden oder sonst abhanden bringen will, und die Frau ihre dazu erforderliche Einwilligung ohne Grund versagt.[375]) Auf Anrufen des Mannes kann in

---

selbst ausgestellten Dokumente ist im Rescr. vom 25. April 1833 Nr. 5 (Jahrb. Bd. 41 S. 494) angeordnet.

371) Wegen Prüfung der Sicherheit vergl. oben Anm. 358.

372) §§. 750—752 d. T.

373) §§. 231. 233. 247. 379 Thl. II. Tit. 1 A.L.R. Das ganz freie Dispositionsrecht des Mannes über baare Gelder ergiebt sich aus §. 548 a. a. O —

Im Röm. Recht wird der Mann Eigenthümer der baaren Gelder und Kapitalien, welche zur dos gehören, vergl. Anm. 313.

374) Als solche sind nicht anzusehen:

a. eine von der Frau eingebrachte Pension, Erk. d. Ob.-Trib. v. 15. Juni 1848 (Rechtsf. Bd. 4 S. 159).

b. einzelne Auszugspräſtationen, Erk. d. Ob.-Trib. v. 11. Septbr. 1847 (Rechtsf. Bd. 2 S. 192); die Substanz des von der Frau eingebrachten Altentheils ist aber gleich einem auf ihren Namen geschriebenen Kapitale, Erk. d. Ob.-Trib. v. 16. Mai 1851 (Strieth. Arch. Bd. 2 S. 139);

c. die noch nicht gezahlte Valuta eines Darlehns der Frau, Erk. d. Ob.-Trib. v. 13. April 1844 (Jur. W. 1847 S. 7);

d. ein während der Ehe der Ehefrau angefallener Lotteriegewinn, Erk d. Ob.-Trib. v. 26. Februar 1857 (Strieth. Arch. Bd. 24 S. 74). —

375) §§. 233. 379 a. a. O. Die Vorschrift gehört nicht zu den suspendirten, Erk. d. Ob.-Trib. v. 16. Mai 1851 (Strieth. Arch. Bd. 2 S. 139). —

Darauf, ob die Forderung in das Hypothekenbuch eingetragen ist, oder nicht, kommt es nicht an, Erk. d. Ob.-Trib. v. 25 Oktbr. 1853 (Strieth. Arch. Bd. 12 S. 31).

Auch zur bloßen Kündigung bedarf der Ehemann der Einwilligung der Frau, welche jedoch an keine Form gebunden ist, Erk. des Ob.-Trib. vom 22. Januar 1842 (Präj. Nr. 1095; Präj.-Samml. S. 139). Die Einwilligung der Ehefrau zur Kündigung und Einziehung des Kapitals durch den Mann berechtigt den letzteren nicht, auch rücksichtlich der ersteren einen Vergleich über die einzuziehende Summe mit dem Schuldner zu schließen, oder demselben einen Theil der Schuld zu erlassen, Erk. d. Ob.-Trib. v. 6. Febr. 1852 Strieth. Arch. Bd. 6 S. 22). —

Das Ob.-Trib. hat in dem Erk. v. 25. Oktbr. 1853 nach Strieth. (Arch. Bd. 12 S. 31) auf Grund der §§. 371. 377. 380 a. a. O. angenommen, daß solche auf den Namen beider Eheleute geschriebene Kapitalien (bei der Gütergemeinschaft), welche zum gemeinschaftlichen Erwerb gehören, der einseitigen Verfügung des Mannes unterworfen

solchen Fällen das vormundschaftliche Gericht nach vorgängiger Untersuchung der Umstände die Einwilligung der Frau ergänzen.[376]) Die Einwilligung und in Ermangelung derselben deren Ergänzung kann nicht versagt werden

1) bei getrennten Gütern:

a. wenn nothwendige, die Substanz betreffende Ausgaben, welche aus dem Nießbrauche nicht getragen werden dürfen, die Disposition erfordern;

b. wenn der Mann die Einziehung eines Kapitals wegen besorgter Unsicherheit nöthig findet;

c. wenn das Kapital von dem Schuldner selbst aufgekündigt wird;

d. wenn der Mann das Kapital auf eine andere Art höher zu nutzen Gelegenheit findet.[377])

2) bei Gütergemeinschaft, wenn sich findet, daß die Verfügung des Mannes nach den Umständen nothwendig, oder dem Interesse der Frau unnachtheilig ist.[378])

d. Schulden.

§. 61.

Auf die Bezahlung der Schulden, womit das Vermögen des Pflegebefohlenen behaftet ist, muß der Vormund sorgfältig bedacht sein.[379]) Unter mehreren muß er vorzüglich diejenigen abzuführen suchen, die durch bereits

---

sind. Die gedachten Paragraphen sprechen jedoch für das Gegentheil dieses Satzes. Nach §. 371 wächst der Erwerb beider Ehegatten dem gemeinschaftlichen Vermögen zu, und wenn also nach §§. 377. 380 dem Manne über das gemeinschaftliche Vermögen die Disposition nur mit den Beschränkungen der §§. 378. 379 gebührt, so treffen diese Beschränkungen auch den, einen Theil des gemeinschaftlichen Vermögens bildenden Erwerb. Uebrigens entsprechen die Gründe des Obertribunals auch nicht der Ueberschrift des Rechtsfalles im Archiv a. a. O. —

In der Provinz Westphalen und den Kreisen Rees, Essen und Duisburg bedarf der Ehemann auch zu Verfügungen über die Kapitalien des gemeinschaftlichen Vemögens stets nur dann der Einwilligung der Frau, wenn die Disposition unentgeldlich erfolgen soll, §. 3 Ges. v. 16. April 1860 (G.S. S. 165). —

Die Einwilligung der Ehefrau muß in schriftlicher Form erklärt werden; Plen.-Beschl. d. Ob.-Trib. v. 22. März 1847 (Entsch. Bd. 14 S. 44; J.M.Bl. 1847 S 308), Erk. d. Ob.-Trib. v. 18. Septbr. 1849 (Entsch. Bd. 19 S. 423). Der Ges.-Rev. ist der Ansicht, daß die Frau dadurch nicht genügend geschützt sei, und will für die Einwilligung die Form der §§. 198—200 a. a. O. vorschreiben (a. a. O. Mot. z. §. 189 II., 1 d. E. S. 161). Dieses würde jedoch für den Verkehr sehr hemmend und thatsächlich von geringem Nutzen sein; denn wenn die Frau mit dem Manne wegen Ertheilung der Einwilligung sonst einig ist, so wird jene Förmlichkeit darin schwerlich eine Aenderung hervorbringen. Es würde sich vielmehr empfehlen, überhaupt die Förmlichkeiten der §§ 198 ff a. a. O. zu erleichtern, namentlich den jetzt erforderlichen Beistand, dessen Beredsamkeit stets vergebens in Anspruch genommen wird, fortfallen zu lassen.

376) §§. 239. 388 a. a. O. Gegen das Dekret ist die Beschwerde an das Appellations-Gericht zulässig, bei dessen Verfügung es bewendet, §. 35. Verordn. vom 2. Januar 1849 (G.S. S. 1). —

377) §§. 234—237. 239 a. a. O. In den Fällen sub. b. c. d. muß jedoch der Mann das Kapital anderweit auf den Namen der Frau, entweder bei sich selbst, oder bei einem Dritten gegen hinlängliche Sicherheit belegen, §. 238. Der Frau steht dieserhalb die Klage zu, das vormundschaftliche Gericht hat sich damit nicht zu befassen. —

378) §. 388 Thl. II. Tit. 1 A.L.R.

379) §. 522 d. T. — Auch im R. Recht l. 9 §. 5 D. de adm. et per. XXVI., 7.

erfolgte Kündigung, durch hohen Zinssatz, oder durch solche dem Gläubiger eingeräumte Rechte, welche eine wirthschaftliche Vermögensadministration hemmen, dem Pflegebefohlenen am meisten lästig sind.[380]) Findet sich eine beträchtliche Schuldenlast, so darf der Vormund sich auf Zahlungen an einzelne Gläubiger nicht einlassen, sondern muß die Vorbescheidung des vormundschaftlichen Gerichts über die zu treffenden Maßregeln nachsuchen und abwarten.[381]) Neue Darlehne können nur mit Genehmigung des vormundschaftlichen Gerichts aufgenommen werden, dann kann aber auch der Vormund selbst das Darlehn geben, jedoch nur gegen solche Sicherheit und Zinsen, wie sie auch einem Fremden zugestanden worden wären.[382])

c. Immobilien.

§. 62. α. Der Bevormundeten.

Der Vormund hat dafür zu sorgen, daß bezüglich der Grundstücke des Pflegebefohlenen und der diesem auf anderen Grundstücken zustehenden Realrechte das Hypothekenbuch regulirt wird.[383]) Auch die wirthschaftliche Verwaltung, Verpachtung und Vermiethung der Grundstücke des Pflegebefohlenen gehört zum Amte des Vormundes, und es bedarf dabei einer Anfrage bei dem vormundschaftlichen Gerichte nur alsdann, wenn in der Art der Bewirthschaftung oder Benutzung eine Hauptveränderung vorgenommen werden soll.[384]) Gleich am Anfange einer jeden Vormundschaft, zu welcher Grundstücke gehören, muß ein gewisses Quantum festgesetzt werden, welches der Vormund für sich und ohne Anfrage bei Ausgaben zu

---

380) §. 523 d. T. —

381) §. 524 d. T. — Andernfalls macht der Vormund sich denjenigen Gläubigern, welche einen Ausfall erleiden, für dasjenige verantwortlich, was sie in Folge der vollständigen Befriedigung des bezahlten Gläubigers weniger erhalten haben. Obgleich §. 57 I., 51 A.G.O. durch das Einführungsgesetz v. 8. Mai 1855 Art II. aufgehoben ist, so folgt dieses doch aus §§. 452—455 Thl. I. Tit. 9 A.L.R. —

382) §§. 525—527 d. T. — In Ermangelung der obervormundschaftlichen Genehmigung haftet der Pflegebefohlene nur aus der nützlichen Verwendung. Eine Ausnahme unten §. 67. — Minderjährige, unter Vormundschaft stehende Personen, welche mit vormundschaftlicher Genehmigung ein die Entnahme von Waaren auf Kredit bedingendes kaufmännisches Geschäft betreiben, sind in Betreff ihres dieses Geschäft unmittelbar betreffenden Verkehrs für wechselfähig zu erachten. So erkannt auf Grund der §§. 10. 14. 20. 21 Thl. I. Tit. 5 A.L.R. u. Art. 1 d. A.D.W.O. vom Ob.-Trib. am 21. Juni 1860 (Strieth. Bd. 38 S. 58). —

383) §§ 528—530 d. T. Insbesondere ist für Berichtigung des Besitztitels, Eintragung der Realrechte und Löschung getilgter Realrechte zu sorgen. —

384) §§. 531—536 d. T. — Insbesondere ist die Anfrage erforderlich bei Veränderung der Administration in Pacht und umgekehrt, bei neuer Verpachtung, Prolongation eines abgelaufenen Pachtvertrages, außerordentlichen Holzschlägen ꝛc. Zur Gültigkeit der Maßregel ist die obervormundschaftliche Genehmigung nicht erforderlich, Plen.-Beschl. des Ob.-Trib. v. 22. Juni 1842 cfr. oben §. 42. — Ob eine Verpachtung aus freier Hand, oder durch öffentliche Lizitation erfolgen soll, hängt vom Ermessen des vormundschaftlichen Gerichts ab, welches das Gutachten des Vormundes zu erfordern hat. Die Lizitation kann das vormundschaftliche Gericht selbst vornehmen, wenn es auch sonst nicht judicium rei sitae wäre. §§. 535. 536 d. T. Der Ges.-Rev. hält dieses für zweifelhaft, weil §. 536 nur von dem Verfügen der Subhastation spricht. (Ges.-Rev. a. a. O. S. 201).

Bauten, Meliorationen und Remissionen nicht übersteigen darf.[385]) Ueberhaupt ist zu neuen Bauten, Hauptreparaturen und beträchtlichen Meliorationen die obervormundschaftliche Genehmigung erforderlich. Uebersteigen die Kosten den Betrag von 50 Thlrn., so muß das Gericht die Nothwendigkeit oder Nützlichkeit, sowie demnächst die erfolgte zweckmäßige Verwendung durch Sachverständige prüfen lassen.[386])

Remissionen kann der Vormund eigenmächtig nicht bewilligen, auch kann er die Grundstücke des Pflegebefohlenen ohne obervormundschaftliche Genehmigung nicht mit Schulden oder Reallasten beschweren.[387])

In der Regel soll der Vormund die Gutseinkünfte, Pacht und Miethgelder einziehen, und er darf ohne Noth und erhebliche Gründe den Schuldnern keine Nachsicht gewähren.[388]) Die Ueberschüsse, welche zur Fortsetzung der Verwaltung nicht nöthig sind, muß der Vormund zum Depositum abliefern, oder dem Gerichte anzeigen, wie er sie anderweit nutzbar anzulegen gedenke. Läßt der Vormund solche Ueberschüsse länger als sechs Wochen bei sich ungenutzt liegen, so muß er dieselben von diesem Zeitpunkte an landüblich verzinsen.[389]) Wenn er zur Einziehung der Revenüen nicht ermächtigt sein soll, so muß das vormundschaftliche Gericht dieses den Schuldnern gehörig bekannt machen, es auch, wenn er keine Kaution bestellt hat, in der Bestallung ausdrücken.[390])

§. 63. Fortsetzung. (Veräußerung.)

Unbewegliche Güter des Pflegebefohlenen und denselben gleichstehende Rechte können nur:

1) aus wichtigen Ursachen,

2) auf Grund vorgängiger Untersuchung und Genehmigung des vormundschaftlichen Gerichts, und

3) in der Regel nur im Wege der öffentlichen Subhastation verkauft oder sonst veräußert werden.[391])

---

385) §. 540 d. T. —

386) §§. 537. 538 d. T. —

387) §§. 539. 549 d. T. — Die obervormundschaftliche Genehmigung ist Bedingung der Gültigkeit, wie sich aus §§. 525. 526. 539. 549 ergiebt.

388) §§. 541. 543 d. T. — Das Vormundschaftsgericht muß bei der Revision der Rechnungen die Reste und die angegebenen Gründe der Stundung genau prüfen und, wenn die Gründe nicht hinreichend sind, den Vormund zur Beitreibung der Rückstände mit Nachdruck anhalten, §. 544 d. T. —

389) §§. 545. 547 d. T. Benutzt er die Ueberschüsse für sich, so treten die oben in §. 55 erwähnten Nachtheile ein. —

390) §§. 542. 436. 437 d. T. —

391) §. 550 d. T. — Diese Vorschriften gelten nur für die Güter solcher Pflegebefohlenen, die unter Preußischer Vormundschaft stehen, §. 84 d. T. cfr. Rescr. vom 17. Dezember 1825 (Erg. Bd. 6 S. 810) und Ges.-Rev. a. a. O. S. 75. —

Die Prüfung der inneren Rechtsgültigkeit eines obervormundschaftlich genehmigten Veräußerungsvertrages gehört nicht zur Competenz des Hypothekenrichters, Rescr. vom 8. Febr. 1836 (Jahrb. Bd. 47 S. 364 ff.; Gräff Bd. 11 S. 35 cfr. Erg. II. Ausg. Bd. 10 S. 87 z. §. 77 Tit. 1. Hyp.-Ordn.). — Die Vorschriften der §§. 550 ff. d. T. finden auch auf Immobilien eines bevormundeten Abwesenden Anwendung, Rescr. vom 17. Dezember 1830 (Erg. Bd. 6 S. 810 zu §. 550). — Das Ob.-Trib. hat in einem

I. Als wichtige Ursache gilt nur die Nothwendigkeit des Verkaufes, oder ein durch den Verkauf zu erzielender erheblicher Nutzen. Ganze Landgüter dürfen aber des bloßen Nutzens wegen niemals zerstückelt werden.[392])

A. Die Nothwendigkeit wird angenommen

1) wenn sonst nicht zu befriedigende Gläubiger auf ihre Bezahlung dringen;

2) wenn die Güter in so großen Verfall gerathen sind, daß zu ihrer Wiederherstellung das übrige Vermögen nicht hinreichen würde, und das Grundstück selbst über zwei Drittel seines Werths verschuldet werden müßte;

3) überhaupt wenn erhellt, daß durch die fernere Beibehaltung der Güter das Vermögen des Pflegebefohlenen in Zukunft einen beträchtlichen Abbruch erleiden würde;[393])

4) wenn ein großjähriger Miteigenthümer auf die Theilung und zu dem Zwecke auf die Veräußerung des Grundstücks anträgt;[394])

5) wenn beim Miteigenthum die Fortsetzung der Gemeinschaft dem Pflegebefohlenen schädlich sein würde.[395])

B. Die Nützlichkeit wird angenommen:

1) wenn der dem Pflegebefohlenen durch die Veräußerung zu verschaffende Vortheil eine nach wirthschaftlichen Grundsätzen aufgenommene Taxe des Grundstücks wenigstens um ein Viertel übersteigt,[396])

Erk. (Datum unbekannt) angenommen, daß auch die stillschweigende obervormundschaftliche Genehmigung einer Veräußerung statthaft sei. (Ulrich: N. Arch. 1834 S. 229). Der Mangel der vom Vormunde im Kaufvertrage vorbehaltenen obervormundschaftlichen Genehmigung giebt einem Dritten keinen Einwand gegen die Vindikationsansprüche des Käufers. Erk. des Ob.-Trib. v. 14 Dezember 1855 (Strieth. Arch. Bd. 19 S. 183). Ueber die in der Provinz Westphalen zu beobachtenden Grundsätze vergl. Ges. vom 4. Juni 1856, betreffend die Abschätzung von Landgütern zum Behufe der Pflichttheilsberechnung, §§. 8. 9 (G.-S. S. 550 ff.).

Auch im R. Rechte setzt die Veräußerung eines Mündelgrundstücks und der auf ein solches bezüglichen dinglichen Rechte stets eine justa causa und ein decretum judicis (des praetor urbanus, und in der Provinz des praeses provinciae, nicht des praetor tutelaris l. 12. 13 Cod. V., 71) voraus. l. 1 §. 2. D. de reb. eor. qui. XXVII., 9; l. 5 §§. 14. 15 D. eod; l. 5 C. de praed. et al. V., 71. Letzteres wird durch Erlaubniß des Regenten und durch letztwillige Anordnung des Erblassers ersetzt, l. 2 C. quando decr. V., 72; l. 1. §. 2. l. 14 D. eod; l. 1. 3 C. eod. In dem Dekrete muß die justa causa ausgedrückt sein. Eine ohne Beobachtung dieser Vorschriften erfolgte Veräußerung ist ipso jure nichtig. Das Mündel kann sich aber auch sofort mit der actio tutelae directa an den Vormund halten. l. 7 §. 3 l. 10. l. 5 §. 15 D. eod.

392) §. 562 d. T. und Anh. §. 163 dazu.

393) §§. 551—553 d. T.

394) §. 566 d. T. und Anh. §. 162 zu §. 556 d. T.

395) §§. 566. 567 d. T. Einigen sich die Miteigenthümer nicht über einen freiwilligen Verkauf, so erfolgt die nothwendige Subhastation theilungshalber, §. 2 der Verordnung II. vom 4. März 1834. — Daß dieser Fall zu den nothwendigen Veräußerungen gehört cfr. Rescr. vom 24. Juni 1830 (Jahrb. Bd. 35 S. 270; Gräff Bd. 6 S. 164).

396) §. 563 d. T. — Daran ist nicht absolut festzuhalten, wenn im einzelnen Falle das wahre Beste des Pflegebefohlenen durch die Veräußerung befördert wird, K.-O. vom 23. September 1812 (G.S. S. 177) und Dekl. vom 7. Februar 1835 (G.S. S. 17). — Wegen Veräußerung des dem Pflegebefohlenen gehörigen Bergwerkseigen-

2) wenn der Erblasser des Pflegebefohlenen die Veräußerung selbst verordnet hat.[397] —

Ob hinreichende Nothwendigkeits- oder Nützlichkeitsgründe vorhanden sind, hat das vormundschaftliche Gericht zu untersuchen.

II. Bei einer nothwendigen Veräußerung genügt demnächst die Genehmigung des Gerichts.[398] Bei einer Veräußerung des bloßen Nutzens wegen sind in dem Falle zu I. B. 1. außerdem erforderlich:

a. die Genehmigung der dem vormundschaftlichen Gerichte vorgesetzten höheren Instanz,[399]

b. bei adeligen Gütern und deren Pertinenzien, sowie solchen anderen Immobilien, die nicht Häuser, unadelige Landgüter, Gärten, Weinberge oder einzelne Grundstücke sind, und bei Ausbeute tragenden Bergantheilen, die gutachtliche Aeußerung der zwei nächsten Verwandten des Pflegebefohlenen,[400]

c. die Einwilligung des über 18 Jahre alten Pflegebefohlenen,[401]

und in dem Falle zu I. B. 2 die Erlangung des vom Erblasser selbst bestimmten Preises.[402]

III. Die Veräußerung muß auf Grund einer ordnungsmäßig auf-

---

thums vergl. §. 253 Thl. II. Tit. 16 A.L.R.; Anh. zu A.G.O. §. 410 Nr. 1 u. Dekl. vom 25. Mai 1789 (Erg. Bd. 6 S. 811 zu §. 555 d. T.)

397) §§. 564 d. T. — Die Verordnung muß erwiesen werden, braucht aber keine formelle letztwillige Disposition zu sein. Dezisum der Gef.-Commiss. v. 17. Febr. 1791 (Kleins Ann. Bd. 8 S. 303; Rabe Bd. 13 S. 202; Erg. Bd. 6 S. 813 z. §. 564 d. T.). — Eine bloße Erlaubniß des Erblassers genügt nicht, §. 565 d. T.)

398) §§. 550. 556. 568 d. T. —

399) §§. 556. 557 559 d. T. Die höhere Instanz haftet bei versagter Genehmigung niemals, bei ertheilter nur für grobes Versehen. — Diese Genehmigung ist auch dann erforderlich, wenn ein Grundstück, woran einem Minderjährigen nur ein Lehn- oder Fideicommißfolgerecht zusteht, von dem gegenwärtigen Besitzer gegen ein anderes Grundstück vertauscht werden soll, Anh. §. 161 zu §. 556 d. T. — Nach §. 559 sollte bei adeligen Gütern u. dergl. die Genehmigung des Justiz-Ministers erforderlich sein. Dieses setzte den eximirten Gerichtsstand voraus, bei welchem das Obergericht selbst Vormundschaftsgericht war. Rescr. v. 21. Juni 1835 (Erg. zu §. 586). Nachdem durch §. 9 Verordnung v. 2. Januar 1849 der eximirte Gerichtsstand aufgehoben ist, genügt auch bei diesen Immobilien die Genehmigung des Appellationsgerichts.

Die Vorschrift §. 556 d. T. bezieht sich nicht auf Kinder unter väterlicher Gewalt; bei diesen kommen §§. 172–174 Thl. II. Tit. 2 A L.R. zur Anwendung, Rescr. vom 13. October 1839 (J.M.Bl. S. 353).

400) §§. 558. 559 d. T. —

401) §§. 560. 561 d. T. — Nach dem Rescr. vom 18. Februar 1818 (Jahrb. Bd. 11 S. 10 und Gräff Bd. 1 S. 284) soll bei der subhastationsfreien Veräußerung von Mündelgütern die Erklärung des mehr als 18 Jahre alten Pflegebefohlenen auch dann nöthig sein, wenn die Veräußerung der Nothwendigkeit wegen erfolgt Das steht mit den Gesetzen in Widerspruch. Im Falle der Nothwendigkeit muß die Veräußerung erfolgen, und die Erkärung des Pflegebefohlenen kann darauf nicht von Einfluß sein, §. 245 d. T. Ob aber die Veräußerung subhastationsfrei erfolgen soll, oder nicht, bestimmt lediglich das Gericht, §. 586 d. T. —

402) §. 583 d. T. — Nothwendige Veräußerungen können durch eine Preisbestimmung des Erblassers nicht aufgehalten werden, §. 584 d. T.

genommenen Taxe[403]) in der Regel im Wege der Subhastation[404]) erfolgen. Aus freier Hand ist sie nur zulässig:

1) wenn der Erblasser verordnet hat, daß das Grundstück einer ge-

---

403) §. 587 d. T. — „In allen Fällen, in welchen eine Veräußerung unbeweglicher Güter eines Pflegebefohlenen ohne Subhastation erfolgen soll, ist das Vorhandensein einer aufgenommenen Taxe nothwendiges Erforderniß dieser Veräußerung, also auch insbesondere in dem Falle, wenn bei obwaltender ehel. Gütergemeinschaft der überlebende Ehegatte das Recht zur Uebernahme eines in der gemeinschaftlichen Masse vorhandenen Grundstücks für einen von den Miterben zu setzenden Preis ausübt. Es ist daher eine nichtige Veräußerung eines Pupillengutes, wenn bei dessen Ueberlassung an den überlebenden Ehegatten die Taxe eines anderen Grundstücks von angeblich gleicher Beschaffenheit zu Grunde gelegt wird." Erk. des Ob.-Trib. vom 28. Juni 1852 (Strieth. Arch. Bd. 5 S. 326).

In allen Fällen ist die Taxe nach den Vorschriften Thl. II. Tit. 6 A.G.O. aufzunehmen, Rescr. vom 8. Febr. 1840 (J.M.Bl. S. 71. 72), und nach den Gesetzen vom 15. Juni 1840 (G.S. S. 131) und vom 4. Mai 1857 (G.S. S. 445). —

Jedoch kann auch eine bereits vorhandene Taxe zum Grunde gelegt werden. Das Ob.-Trib. hat am 3. October 1860 (Strieth. Arch. Bd. 38 S. 265) erkannt, daß die unter Prüfung und Genehmigung des Vormundschaftsrichters aus freier Hand erfolgte Veräußerung eines Pupillenguts deshalb nicht ungültig sei, weil der Werth des Gutes nur nach einer alten, vor stattgefundener Separation aufgenommenen Taxe beurtheilt worden. —

404) §§. 550. 568. 585 d. T. — Je nach den Umständen ist die Subhastation eine freiwillige oder nothwendige. In beiden Fällen gehört sie vor den Richter der Sache, §. 9 Thl. I. Tit. 52 A.G.O. und §. 56 Thl. II. Tit. 17 A.L.R.

Die nothwendige Subhastation findet hier nur statt:

1) auf den Antrag eines Beneficialerben, §. 2 Nr. 2 Verordnung II. vom 4. März 1834 (G.S. S. 39); §. 4 Verordn. vom 28. März 1840 (G.S. S. 103). Zur Begründung des Antrages genügt es, a) daß der Extrahent sein Erbrecht und seine Benefizial-Erbenqualität nachweist, wozu es nicht nothwendig eines Erbeslegitimationsattestes bedarf; b) daß der Erbe sein Eigenthum darthut, und zwar, wenn der Besitztitel für ihn noch nicht berichtigt ist, wenigstens soweit, als dieses nach dem Ges. vom 7. März 1845 (G.S. S. 160) und K.-O. vom 9. Mai 1839 (G.S. S. 163) zum Erlaß der Ediktalcitation erforderlich ist. Diese Subhastation hat die volle Wirkung einer nothwendigen, §. 4 Verordn. vom 28. März 1840. Eine freiwillige Subhastation kann der Beneficial-Erbe als solcher, wenn er der alleinige Besitzer ist, nicht extrahiren. Die Subhastation im erbschaftlichen Liquidationsprozesse gemäß §. 2 Nr. 1 Verordn. II. vom 4 März 1834 findet nicht mehr statt, §. 359 Konk.-Ordn. vom 8. Mai 1855;

2) im Falle der nicht erreichten Einwilligung der Miteigenthümer wegen freiwilliger Subhastation auf den Antrag eines Miteigenthümers, §. 2 Nr. 3. Verordn. II. vom 4. März 1834. Zur Begründung des Antrages hat der Extrahent den Beweis seines Miteigenthums zu führen. Ist der Besitztitel für die Miteigenthümer berichtigt, so genügt die Bezugnahme auf das Hypothekenbuch; andernfalls ist der Eigenthumstitel wie ad 1 b. nachzuweisen. Ist das Miteigenthum durch Vererbung entstanden, so hat der Extrahent den Eigenthumstitel des Erblassers in derselben Art nachzuweisen, seine Legitimation durch Beibringung des Testaments oder Erbeslegitimations-Attestes zu führen, und die ihm bekannten Miterben nach Namen und Wohnort anzugeben. Eine Legitimationsführung bezüglich der Miterben liegt ihm nicht ob. Die Wirkungen dieser Subhastation sind gemäß Ges. v. 11. Aug. 1843 (G.S. S. 323) beschränkt. Vergl. Hartmann Sub.-Ges.-Geb. S. 26—29. Wegen des Verfahrens bei freiwilligen Subhastationen vergl. Verordn. vom 6. April 1839 (G.S. S. 125) und die sehr eingehende Instruktion vom 20. Mai 1839 (J.M.Bl. S. 190). —

wissen Person für einen bestimmten Preis zugeschlagen werden solle[405]) und dieses geschieht. In diesem Falle bedarf es auch der Aufnahme einer Taxe nur, wenn die Besorgniß einer Pflichttheilsverletzung vorhanden ist. Bestätigt sich diese Besorgniß und will der Begünstigte nicht über den Kaufpreis hinaus den Pflichttheil des Pflegebefohlenen ergänzen, so muß die Subhastation erfolgen.[406])

2) wenn der Erblasser den Verkauf befohlen und ohne Werthsbestimmung die Subhastation verboten hat, sofern die Taxe erreicht wird. Ist ein dem entsprechendes Gebot nicht zu erlangen, so darf die Subhastation nicht unterbleiben.[407])

3) wenn bei einer Theilung unter mehreren Miterben, unter denen sich andere Pflegebefohlene nicht befinden, das Grundstück dem Mündel überlassen werden soll,[408])

4) wenn ein Miterbe das Grundstück für die Taxe annehmen will und dabei dem Pflegebefohlenen Vortheile bietet, die derselbe von einem Fremden nicht zu erwarten hat. Auch ein Gebot unter der Taxe kann in diesem Falle angenommen werden, wenn die angebotenen Vortheile den Unterschied zwischen Gebot und Taxe an Erheblichkeit übersteigen.[409])

---

405) §. 569 d. T. — Die Verordnung muß in einer zu Recht bestehenden letztwilligen Disposition getroffen sein. Erk. des Ob.-Trib. vom 20 September 1847 (Entsch. Bd. 16 S. 275). Es ist ein Legat und bedarf nicht der Genehmigung der vorgesetzten Behörde; Ges.-Rev. (a. a. O. S. 209).

406) §§. 570. 571 d. T. —

407) §§. 572. 573 d. T. —

408) §§. 574. 575 d. T. — Ist dem im Pflichttheil eingesetzten Erben eine bestimmte Summe als Pflichttheil festgesetzt, so kann er zur Ermittelung des Pflichttheils nur die Taxe verlangen, andernfalls wird er Miteigenthümer, Anh. §. 164 zu §. 574 d. T. Die Frage, ob, wenn der Erblasser bestimmt hat, daß der Pflichttheil in Gelde gewährt werden soll, ohne eine bestimmte Summe festzusetzen, der Pflichttheilserbe Miteigenthümer der Erbschaftsgrundstücke werde, ist streitig; vergl. darüber Ulrichs N. Archiv 1839 S. 476 und das Erk. des Ob.-Trib. vom 3. Januar 1852 (Entsch. Bd. 22 S. 243). Es wird der bejahenden Ansicht beizutreten sein. Der Pflichttheilserbe wird Miteigenthümer, muß sich aber die Abfindung in Gelde gefallen lassen und kann, wenn ihm diese geboten wird, nicht eine andere Auseinandersetzungsart verlangen.

Nach dem Rescr. vom 24. April 1820 (Jahrb. Bd. 15 S. 259; Gräff Bd. 1 S. 285) ist die Subhastation auch dann nicht erforderlich, wenn mehrere Minorenne verschiedene theilbare Grundstücke besitzen, eine Auseinandersetzung unter ihnen nothwendig wird, und nach vorgängiger Taxe eine möglichst gleiche Naturaltheilung durch das Loos erfolgt. —

Der Anh. §. 164 gilt auch für das Märkische Provinzial-Recht, Erk. des Ob.-Trib. vom 9. October 1854 (Strieth. Arch. Bd. 15 S. 82).

Ist der Pflichttheilserbe lediglich auf das zu Lebzeiten des Erblassers Erhaltene angewiesen, so kann er die Subhastation verlangen. Erk. des Ob.-Trib. vom 17. Juni 1847 (Rechtsf. Bd. 2 S. 5).

Der Anh. §. 164 berührt nicht die Fälle, wo der Erblasser besondere Bestimmungen getroffen hat. Erk. des Ob.-Trib. v. 23. Juni 1856 (Entsch. Bd. 33 S. 39; Strieth. Arch. Bd. 21 S. 291), und abweichend davon Erk. des Ob.-Trib. vom 8. Mai 1854 (Strieth. Arch. Bd. 13 S. 77).

409) §§. 576. 577 d. T. — Hierbei kommt es stets auf den konkreten Fall an, Rescr. vom 23. März 1816 (Jahrb. Bd. 7 S. 10; Gräff Bd. 1 S. 282).

Der übernehmende Miterbe muß majorenn sein, Rescr. vom 10. September 1821 (Jahrb. Bd. 18 S. 28; Gräff Bd. 1 S. 285). — Nach dem Rescr. v. 6. Juli 1829 (Erg. Bd. 6 S. 816 zu §. 576 d. T.) sollen Geldvortheile darunter nicht gemeint sein.

5) wenn mehrere majorenne Miterben über die Ueberlassung des Grundstücks aus freier Hand an einen unter ihnen oder an einen Dritten einig sind, sofern das Gebot die Taxe erreicht oder sonst nicht die begründete Besorgniß einer Benachtheiligung des Pflegebefohlenen vorhanden ist,[410])

6) a. wenn der überlebende Ehemann das von der Ehefrau eingebrachte,[411]) oder der überlebende Ehegatte das zur Gütergemeinschaft gehörig gewesene Grundstück für eine von den Miterben zu setzende Taxe annehmen will,[412]) oder b. wenn bei bestandener Gütergemeinschaft nach

---

Vergl. K.-O. vom 5. Januar 1844 betreffend die Maßregeln zur einstweiligen Abhülfe der durch das Gesetz über die bäuerliche Erbfolge in der Provinz Westphalen vom 13. Juli 1836 veranlaßten Beschwerden, mitgetheilt durch Rescr. v. 9. Jan. 1844 (J.M.Bl. S. 11), und §§. 7 ff. des Ges. betreffend das eheliche Güterrecht in der Provinz Westphalen 2c. vom 16. April 1860 (G.S. S. 165—171).

Wegen des überlebenden Ehegatten bei bestandener Gütergemeinschaft cfr. §. 648 Thl. II. Tit. 1 A.L.R.

410) §§. 578. 579 d. T. — Der Vormund muß die Taxe deshalb mit vorzüglicher Sorgfalt prüfen, §. 580. Findet sich in der Folge, daß der Uebernehmer den übrigen Interessenten außer dem Preise noch gewisse Nebenvortheile heimlich zugestanden habe, so muß er den Pflegebefohlenen das Doppelte von dem Betrage desjenigen vergüten, was der am meisten begünstigte Mitinteressent an Nebenvortheilen erhalten hat, §. 581 d. T. cfr. Erk. d. Ob.-Trib. vom 13. Januar 1848 (Entsch. Bd. 16 S. 283). Ist er dazu nicht im Stande, so werden die übrigen Interessenten solcher mit dem Schaden der Pflegebefohlenen gewonnenen Nebenvortheile zu deren Besten verlustig, §. 582 d. T. —

Die Bestimmung des §. 578 d. T. räumt den majorennen Miterben kein Zwangsrecht ein, vielmehr ist die Zweckmäßigkeit der beabsichtigten Maßregel auf Grund einer Taxe und sonstiger Verhältnisse zu prüfen, ehe die Genehmigung ertheilt wird. Cfr. Erk. des Ob.-Trib. vom 28. Mai 1846 (Ulrich Arch. Bd. 12 S. 599) und Rescr. vom 12. Februar 1843 (J.M.Bl. S. 55).

Ein besonderes Interesse eines Miterben schließt an sich noch nicht die Anwendung der Vorschrift aus, Rescr. vom 23. März 1801 (Erg. Bd. 6 S. 816 zu §. 578). —

Ob der Pflegebefohlene unmittelbarer Erbe oder Erbeserbe ist, macht keinen Unterschied, Rescr. vom 9. Juni 1826 (Jahrb. Bd. 27 S. 277; Gräff Bd. 1 S. 289). —

411) §§ 570 ff. Thl. II. Tit. 1 A.L.R. — Ist das Grundstück nach einem Anschlage eingebracht, so ist lediglich dieser maßgebend, §. 572 a. a. O. — Hat der überlebende Ehemann sein Wahlrecht ausgeübt, so geht das Recht aus der Wahl auf seine Erben über, Erk. des Ob.-Trib. vom 26. März 1860 (Strieth. Arch. Bd. 37 S. 132).

Können die Miterben sich über die zu setzende Taxe nicht vereinigen, so muß eine gerichtliche Taxe aufgenommen werden, §. 577 a. a. O., welche nicht durch die, wenn auch gerichtlich, aufgenommene Informationstaxe (§. 575 a. a. O.) ersetzt wird, Erk. des Ob.-Trib. vom 12. Juni 1857 (Strieth. Arch. Bd. 25 S. 166). —

412) §. 648 Thl. II. Tit. 1 A.L.R. — Die Taxe kann nur von der Gesammtheit oder doch von der Mehrzahl der Erben gesetzt werden, nicht von einzelnen Miterben, Erk. des Ob.-Trib. vom 29. November 1850 (Entsch. Bd. 20 S. 261), und vom 14. März 1856 (Strieth. Arch. Bd. 20 S. 275). Anderer Meinung ist Koch in seinem A.L.R. Anm. 67 zu §. 577 a. a. O. — Wählt der überlebende Ehegatte das Grundstück, so braucht er nicht neben der Taxe noch besondere Vortheile zu gewähren. Der §. 576 Thl. II. Tit 18 A.L.R. findet hierauf keine Anwendung. Präj. des Ob.-Trib. Nr. 1532 vom 27. Februar 1845 (Präj.-Samml. S. 146).

„Wenn unter den Erben Pflegebefohlene sich befinden, bedarf es auch in dem Falle, wenn bei bestandener und durch den Tod aufgelöster Gütergemeinschaft der zurückgebliebene Ehegatte das Nachlaßgrundstück für einen von den Erben gesetzten Werth annimmt, zur rechtsgültigen Uebertragung an den Wittwer einer voraufgegangenen gerichtlichen Taxe, um dem Beschlusse des Vormundes über den zu bestimmenden Werth zum Anhalt zu dienen.“ Erk. des Ob.-Trib. vom 24. Mai 1845 (Entsch. Bd. 11 S. 333), und vom 20. Januar 1854 (Strieth. Arch. Bd. 12 S. 75).

dem Tode der Mutter der Vater das auf seinen Namen eingetragene Grundstück für den Erwerbspreis mit der in das Hypothekenbuch einzutragenden Verpflichtung übernimmt, daß bei einem höheren Verkaufe des Grundstücks das Mehrere der gemeinschaftlichen Masse zuwachse,[413])

Das Wahlrecht des überlebenden Ehegatten findet auch statt:

a) bei der Auseinandersetzung mit unabgefundenen Kindern, und

b) bei obwaltender provinzieller oder statutarischer Gütergemeinschaft, sofern die Provinzialgesetze oder Statuten nichts Abweichendes bestimmen. Präj. des Ob.-Trib. vom 9. November 1840 Nr. 941 (Entsch. Bd. 6 S. 325; Präj.-Samml. S. 149), und Erk. des Ob.-Trib. vom 20. Jan. 1854 (Strieth. Arch. Bd. 12 S. 75). —

Für Westphalen vergl. §. 17 des Ges. vom 16. April 1860 (G.S. S. 165). —

413) Anh. §. 79 zu A.L.R. — Dieser Paragraph enthält nur eine Verhaltungsmaßregel für den Kurator und das vormundschaftliche Gericht, räumt aber nicht dem Vater einen Anspruch auf eine solche Ueberlassung ein. Erk. des Ob.-Trib. v. 20. Jan. 1854 (Strieth. Arch. Bd. 12 S. 75). Uebrigens steht das Recht nur dem Vater, und nicht auch der Mutter zu, vergl. Rescr. v. 2. Juni 1834 (Jahrb. Bd. 43 S. 454; Gräff Bd. 8 S. 64), und kann nur bezüglich derjenigen Grundstücke ausgeübt werden, welche der Vater schon vor der Ehe besessen hat, nicht auch bezüglich der erst in der Ehe erworbenen. Erk. des Ob.-Trib. vom 20. Januar 1854 (vergl. oben).

Das Reservat (das s. g Surplusreservat) enthält nicht eine Einschränkung des Eigenthums oder der Dispositionsbefugniß des Vaters an dem ihm überlassenen Grundstücke, sondern begründet ein obligatorisches Verhältniß, wonach den Kindern eine bedingte künftige Forderung von ungewissem Betrage gegen den Vater zusteht. Vergl. Koch (Privatrecht §. 760); Arndts (J. W. 1844 S. 747); die Gründe des Erk. d. Ob.-Trib. vom 8. Januar 1851 (Entsch. Bd. 20 S. 270). Anderer Meinung ist Schmidt (Familienrecht S. 374 ff.), der Ersteres annimmt, und deshalb auch das Reservat im Hypothekenbuche in die erste Rubrik eintragen will. Nach der gedachten richtigen Ansicht gehört es in die dritte Rubrik, und das Intabulat hat die Natur einer durch Hypothek bestellten Caution. Letzteres scheint jedoch das Ob.-Trib., wenigstens für den Fall, daß das Reservat ohne vorgängige ausdrückliche Verpfändung eingetragen ist, nicht anzunehmen. Denn dasselbe hat in dem bis jetzt ungedruckten Erkenntnisse v. 27. Mai 1861 in Sachen Schröder und Haak wider Klop den Grundsatz aufgestellt, daß die Kinder im Falle einer nothwendigen Subhastation des Grundstücks, ungeachtet des in der dritten Rubrik für sie eingetragenen Reservats, nur auf den Theil des Mehrerlöses für die Theilungsmasse Anspruch machen können, welcher nach Befriedigung sämmtlicher, auch der postintabulirten Gläubiger übrig bleibt. Dem wird nicht beizutreten sein. Mit dem Zuschlage des Grundstücks für ein den letzten Erwerbspreis übersteigendes Meistgebot ist die Bedingung, von welcher die Forderung der Kinder abhängig war, erfüllt und der Betrag der Forderung festgestellt. Nach §. 14 Thl. I. Tit. 20 A.L.R. und §. 178 Thl. I. Tit. 14 das. validirt für die nunmehr existente und ihrer Höhe nach bestimmte Forderung das Pfandrecht vom Tage der Eintragung an. Die Forderung muß deßhalb aus den Kaufgeldern vor den später eingetragenen Forderungen berichtigt werden, §§. 496 ff. Thl. I. Tit. 20 A.L.R. Eine Einschränkung des Eigenthums oder der Dispositionsbefugniß des Vaters liegt darin nicht, wenigstens nicht in einem anderen Sinne, wie bei jeder anderen Hypothekbestellung. — Die Bedingung, von welcher die Forderung der Kinder abhängt, ist ausgefallen, wenn der Vater das Grundstück bis zu seinem Tode nicht verkauft hat, Erk. des Ob.-Trib. vom 21. Juni 1850 (Entsch. Bd. 19 S. 486). und vom 3. und 8. Januar 1851 (Entsch. Bd. 20 S. 270). —

Gegen den dritten Besitzer kann der Anspruch aus dem Reservate erst eingeklagt werden, wenn derselbe zuvor seiner Existenz und Höhe nach gegen den Vater festgestellt worden ist. Nach dem Tode des Vaters kann er überhaupt nicht geltend gemacht werden, wenn die Kinder Erben des Vaters sind und der Anspruch durch Konfusion erloschen ist. Erk. des Ob.-Trib. vom 29. October 1852 (Entsch. Bd. 24 S. 118). —

Bei den vielfachen Zweifeln über die Natur und die Wirkungen des Reservats werden die vormundschaftlichen Gerichte gut thun, sich nur in solchen Fällen darauf einzulassen, wo das Interesse der Pflegebefohlenen auf andere Weise nicht eben so gut gewahrt werden

7) wenn eine dem Pflegebefohlenen gehörige Kaufmannshandlung, mit welcher Grundstücke untrennbar verbunden sind, im Ganzen verkauft wird,[414])

8) wenn das vormundschaftliche Gericht in außerordentlichen Fällen nach gehörig geprüfter Sache aus erheblichen Nützlichkeitsgründen durch Kollegialbeschluß die subhastationsfreie Veräußerung beschließt.[415])

Außer diesen Fällen ist eine Veräußerung ohne Subhastation nichtig, und der gewesene Pflegebefohlene kann gegen Erstattung dessen, was von dem Kaufgelde wirklich in seinen Nutzen verwendet worden ist, das Grundstück vindiziren, wobei bezüglich der Nutzungen, Verbesserungen und Verschlimmerungen die allgemeinen Regeln zur Anwendung kommen.[416]) Dieses Recht geht jedoch verloren, wenn der Pflegebefohlene nach aufgehobener Vormundschaft entweder die Veräußerung ausdrücklich oder stillschweigend genehmigt,[417]) oder das Grundstück binnen zehn Jahren nicht zurückgefordert hat.[418]) Der Umstand, daß der Pflegebefohlene den veräußernden Vormund beerbt hat, schließt die Vindikation nicht aus.[419])

---

kann, und wenn sie darauf eingehen, in dem betreffenden Vertrage solche Bestimmungen zu treffen, daß über die Natur der Rechte der Pflegebefohlenen kein Zweifel entstehen kann, insbesondere den Vater ausdrücklich das Grundstück verpfänden zu lassen. —

414) §. 636 d. T. —

415) §. 586 d. T. und Verordnung v. 2. Jan. 1849 §. 14 (G.S. S. 1). Auch ein solcher Beschluß setzt eine Taxe voraus, Rescr. v. 24. August 1816 (Jahrb. Bd. 8 S. 9; Gräff Bd. 1 S. 290). Besondere Instruktionen sind gegeben durch K.-O. vom 23. September 1812 (G.S. S. 177) und Dekl. v. 7. Febr. 1835 (G.S. S. 17).

416) §§. 585. 589. 590 d. T. §. 274 Thl. I. Tit. 13 A.L.R. — Wegen des sonst nicht zu erlangenden Schadens hat der Pflegling den Regreß an denjenigen, der an der nichtigen Veräußerung Schuld ist. §. 591 d. T. — Zwischen dem veräußernden Vormunde und dem Dritten gelten die allgemeinen Vorschriften wegen Schadenersatz und Gewährleistung. §. 592 d. T. —

Der §. 589 ist für den Fall, daß der Erwerber bonae fidei possessor ist, eine Ausnahme von der Regel der §§. 25. 26 Thl. I. Tit. 15 A.L.R., die Koch (Commentar Anm. 8 ad h. §) nicht für motivirt hält. Der Gef.-Rev. (a. a. O. S. 214) theilt mit, daß Suarez den §. 589 erst nach der rev. monit. ohne Angabe eines Grundes eingeschoben habe, und ist der Meinung, daß das Röm. Recht Dig. XXVII., 9. l. 13 und Cod. V., 71 l. 10. 16 die Veranlassung sei. Er hält aber ebenfalls die Abweichung von der Regel nicht für gerechtfertigt. —

Der Ges.-Rev. führt an derselben Stelle aus, daß die §§. 589 ff. überhaupt für alle Fälle der Nichtigkeit einer Veräußerung wegen Vernachlässigung vorgeschriebener Förmlichkeiten anzuwenden seien.

417) §. 593 d. T. — Als stillschweigende Genehmigung gilt insbesondere die Annahme des Kaufgeldes, §. 594 d. T., oder auch nur eines Theils derselben. Erk. des Ob.-Trib. vom 31. August 1848 (Rechtsf. Bd 4 S. 300), sowie die Pachtung des Grundstücks von dem Besitzer, §. 594 cit. und §. 73 Thl. I. Tit. 7 A.L.R.

Die dem Vormunde und dem Gerichte geleistete Decharge ist für eine solche Genehmigung nicht zu erachten. Erk. des Ob.-Trib. vom 28. Juni 1852 (Strieth. Arch. Bd. 5. S. 326).

418) §. 595 d. T. — Dieses gilt nur von den unter Concurrenz des Vormundes und des vormundschaftlichen Gerichts, nicht von den durch den Pflegebefohlenen selbst und ohne Genehmignng des Gerichts vorgenommenen Veräußerungen. Letztere werden nach den allgemeinen Vorschriften von Verträgen des Pflegebefohlenen beurtheilt. Erk. des Ob.-Trib. vom 18. October 1844 (Präj.-Samml. S. 223 Nr. 1496) und Erk. vom 6. Dezember 1845 (Entsch. Bd. 12 S. 337).

419) §. 596 d. T. — Die Bestimmungen wegen des Verlustes des Vindikationsrechts entsprechen dem Röm. Rechte, mit der Maßgabe, daß die 10jährige Frist des

Ist eine Veräußerung mit Anwendung der obigen Grundsätze erfolgt,[420]) so erlangt der Erwerber unwiderrufliches Eigenthum, wenngleich bei Beurtheilung der Nothwendigkeit oder Nützlichkeit der Veräußerung, bei Aufnehmung der Taxe,[421]) oder sonst von dem Vormunde oder vormundschaftlichen Gerichte gefehlt worden ist.

Auch bei der durch einen befreiten Vormund vorzunehmenden Veräußerung der Immobilien des Pflegebefohlenen ist nach vorstehenden Grundsätzen zu verfahren, mit der Maßgabe jedoch, daß das vormundschaftliche Gericht bei Prüfung der Nothwendigkeit oder Nützlichkeit der Veräußerung lediglich die Angaben und Thatsachen, die der Vormund an die Hand giebt, zu berücksichtigen hat, ohne für die Richtigkeit derselben zu haften.[422])

§. 64. β. Der Kinder unter väterlicher Gewalt.

Der Vater ist in der Verwaltung der zum nicht freien Vermögen seiner minderjährigen Kinder gehörigen Immobilien nur den allgemeinen, durch die Natur seines Rechts als Nießbrauchs bedingten Beschränkungen

---

§. 595 d. T. im Röm. Rechte nur eine 5jährige war. l. 2. 3 C. si major factus alienat. (V., 74) l. 1. 2 C. si major factus ratam habuerit. (II., 46). —

420) §. 587 d. T. und §. 347–360 Thl. I. Tit. 11 A.L.R. — Cfr. Ges.-Rev. a. a. O. S. 214. — Nach dem Rescr. v. 15. Febr. 1841 (J.M.Bl. 1841 S. 102) sind die Förmlichkeiten bei einer Veräußerung durch freiwillige Subhastation gewahrt, wenn

1) dem Verfahren eine gerichtliche Taxe zum Grunde gelegt ist,
2) der Vormund sich vor Einleitung der Subhastation durch ein obervormundschaftliches Dekret zu dem Antrage legitimirt hat,
3) das Legitimationsprotokoll von dem vormundschaftlichen Gerichte sowohl in Ansehung der Höhe des Gebots, als der Zahlungs- und übrigen Bedingungen genehmigt ist.

Die Fristen und Bekanntmachungsarten sind, wenn nicht das Vormundschaftsgericht Abweichungen zuläßig findet und anordnet, die der nothwendigen Subhastation. — Cfr. Verordn. vom 6. April 1839 (G.S. S. 125) und Instruktion vom 20. Mai 1839 (J.M.Bl. S. 190).

421) Cfr. Anm. 403 oben.

422) §§. 686. 689 d. T. und Anh. §. 167 dazu. — Hier ist unter „Alienation" jede Art von Veräußerung zu verstehen, also auch Verpfändung, Constituirung von Reallasten und dergl. Der Vormund kann nicht freier sein, wie der Vater selbst; cfr. §§. 170. 171 Thl. II. Tit 2 A.L.R.

Der Anh. §. 167 ist aus dem Rescr. vom 7. März 1796, Satz 7 (Rabe Bd. 3 S. 299) entnommen. — Nach einem Rescr. vom 28. November 1799 (Rabe Bd. 5 S. 642) soll bei Verpfändungen das Gericht sich die nützliche Verwendung des mit Consens aufgenommenen Darlehns nachweisen lassen. Das widerspricht dem §. 681 d. T. Auch stehen damit die späteren Rescripte vom 25. April 1805 (Ulrich N. Arch. Bd. 4 S. 41; und Rabe Bd. 8 S. 282) und vom 8. Juni 1816 (Jahrb. Bd. 8 S. 10; Gräff Bd. 1 S. 291) im Widerspruch, wonach das Gericht sich um die Verwendung oder Sicherstellung der Kaufgelder nicht zu kümmern hat. —

Die Gültigkeit der Veräußerung ist unbedingt von der obervormundschaftlichen Genehmigung abhängig und in Ermangelung derselben kann die Vormundschaft vindiziren. Erk. des Ob.-Trib. vom 8. Nov. 1856 (Entsch. Bd. 33 S. 445). — Es ist streitig gewesen, ob die Bestimmungen sich auf den Fall einer Veräußerung durch den mit freier Disposition über das Vermögen versehenen überlebenden Ehegatten beziehen, Anh. §. 168. (Vergl. Jur. Wochenschr. 1845 S. 341. 357. 373). Die Negative scheint unbedenklich, da in der Veräußerung an sich keine Vermögensverminderung liegt. —

unterworfen.[423]) Insbesondere bedarf er der obervormundschaftlichen Einwilligung:[424])

1) wenn er Grundstücke oder Gerechtigkeiten der Kinder veräußern, verpfänden oder mit anderen bleibenden Reallasten belegen will.[425]) Die Einwilligung darf ihm nicht versagt werden, wenn er die Nothwendigkeit oder erhebliche Nützlichkeit[426]) der beabsichtigten Disposition nachweist. Das Geschäft ist an keine weiteren Förmlichkeiten gebunden.[427])

---

423) §. 170 Thl. II. Tit. 2 A.L.R. — Für Westphalen u. s. w. Gesetz vom 16. April 1860. Nach Lübischem Rechte kommen bei Dispositionen des Vaters über Grundstücke während der fortgesetzten Gütergemeinschaft die Vorschriften §§. 171. 172 a. a. O. zur Anwendung. Rescr. v. 21. October 1839 (J.M.Bl. 1839 S. 350) Ebenso nach dem in Stettin geltenden statutarischen Güterrechte, Rescr. v. 2. Juni 1812 (Jahrb. Bd. 1 S. 61; Gräff Bd. 1 S. 157).

Nach Deutschem Rechte hatte der überlebende Ehegatte bei der communio bonorum prorogata in der Regel eine unbeschränkte Veräußerungsbefugniß. Ges.-Rev. Pens. VII., S. 207 und die dort angeführten Stellen: Runde D. Pr. Recht §. 606; Danz Handb. d. D. Pr. Rechts §. 608; Eichhorn Einl. in das D. Pr. Recht S. 307. —

Wegen der den Kindern gehörigen Bergantheile vergl. oben Anm. 396. —

424) Die obervormundschaftliche Einwilligung ist nicht erforderlich, wenn die minderjährigen Kinder der väterlichen Gewalt entlassen sind, §§. 216. 226. 227 a. a. O.

Diese Vorschriften (§§. 170—173) finden bei der Schicht und Theilung zwischen dem überlebenden Ehemanne und den mit seiner mit ihm in G.G. gelebt habenden verstorbenen Ehefrau erzeugten Kindern keine Anwendung. So erkannt auf Grund der §§. 634. 637. 638. 653 Thl. II. Tit. 1 A.L.R. vom Ob.-Trib. am 20. Januar 1854 (Strieth. Arch. Bd. 12 S. 74). —

425) Die Ertheilung der obervormundschaftlichen Einwilligung setzt eine Prüfung des Geschäfts in allen seinen Theilen voraus, insbesondere hat der Vater überzeugend nachzuweisen, daß der bedungene Kaufpreis dem Werthe des Grundstücks entspricht. Dazu ist nicht unbedingt eine gerichtliche Taxe erforderlich; wenn aber das Gericht eine solche verlangt, so muß dieselbe beschafft werden. Rescr. vom 21. Mai 1819 (Jahrb. Bd. 13 S. 252; Gräff Bd. 1 S. 158) und Rescr. vom 12. August 1838 (Jahrb. Bd. 52 S. 155; Gräff Bd. 12 S. 72).

Der Ges.-Rev. (a. a. O. Mot. zu §§. 135—137 d. E. S. 86. 87) theilt die Materialien mit, aus denen er nachweist, daß die Vorschriften des Tit. 18 Thl. II. A.L.R. sich nur auf die Veräußerungen von Grundstücken wirklich bevormundeter Personen beziehen und keine Anwendung finden, wo es sich um Grundstücke solcher Kinder handelt, welche noch in väterlicher Gewalt stehen. Bei diesen sind lediglich die Vorschriften §§. 170—173 Thl. II. Tit. 2 A.L.R. maßgebend. Dieses ist auch ausgesprochen in dem Rescr. v. 13. October 1839 (J.M.Bl. 1839 S. 353). Deshalb bedarf es hier auch nicht der Subhastation, §. 173 a. a. O. Vergl. die vorallegirten Rescr. von 1819. 1838. 1839. —

> „Ein Vertrag über Veräußerung eines zur G.G. gehörigen Grundstücks, welches der Ehemann eingebracht hat, bedarf wenn die Ehefrau minderjährig ist und durch ihren Vater vertreten wird, zu seiner Gültigkeit der Genehmigung des vormundschaftlichen Gerichts. So erkannt auf Grund der §§. 170 ff. 229 a. a. O. vom Ob.-Trib. (Datum konstirt nicht. J.M.Bl. 1851 S. 282).

426) §. 172 a. a. O. — Im Röm. Rechte ist dem Vater eine Veräußerung des bloßen Nutzens wegen nicht erlaubt, vergl. oben §. 51. — Bei den Veräußerungen des bloßen Nutzens wegen bedarf es außer der obervormundschaftlichen Einwilligung nicht noch der Bestätigung der vorgesetzten Behörde, §. 556 d. T. Rescr. vom 13. Octbr. 1839 vergl. Anm. 425. Auch ist nicht streng daran festzuhalten, daß das Gebot die Taxe um $\frac{1}{4}$ übersteige, §. 563 d. T. Rescr. vom 14. Februar 1816 (Jahrb. Bd. 7. S. 9; Gräff Bd. 1 S. 158); Ges.-Rev. (Pens. XV., Mot. zu §. 138 d. E. S. 89). —

427) §. 173 a. a. O. Vergl. die vorigen beiden Anm. — Das Ob.-Trib. hat am 24. October 1859 (Strieth. Arch. Bd. 34 S. 333) erkannt: „die Grundsätze der

2) Soweit ein Nießbraucher zur Begründung einer Meliorationsforderung der Einwilligung des Eigenthümers bedarf, muß der Vater minderjähriger Kinder, wenn er dergleichen Vergütung künftig verlangen will, um die Einwilligung des vormundschaftlichen Gerichts zu den vorzunehmenden Verbesserungen sich bewerben.[428])

In Bezug auf das freie Vermögen seiner Kinder steht der Vater auch hier einem befreiten Vormunde gleich (§. 51).[429])

§. 65. γ. Der Ehefrauen.

Der Ehemann kann die nicht vorbehaltenen unbeweglichen Güter seiner unter Vormundschaft stehenden Ehefrau selbst bewirthschaften oder verpachten; wegen der Veräußerung und Verpfändung derselben müssen aber die oben §. 63 vorgetragenen Grundsätze ohne Rücksicht auf die Verheirathung beobachtet werden.[430]) Steht die Ehefrau nicht unter Vormundschaft, so

---

§§. 593—595 Thl. II. Tit 18 A.L.R., — betreffend den Verlust des Rechts des Pflegebefohlenen zum Widerruf einer nichtig geschehenen Veräußerung seines Grundstücks durch ausdrückliche oder stillschweigende Genehmigung, — findet nicht nur auf eine von dem Vormunde, sondern auch auf eine von dem Vater während des Bestehens der väterlichen Gewalt ohne Genehmigung des vormundschaftlichen Gerichts vorgenommenen Veräußerung des Grundstücks des Pflegebefohlenen, beziehungsweise des Kindes Anwendung."

428) §. 175 a. a. O. — §§. 124—131 Thl. I. Tit. 21 A.L.R

429) Auf den ersten Blick erscheint es auffallend, daß der Vater bei der Veräußerung der zum freien Vermögen seiner Kinder gehörigen Grundstücke weniger beschränkt sein soll, als bei der Veräußerung der zum nicht freien Vermögen gehörenden Immobilien, denn während er bei den letzteren die Nothwendigkeit oder Nützlichkeit der Veräußerung nachweisen muß, §. 172 Thl. II. Tit. 2 A.L.R., braucht er dieselbe bei den ersteren nur zu behaupten, §. 687 d. T. und Anh. §. 167 dazu. Dieses hat aber seinen guten Grund, und zwar darin, daß dem Vater an dem freien Vermögen seiner Kinder nur die Verwaltung gebührt, wogegen er an dem nicht freien auch den Nießbrauch hat. Bei diesem kann daher das Interesse der Kinder mit dem des Vaters kollidiren, wovon bei ersterem nicht die Rede sein kann. Deshalb muß das vormundschaftliche Gericht bei einer Veräußerung eines Grundstücks aus dem nicht freien Vermögen die thatsächlichen Voraussetzungen selbst prüfen, während es in Bezug auf die Verwaltung des freien Vermögens dem Vater dasselbe Vertrauen schenken muß, wie einem befreiten Vormunde.

430) §. 743 d. T. — Gehört ein Wald zu solchen Grundstücken, so kann ihn der Ehemann forstmäßig nutzen; außerordentliche Holzschläge aber darf er nur mit Genehmigung des Vormundes und des Gerichts vornehmen, § 744. Vergl. § 534. §§ 32—34 Thl. I. Tit. 21 A.L.R.

Nach §. 22 Verordn. v. 30 Juni 1834 vertritt der Ehemann seine Frau in allen zum Ressort der Auseinandersetzungsbehörden gehörigen Geschäften, ohne Unterschied, ob die Eheleute in Gütergemeinschaft leben oder nicht. Ist die Frau aber bevormundet, so tritt dennoch die Konkurrenz des Vormundes und des vormundschaftlichen Gerichts ein, vergl Schr. d. Min. d. J v. 7. April und 26. Febr. 1853 (Lette und Rönne Landes-Kult. Ges. Bd. 1 S. 646). Das Erk. des Rev.-Coll. v. 2. Juni 1854 (Zeitschr. des Rev.-Coll. Bd. 7 S. 428) hat angenommen, daß der Vormund allein ohne Zuziehung des Mannes nicht gültig kontrahiren könne, und ein in dieser Art geschlossener Vergleich weder für die Frau, noch für den Mann verbindlich sei. Soweit es sich nicht um den Nießbrauch des Mannes handelt, ist nach §. 748 d. T. dieses sehr zweifelhaft, und früher hatte auch das Rev.-Coll. im Erk. v. 16. April 1847 (a. a. O. Bd. 2. S. 263 Note) das Gegentheil angenommen. —

ist zu solchen Veräußerungen, Verpfändungen und zur Auflegung bleibender dinglicher Lasten nur ihre Einwillung erforderlich.[431])

Auch bei bestehender Gütergemeinschaft bedarf der Ehemann zu Veräußerungen und Verpfändungen der gemeinschaftlichen Immobilien der Einwilligung der Ehefrau.[432])

---

431) §. 232 Thl. II. Tit. 1 A.L.R. Der Ausdruck „Veräußerung“ ist im umfassendsten Sinne zu deuten. In allen anderen Beziehungen ist die Verwaltung des Mannes unbeschränkt, wie sich aus der allgemeinen Fassung des §. 205 a. a. O. ergiebt. Es ist im ganzen System zwischen der Verwaltung und dem Nießbrauche unterschieden, und deshalb nicht anzunehmen, daß der §. 231 eine Beschränkung des §. 205 intendirt hat. Die vom Ges.-Rev. (a. a. O. Mot. z. §§. 180. 181 d. E. S. 158) mitgetheilten Materialien geben keinen bestimmten Aufschluß. Vergl. Bornemann Syst. Bd. 5 S. 133. 134. — Zur Verpachtung bedarf daher der Ehemann die Einwilligung der Frau nicht. Erk. d. Ob.-Trib. v. 11. März 1853 (Entsch. Bd. 25 S. 144) und Erk. d. Ob.-Trib. vom 1. October 1846, Präj. 1796 (Präj.-Samml. S. 139). Ueber die Frage, ob ein solcher Pachtvertrag auch nach Aufhebung des ehemännlichen Nießbrauchs noch Gültigkeit habe, sprechen sich jene beiden Erkenntnisse entgegengesetzt aus; das erstere verneint und das letztere bejaht dieselbe. —

Ist ein Grundstück ohne nähere Angabe im Hypothekenbuche auf die Namen beider Eheleute eingetragen, so ist jeder derselben als Miteigenthümer zur ideellen Hälfte anzusehen, und die Einwilligung der Frau ist also nur in Bezug auf ihre Hälfte erforderlich. Rescr. vom 31. März 1802 (Stengel Bd. 16 S. 33; Rabe Bd. 7 S. 131); Ges.-Rev. (Mot. a. a. O. S. 162).

Die Grundsätze gelten auch in der Mark Brandenburg, Erk. d. Ob.-Trib. vom 16. Mai 1851 (Strieth. Arch. Bd. 2 S. 139).

Wegen der Form der Einwilligung vergl. Anm. 375. alin. 6. —

Nach Röm. Rechte konnte der Ehemann Dotalgrundstücke, welche an die Ehefrau oder deren Erben zurückfallen sollten, sowie die damit verbundenen Berechtigungen nur mit eidlich bestärkter Einwilligung der Frau veräußern, verpfänden oder sonst belasten. Puchta Pand. VII. Aufl. S. 593; Arndts Pand. §. 402; vergl. pr. J. quib. alien. lic. II., 8; l. un. §. 15 C. de rei ux. act. V., 13; l. 5. 6 D. de fundo dot. XXIII., 5; l. 3 §. 1 D. eod. cap. 28 X., de jure jur. II., 24. Die Frage, ob der Mann noch während der Ehe das von ihm selbst ungültig veräußerte Grundstück vindiziren könne, ist sehr bestritten, vergl. darüber Glücks Commentar Bd. 25 S. 400 ff. Arndts a. a. O. Anm 4 ist für die Affirmative. —

432) §. 378 a. a. O. — Dasselbe gilt bei der gemeinrechtlichen G.G. Erk. des Ob.-Trib. v. 15. November 1858 (Strieth. Bd. 31 S. 145). Für Westphalen u. s. w. vergl. §. 3 Ges. v. 16. April 1860 (G.S. S. 165). Der §. 378 gilt auch:

a) unter der Herrschaft des Westpreuß. Provinzialrechts, Präjudiz vom 29. Juni 1847 (Entsch. Bd. 14 S. 469);
b) in Pommern da, wo Lübisches Recht gilt, Plen.-Beschl. des Ob.-Trib. vom 23. Januar 1843 (Entsch. Bd. 10 S. 61);
c) unter der Herrschaft des Preuß. Landrechts von 1721 (im Lauenburgschen und Bütowschen Kreise), Erk. des Ob.-Trib. v. 4. August 1842, Präj. 1173 (Präj.-Samml. S. 276).

Unter den im §. 378 gedachten Gerechtigkeiten sind nur solche, welche gleich den Grundstücken Gegenstand der Veräußerung und Verpfändung sein können, nicht aber ein subjectiv persönliches Nutzungsrecht (z. B. Wohnungsrecht) zu verstehen, wenngleich dasselbe die Natur eines objectiv dinglichen Rechts erlangt haben sollte. Erk. d. Ob.-Trib. vom 2. Juli 1858 (Strieth. Arch. Bd. 30 S. 160).

Ferner gehören folgende Fälle nicht hierher:

a) wenn der in G.G. lebende Ehemann ein Grundstück, auf dessen Erwerbung er nur ein persönliches Recht besitzt, dessen Eigenthum aber durch Adjudikation oder Uebergabe u. s. w. noch nicht auf ihn übergegangen ist, wiederverkauft oder zu verkaufen rechtsgültig verspricht. Erk. d. Ob.-Trib. v. 27. Aug. 1841, Präj. 1043 (Präj.-Samml. S. 143);

Verweigert letztere ihre Einwilligung ohne Grund (vergl. §. 60), so kann dieselbe nach vorhergegangener Untersuchung der Umstände von dem vormundschaftlichen Gerichte ergänzt werden.[433])

f. Ankauf oder Pachtung von Grundstücken.

§. 66.

Das Vermögen des Pflegebefohlenen kann auch, jedoch nur aus besonderen Nützlichkeitsgründen, zum Ankauf von Immobilien verwendet werden;[434]) im Zweifel ist aber stets eine zinsbare Unterbringung der Mündel-

---

b) wenn der Mann das Grundstück behufs des Erwerbes desselben mit Verpflichtungen belastet, z. B. für rückständige Kaufgelder verpfändet, Rescr. vom 23. März 1821 (Jahrb. Bd. 17 S. 25); Ges.-Rev. (Mot. a. a. O. S. 242);

c) wenn der Mann mit Einwilligung der Frau das Grundstück verkauft hat und demnächst die von dem Käufer vor der Uebergabe vorgenommene Cession seiner Rechte an einen Dritten genehmigt, Erk. des Ob.-Trib. vom 14. Juli 1852 (Entsch. Bd. 23 S. 393).

In diesen Fällen ist die Einwilligung der Ehefrau nicht erforderlich. —

Die Frage, ob der Mann das gütergemeinschaftliche Grundstück mit anderen Verpflichtungen, als Hypotheken, ohne Einwilligung der Frau belasten dürfe, könnte nach der Fassung des §. 378 zweifelhaft sein. Aus den vom Ges.-Rev. (Mot. a. a. O. S. 241) mitgetheilten Materialien läßt sich die Entscheidung mit Bestimmtheit nicht entnehmen. Der Ges.-Rev. entscheidet sich jedoch für die Negative, und wohl mit Recht, da solche Belastungen stets unter den Begriff der Veräußerung im weiteren Sinne fallen werden, auch die Vorschrift des §. 232 a. a. O. darauf hindeutet. Andernfalls könnte der Mann einseitig den ganzen Werth des Grundstücks absorbiren, und so die Vorschrift des §. 378 a. a. O. umgehen. —

Ob der Ehemann über die Hälfte eines gütergemeinschaftlichen Grundstücks, als über sein ideelles Miteigenthum, ohne Einwilligung der Frau durch Veräußerung und Verpfändung verfügen könne, ist streitig. Der Ges.-Rev. (Mot. a. a. O. S. 241), das Ob.-Trib. (Gutachten vom 24. August 1840, J.M.Bl. S. 369) und Koch (Comm. z. A.L.R. Anm. 29 zu §. 378) entscheiden sich mit Recht für die Negative, weil auf das gütergemeinschaftliche Vermögen die Vorschriften vom gewöhnlichen Miteigenthume nicht anzuwenden sind, wenigstens jedenfalls nicht in der Art, daß jeder der Ehegatten als Sondereigenthümer der ideellen Hälfte jedes einzelnen in dem gemeinschaftlichen Vermögen befindlichen Gegenstandes angesehen werden könnte. Hieraus ergiebt sich auch die Unrichtigkeit der Ansicht, daß eine vom Manne ohne Einwilligung der Frau vorgenommene Veräußerung des ganzen Grundstücks, wenigstens ihm gegenüber, auf seinen ideellen Antheil zu Recht bestehe. Dabei ist es gleichgültig, ob das Grundstück, ehe es in die Gemeinschaft kam, dem Manne oder der Frau gehört hat. Erk. des Ob.-Trib. vom 18. Juni 1852 (Strieth. Arch. Bd. 7 S. 31), Bornemann (Syst. II. Ausg. Bd. 5 S. 139). Das Ob.-Trib. hat jedoch in dem Erk. vom 22. September 1858 (Strieth. Arch. Bd. 30 S. 251) auf Grund des §. 818 a. a. O. angenommen, daß weder der im Ehescheidungsurtel für unschuldig erklärte Ehemann, der gemäß §. 811 a. a. O. die Hälfte des gütergemeinschaftlichen Vermögens gewählt und demnächst vor erfolgter Auseinandersetzung einseitig ein gütergemeinschaftliches Grundstück verkauft hat, noch die Ehefrau diesen Vertrag anfechten können.

433) §§. 239. 388 a. a. O.

434) §§. 597. 598 d. T. — Hier ist die obervormundschaftliche Genehmigung nicht Bedingung der Gültigkeit des Vertrages, §§. 238. 239 d. T. und der Pl.-Beschl. d. Ob.-Trib. v. 22. Juni 1846 (Entsch. Bd. 13 S. 3). Daher ist der Vormund auch ohne Autorisation des vormundschaftlichen Gerichts berechtigt, im Licitationstermine das Vorkaufsrecht seines Pflegebefohlenen auszuüben, Erk. d. Ob.-Trib. v. 13. Juli 1853 (Strieth. Arch. Bd. 9 S. 369).

gelder vorzuziehen.[435]) Pachtungen dagegen darf kein Pflegebefohlener übernehmen, und wenn solche auf ihn verfallen, so sind dieselben nur so lange fortzusetzen, als dieses nach den bestehenden Verträgen oder den gesetzlichen Vorschriften nothwendig geschehen muß.[436])

g. Anlegung oder Fortsetzung einer kaufmännischen Handlung.

§. 67.

Zur eigenen Betreibung bürgerlicher Gewerbe soll kein Minderjähriger vor erfolgter Majorennitätserklärung und kein erklärter Verschwender zugelassen,[437]) auch darf das Vermögen des Pflegebefohlenen zur Anlegung einer kaufmännischen Handlung niemals verwendet werden.[438]) Wenn aber der Pflegebefohlene eine bestehende Handlung erbt, so ist zu unterscheiden:

1) Der Erblasser war alleiniger Inhaber derselben und hat:

a. die Aufhebung verordnet, dann muß dieselbe erfolgen.[439])

b. Er hat die Fortsetzung verfügt. Dann muß seinem Willen in allen Stücken nachgelebt werden, vorausgesetzt, daß er dem Pflegebefohlenen nicht blos den Pflichttheil hinterlassen hat.[440])

c. Er hat über die Aufhebung oder Fortsetzung nichts verfügt. Dann muß durch zwei zu verpflichtende, zuverlässige[441]) Sachverständige unter Zuziehung des Vormundes und eines oder zweier der nächsten am Orte oder in der Provinz befindlicher Verwandten mit Rücksicht auf den Zustand und die Verfassung der Handlung, das Alter und die Fähigkeiten des Pflegebefohlenen und die Eigenschaften und Umstände des Geschäftsführers begut-

---

435) §. 599 d. T. — Koch, Commentar Anm. 11 zu diesem Paragraphen hält die Vorschrift bezüglich minderjähriger Ehefrauen vom Bauernstande mit Recht für unzweckmäßig.

436) §§. 602—604 d. T. und §. 366 ff. Thl. I. Tit. 21 A.L.R. — Findet der Vormund eine fortzusetzende oder eine neu einzugehende Pachtung vortheilhaft, und hat der zu Geschäften dieser Art erzogene Pflegebefohlene das 20. Jahr zurückgelegt, so kann dadurch der Antrag auf Majorennitätserklärung begründet werden, §. 604. —

437) §§. 807 812 d. T. — Ist es dennoch geschehen, so gelten wegen der Handlungen und Verträge der Minderjährigen Dritten gegenüber die allgemeinen Grundsätze §. 22 Thl. I. Tit. 4 A.L.R. §§. 10 ff. 31 ff. Thl. I. Tit. 5 a. a. O. Der Pflegebefohlene hat wegen ihm entstehenden Schadens den Regreß an denjenigen, welcher ihn zu dem Gewerbe zugelassen hat. §§. 808. 809 d. T. Vergl. §. 16 der G.O. vom 17. Januar 1845 (G.S. S. 41), wonach nur dispositionsfähige Personen ein stehendes Gewerbe für eigene Rechnung selbstständig betreiben dürfen. Ist dem Pflegebefohlenen durch vormundschaftliche Genehmigung die Dispositionsbefugniß beigelegt, so steht der §. 16 cit der polizeilichen Zulassung nicht entgegen. Erk. d. Ob.-Trib. v. 22. September 1860 (Strieth. Arch. Bd. 38 S. 238).

438) §§. 602. 605 d. T. — Nach §. 773 d. T. kann dem Ehemanne einer weiblichen Pflegebefohlenen deren Vermögen behufs Beginnens einer Handlung gegen Sicherheitsbestellung überlassen werden. Das steht mit § 605 nicht in Widerspruch, denn die Pflegebefohlene ist in jenem Falle nur Darleiherin und behält die mit Sicherheit versehene Forderung. —

439) §. 614 d. T. —

440) Und sofern nicht neue Umstände zum Vorschein kommen, welche die Fortsetzung bedenklich machen, §§. 612. 613 d. T. —

441) d. h. es darf von ihnen kein Mißbrauch der Handelsgeheimnisse zu befürchten sein. §§. 609. 616 d. T. —

achtet werden, ob die Handlung fortzusetzen oder aufzuheben sei.[442]) Widersprechen die Verwandten[443]) dem Gutachten der Sachverständigen, so ist die Prüfung mit zwei anderen Sachverständigen zu wiederholen, und wenn auch diese den Verwandten nicht beistimmen, so giebt die Meinung des Vormundes den Ausschlag, wogegen andernfalls nach dem Antrage der Verwandten zu entscheiden ist.[444])

2) Der Erblasser hat zur Zeit seines Ablebens mit einem Andern in einer Handlungsgesellschaft gestanden und

a. der bestehende Vertrag, die letztwillige Verordnung des Erblassers, oder das Gesetz begründen eine Verpflichtung zur Aufhebung oder Fortsetzung, so behält es dabei sein Bewenden;

b. das ist nicht der Fall; dann kommen die obigen Grundsätze (Nr. 1 a—c) zur Anwendung.[445]) —

Behufs Fortsetzung der Handlung kann das vormundschaftliche Gericht nach Bewandniß der Umstände dem Vormunde einen zu verpflichtenden, zuverlässigen und sachkundigen Beistand zuordnen, sofern nicht die Mutter des Pflegebefohlenen fähig und geneigt ist, der Handlung vorzustehen.[446]) Den vom Erblasser ernannten oder vom Gericht bestellten Disponenten[447]) hat der Vormund genau zu beaufsichtigen[448]) und in wichtigen und bedenklichen Fällen, z. B. wenn die Person des Disponenten oder der Handelsgegenstand geändert, oder zur Erlangung eines besonderen Vortheils ein ungewöhnliches Risiko übernommen, oder das Handlungskapital aus dem übrigen Vermögen des Pflegebefohlenen verstärkt werden soll, — muß er den Beistand mit seinem Gutachten hören und die Genehmigung des vormundschaftlichen Gerichts einholen.[449])

Der Disponent kann ohne Rückfrage Credit geben und nehmen, soweit dieses zum gewöhnlichen Betriebe der Handlung gehört, und die Schulden aus dem Handlungskapitale bestritten werden können. Zu anderen

---

442) §§. 615—618 d. T. — Die Sachverständigen sind zu vereidigen, vergleiche §. 634 d. T. und Ges.-Rev. (Pens. VII. Mot. S. 219).

443) Der §. 619 d. T. verordnet: „Stimmen die Sachkundigen und der Vormund in ihren Gutachten überein, so dient dieses Gutachten dem Vormundschaftsamte lediglich zur Richtschnur.“ Wenn dann der §. 620 als Gegensatz vorschreibt, daß das Verfahren mit anderen Sachverständigen wiederholt werden soll, wenn „die Meinungen der Sachkundigen und der Verwandten“ verschieden sind, so steht das mit §. 619 in einem nicht zu lösenden Widerspruch, wenn nicht angenommen wird, daß in §. 619 statt „der Vormund“ stehen soll „die Verwandten“.

444) §§. 619—622 d. T. —

445) §§. 639. 640 d. T. — Vergl. §§. 80. 285 ff. Thl. I. Tit. 17 A.L.R.

446) §§. 607—611 d. T. — Auch bei den Beiständen müssen die Handlungsgeheimnisse sicher sein. Vorzugsweise sollen dazu Verwandte genommen werden. Die Verpflichtung geschieht durch Handschlag an Eidesstatt nach Analogie des §. 220 d. T.

447) §. 624 d. T. — Das Einführungsgesetz zum Allg. Deutschen Handelsgesetzbuche vom 24. Juni 1861 verordnet in Art. 21, daß das vormundschaftliche Gericht im Falle des §. 624 cit. die Handlung entweder durch einen Prokuristen (Art. 41 des Handelsgesetzbuches) oder durch einen Handlungsbevollmächtigten mit einer allgemeinen Vollmacht (Art. 47 des Handelsgesetzbuches) fortsetzen lassen kann. Auf den Prokuristen finden dabei die Art. 41—46 d. H.G.B. Anwendung (G.S. S. 458. 459). —

448) §. 627 d. T. — Insbesondere durch Revision der Bücher und der Correspondenz. Vergl. §§. 774. 775 d. T.

449) §§. 628. 629 d. T.

Schulden ist die Einwilligung des Vormundes und, wenn nicht etwa Gefahr im Verzuge ist, die obervormundschaftliche Genehmigung erforderlich; auch muß die Nützlichkeit der Verwendung und die Art und Zeit der Rückzahlung nachgewiesen werden.[450])

Bei einer Sozietätshandlung hat der dieselbe fortführende Compagnon, sofern nicht durch Verträge oder Verordnungen des Erblassers etwas anderes bestimmt ist, die Stellung des Disponenten mit den obengedachten Rechten und Pflichten.[451])

Die fortgesetzte Handlung ist nachträglich aufzuheben, wenn die jährliche Balance einen Schaden nachweist, und nicht etwa für die Folge ein denselben überwiegender Vortheil mit großer Wahrscheinlichkeit zu erwarten ist.[452]) Bei der Aufhebung der Handlung ist zunächst zu versuchen, ob dieselbe auf Grund eines vollständigen Inventars und nach Abschätzung der Waaren und ausstehenden Forderungen[453]) durch vereidete Sachverständige unter möglichst vortheilhaften Bedingungen im Ganzen verkauft werden kann, wozu außer der obervormundschaftlichen Genehmigung keine weitern Solennitäten erforderlich sind.[454]) Findet sich dazu keine Gelegenheit, so muß der stückweise Verkauf der Waaren und die Einziehung der Forderungen durch den Disponenten unter Aufsicht des Vormundes besorgt werden. Dabei dürfen neue Geschäfte nur insofern unternommen werden, als dieses zur Beendigung des Geschäfts oder zur Abwendung von erheblichem Schaden erforderlich ist.[455])

Wenn dem Ehemanne einer weiblichen Pflegebefohlenen die Fortsetzung einer der letzteren angefallenen Handlung von dem vormundschaftlichen Gerichte gestattet ist, so gilt derselbe als Disponent und ist als solcher der vormundschaftlichen Aufsicht und den sonstigen Beschränkungen unterworfen.[456])

---

450) §§. 630—632 d. T.

451) §§. 641. 642 d. T. — Auch in diesem Falle gebührt dem Vormund das Aufsichts- und Control-Recht, sofern der Vertrag oder die Anordnungen des Erblassers nicht entgegenstehen. —

452) §. 623 d. T. Auch wenn auf Anordnung des Erblassers die Fortsetzung erfolgen mußte, darf die Handlung aufgehoben werden, sobald neue Umstände die Fortsetzung bedenklich machen. §. 612 d. T.

453) In §. 634 d. T. heißt es „die ausstehenden Schulden". Der Ausdruck ist nicht richtig; Schulden stehen nicht aus. Daß aber in Wirklichkeit ausstehende Forderungen gemeint sind, ergiebt sich aus dem Zusammenhange, und insbesondere daraus, daß in §. 637 in derselben Zusammenstellung mit Waaren von „Einziehung der Schulden" die Rede ist. —

454) §§. 633–635 d. T. Hier ist die obervormundschaftliche Genehmigung als „Solennität" anzusehen, mithin Bedingung der Gültigkeit und nicht eine bloße Administrativmaßregel. Auch Grundstücke, die mit der Handlung untrennbar verbunden sind, können ohne Subhastation mit überlassen werden, §. 636 d. T.

455) §§. 637. 638 d. T. —

456) §§. 774. 775 d. T. — Nach Art. 21 des Einführungsgesetzes zum Allg. Deutschen Handelsgesetzbuch vom 24. Juni 1861 kann das vormundschaftliche Gericht den Ehemann entweder als Prokuristen, oder nur als Handlungsbevollmächtigten einsetzen. Im ersteren Falle kommen die Art. 41–46 des Handelsgesetzbuchs zur Anwendung (G.S. S. 459).

b. Anfall einer Erbschaft.

§. 68.

Die Erklärung über den Antritt oder die Entsagung einer dem Pflegebefohlenen während der Vormundschaft anfallenden Erbschaft hat der Vormund abzugeben[457]), und dabei ist die Genehmigung des obervormundschaftlichen Gerichts nur dann erforderlich, wenn die Erbschaft ausdrücklich ohne Vorbehalt der Rechtswohlthat des Inventars angetreten oder ausdrücklich abgelehnt werden soll.[458]) Jedenfalls hat der Vormund von dem Anfalle

---

457) §. 390 Thl. I. Tit. 9 A.L.R. — Auch der Abwesenheitsvormund, Erk. des Ob.-Trib. v. 6. April 1848 (Entsch. Bd. 17 S. 87)

458) §§. 643. 644 d. T. Die Genehmigung ist Bedingung der Gültigkeit, vergl. §§. 430. 431 Thl. I. Tit. 9 A.L.R. Wird von der Mutter als Vormünderin ihrer Kinder die obervormundschaftliche Genehmigung zum Antritt ohne Vorbehalt nachgesucht, so ist zu prüfen, ob sie nicht wegen der etwa für die Kinder drohenden Gefahr eines Schadens Sicherheit zu bestellen hat, Anh. §. 165 zu §. 644 d. T. aus dem Rescr. vom 18. April 1797. — Die Genehmigung des vormundschaftlichen Gerichts zur Entsagung der Erbschaft durch den Vormund kann auch nachträglich, selbst nach Ablauf der Deliberationsfrist erfolgen und ist dann auf den Zeitpunkt der erfolgten Entsagung zurückzubeziehen. Vergl. Erk. des Ob.-Trib. vom 20. Januar 1857 (Strieth. Arch. Bd. 23 S. 247). —

Zur Gültigkeit der vorbehaltlosen Anerkennung eines Testaments durch den Vormund ist die obervormundschaftliche Genehmigung nicht erforderlich, selbst dann nicht, wenn der Pflegebefohlene im Pflichttheile verletzt ist. Erk. des Ob.-Trib. vom 13. Juli 1860 (Strieth. Arch. Bd. 38 S. 175). Vergl. §. 438 Thl. II. Tit. 2 A.L.R. §§. 611. 612 I., 12 a. a. O. —

Vielfach bestritten ist die Frage, ob der Vater, wenn seinem in patria potestate befindlichen minderjährigen Kinde eine Erbschaft angefallen ist, diese ohne Vorbehalt antreten oder ihr entsagen könne, ohne dazu der obervormundschaftlichen Genehmigung zu bedürfen.

Es verneinen:

a. der Justiz-Minister in dem Rescr. vom 19. Januar 1824 (Jahrb. Bd. 23 S. 54), Rescr. vom 15. Juni 1825 und 2. Novbr. 1829 (Erg. a. a. O. Bd. 2 S. 290), weil darin eine Verfügung über die Substanz des Kindervermögens liege, welche nach §. 170 Thl. II. Tit. 2 A.L.R. dem Vater allein nicht zustehe.

b. der Ges.-Rev. (Pens. XV. Mot. zu §. 119 II., 2 d. E. S. 71), weil in der Entsagung eine Veräußerung der Substanz liege, der Antritt ohne Vorbehalt aber noch gefährlicher sei, indem dabei der Verlust des sonstigen Vermögens des Kindes auf dem Spiele stehe.

c. Schmidt (Familienrecht S. 536 ff.), weil das A.L.R. keine darauf bezügliche Vorschriften enthalte. Derselbe vertritt mit Bezugnahme auf das Römische Recht sogar die Ansicht, daß auch mit obervormundschaftlicher Genehmigung der Vater weder entsagen noch unbedingt antreten könne.

Die Affirmative nehmen an:

a. Der Justiz-Minister in d. Rescr. v. 4. Octbr. 1839 (J.M.Bl. 1839 S. 334), weil die §§. 170 ff. II., 2 hierauf keine Anwendung finden, und der entgegengesetzten Ansicht die §§. 644. 681 d. T. entgegenstehen.

b. das Ober-Tribunal in dem Erk. vom 28. April 1852 (Strieth. Arch. Bd. 5 S. 204 ff.) für den Fall, daß der Anfall zum nicht freien Vermögen gehören würde, weil die Verwaltung des Vaters bezüglich dieses Vermögens, abgesehen von den ausdrücklich vorgeschriebenen Fällen, der vormundschaftlichen Aufsicht nicht unterliege, vielmehr aus dem eigenen Rechte des Vaters hervorgehe. Dagegen scheint das Ob.-Trib. die obervormundschaftliche Genehmigung für nothwendig zu halten, wenn der Anfall freies Vermögen sein

dem Gerichte sofort Anzeige zu machen und demnächst das Inventarium einzureichen, wozu er von dem vormundschaftlichen Gerichte durch Strafen und Exekution angehalten werden kann. Durch Verabsäumung der gesetzlichen Frist zur Einreichung des Inventariums kann er den Pflegebefohlenen der Rechtswohlthat des Inventars nicht verlustig machen.[459]) Im Uebrigen sind, wenn die Erbschaft angetreten wird, die allgemeinen Grundsätze über Ausmittelung und Verwaltung des Mündelvermögens zu beobachten.[460])

Der befreite Vormund bedarf auch zur Erbschaftsentsagung und zur Antretung der Erbschaft ohne Vorbehalt nicht der vormundschaftlichen Genehmigung.[461])

i. Prozesse.

§. 69.

Zum Amte des Vormundes gehört auch die Führung der Prozesse des Pflegebefohlenen.[462]) Die obervormundschaftliche Genehmigung ist dabei nur in folgenden Fällen erforderlich:

---

würde, weil die Verwaltung des Vaters in Bezug auf dieses eine vormundschaftliche sei, §§. 984 ff. d. T., 159 II. 2. —

c. Koch (Commentar z. A.L.R. Anm. 14 zu §. 168 II., 2), welcher der Ansicht des Ob.-Trib. ist.

Die aufgeworfene Frage ist aber durchweg zu bejahen. Was zunächst das freie Vermögen anbetrifft, so ist schon oben §. 51 gezeigt, daß in Bezug auf dieses der Vater nur ebenso der obervormundschaftlichen Aufsicht unterworfen ist, wie ein befreiter Vormund. Letzterer bedarf nach §§. 681 ff. d. T. zur Entsagung oder unbedingten Annahme einer Erbschaft der obervormundschaftlichen Genehmigung nicht; also ist sie auch für den Vater nicht erforderlich. Die Vorschriften §§. 984 ff. d. T. stehen dem nicht entgegen; sie beziehen sich nicht auf die Frage, ob und wie der Anfall dem Kinde erworben werden soll, sondern setzen die Erwerbung als geschehen voraus, und bestimmen nur, was behufs Feststellung und Verwaltung des in Folge des Anfalls erworbenen freien Vermögens geschehen soll. Wenn hiernach der Vater in Betreff des freien Vermögens einer seinem Kinde angefallenen Erbschaft entsagen oder dieselbe ohne Vorbehalt antreten kann, ohne dazu der obervormundschaftlichen Genehmigung zu bedürfen, so muß dieses um so mehr in Betreff des nicht freien Vermögens angenommen werden, bei welchem der Vater eine viel weniger beschränkte, aus seinem natürlichen mundium entspringende Verwaltung hat. Dazu kommt, daß es auch in der That an einer darauf bezüglichen gesetzlichen Bestimmung fehlt, da die §§. 169 ff. Thl. II. Tit. 2 A.L.R. unmittelbar für den Fall nichts entscheiden, analog aber nicht angewendet werden können, und die allgemeine Fassung des §. 168 a. a. O. eher für die hier aufgestellte Ansicht spricht. Allerdings ist dem Revisor darin beizustimmen, daß die Entsagung, und noch mehr die unbedingte Annahme einer Erbschaft dem Kinde nachtheilig sein kann. Allein dieses könnte nur de lege ferenda von Erheblichkeit sein. Andererseits ist wieder zu erwägen, daß die väterliche Gewalt überhaupt auf dem natürlichen Verhältnisse des Vaters zum Kinde, also wesentlich auf der Voraussetzung beruht, daß Niemand so sehr, wie grade der Vater, die Interessen des Kindes wahrnehmen werde.

459) §§. 430. 431 I., 9 a. a. O.

460) §§. 645. 646 d. T.; §§. 354 ff. d. T.; §. 4 II., 5 A.G.O. —

461) §§. 681 ff. d. T. Vergl. Bornemann (Syst. II. Aufl. Bd. 5 S. 291). —

462) §§. 501 ff. d. T. — Das vormundschaftliche Gericht und beziehentlich der betreffende Beamte kann niemals für den Mündel Prozesse führen, selbst dann nicht, wenn der Vormund die Gegenpartei, oder sonst unfähig oder verhindert ist. In solchen Fällen ist vielmehr dem Pflegebefohlenen ein besonderer Kurator zu bestellen und zu ver-

1) Zur Anstellung einer Klage oder Widerklage oder zur Intervention (autorisatio seu decretum ad agendum).[463]) Ohne das Dekret darf die Klage oder Widerklage nicht angenommen werden, außer

a. Zinsenklagen; bei diesen bedarf es der Genehmigung überhaupt nicht,[464])

b. wenn der Vormund ausdrücklich erklärt, gegen den Willen des vormundschaftlichen Gerichts klagen zu wollen, in welchem Falle er dem Pflegebefohlenen aus eigenen Mitteln für allen daraus entstehenden Schaden haftet;[465])

c. in Arrestsachen und anderen schleunigen Fällen; hier muß das Dekret innerhalb einer vom Prozeßrichter zu bestimmenden Frist nachgebracht werden.[466])

2) Wenn der Vormund

a. einen vom Gegner acceptirten Eid erlassen oder für geschworen annehmen,[467]) oder

b. wenn er einen ihm de ingnorantia angetragenen Eid zurückschieben will.[468])

3) Zu Vergleichen.[469])

Ist außer den Fällen zu 1 a. b. eine Klage ohne obervormundschaftliche Genehmigung zugelassen, und die Genehmigung wird auch nachträglich nicht beschafft, so ist der Vormund wegen fehlender legitimatio ad processum abzuweisen und in Tragung der Kosten aus eigenen Mitteln zu verurtheilen.[470]) Wenn aber in einem solchen Falle, oder in dem Falle zu 1 b. einmal in der Sache selbst erkannt ist, so bleibt dem Pflegebefohlenen nur übrig, die Entscheidung, soweit sie ihm nachtheilig ist, als nichtig anzufechten und sich wegen der Schäden und Kosten an den Vormund zu halten.[471])

---

pflichten §§. 254. 377. 953 d. T. Vergl. Erk. des Ob.-Trib. vom 19. Juli 1845 (Entsch. Bd. 12 S. 513). — §§. 3. 4 I., 1 A.G.O. Vergl. K.-O. v. 4. Juli 1832 (G.S. S. 175), und K.-O. v. 5. Dezbr. 1835 (G.S. S. 294). —

463) Und zwar zur Gültigkeit der Handlungen des Vormundes. —

464) §. 501 d. T. — §. 53 I., 3 A.G.O.; §. 4, Nr. 6 I., 5 a. a. O. — Nach Röm. Rechte stand die Anstrengung von Klagen in dem Ermessen des Vormundes: Tutor ad utilitatem pupilli et novare et rem in judicium deducere potest, l. 22 D. de adm. et per. XXVI., 7. —

465) §§. 493. 501 d. T.

466) §§. 515. 516 d. T.

467) § 285 I., 10 A.G.O., vgl. §. 99 Thl. I. Tit. 13 A.L.R. u. Anh. §. 44 dazu.

468) §. 292b. I., 10 A.G.O. Die dennoch geschehene Relation und Ableistung des Eides seitens des Gegners ist ungültig und dadurch wird der Beweis nicht geführt. Aber der Vormund ist pro jurare nolente zu erachten, weil er auf die Delation eine zulässige Erklärung nicht abgegeben hat, § 297 a. a. O. Vergl. Koch (A.G.O. II. Aufl. S. 266 Anm. 51 und Civil-Prozeß S. 467). —

469) §. 521 d. T.

470) §§. 502. 503 d. T.

471) §§. 66. 67 Einl. z. A.G.O.; §§. 1. 2 Nr. 4 §. 13 I., 16 A.G.O. §. 11 a. a. O.; §. 13 I., 23 A.G.O.; §. 12 I., 24 a. a. O. — Hierdurch beheben sich die von Koch (Commentar z. A.L.R. Anm. 73 zu §. 502 d. T.) als unlösbar bezeichneten Widersprüche der §. 501. 502 mit 515 d. T. und mit §. 2 Nr. 4 I., 16 A.G.O. Die §§. 501. 502. 515 beziehen sich lediglich auf die legitimatio ad processum. Letztere setzt nach §. 501 das obervormundschaftliche Dekret voraus. Ist dieses nicht vorhanden,

In allen anderen Beziehungen ist der Vormund zur freien Vertretung des Pflegebefohlenen im Prozesse legitimirt,[472]) insbesondere kann er sich durch Bevollmächtigte vertreten lassen,[473]) kann Anerkenntnisse und Zugeständnisse abgeben,[474]) Eide zuschieben,[475]) zurückschieben,[476]) annehmen und

---

so ist, abgesehen von den Ausnahmefällen, die Klage per decretum zurückzuweisen, §. 4 Nr. 6 I., 5 A.G.O. Wenn aber die Klage ohne das erforderliche Dekret, sei es aus Versehen oder auf Grund des §. 503 einmal eingeleitet ist, und der Vormund das Dekret nachträglich nicht beschafft, so muß er durch Erkenntniß abgewiesen werden, weil er zur Führung des Prozesses für den Pflegebefohlenen nicht legitimirt ist. In der Sache selbst ist nicht zu erkennen, weil alles, was in Bezug darauf verhandelt war, als nicht vorhanden angesehen werden muß; denn der Pflegebefohlene war nicht Parthei. Inwiefern derjenige, welcher im Prozesse als Stellvertreter einer Parthei auftritt, bezüglich der Legitimationsfrage als dominus litis anzusehen sei, darüber fehlt es im Allgemeinen an jeder Vorschrift. (Vergl. darüber den Aufsatz in Gruchots Beiträgen Jahrgang VII. S. 99 ff.) In Bezug auf den hier in Rede stehenden Fall wird diese, und nur diese Frage in § 502 d. T., und zwar dahin entschieden, daß in Ansehung der Verhandlung und des Erkenntnisses über seine Legitimation in den für den Pflegebefohlenen angestellten Prozessen der Vormund selbst dominus litis sei, daß also ein ihn wegen mangelnder autorisatio ad agendum abweisendes Erkenntniß gegen ihn persönlich, und nicht gegen den Pflegebefohlenen zu richten ist, und deshalb auch ihm die Prozeßkosten zur Berichtigung aus eigenen Mitteln auferlegt werden müssen. Nur dieses ist der Sinn des §. 502. Dem gegenüber rechtfertigt sich, so weit es sich um das Interesse des Pflegebefohlenen handelt, auch der §. 514. Es sind manche Fälle denkbar, in welchen das Interesse des Mündels so zweifelhaft ist, daß sich über die Zweckmäßigkeit einer Klage auch nicht mit einiger Bestimmtheit entscheiden läßt. Ist in einem solchen Falle das vormundschaftliche Gericht für, und der Vormund gegen Anstellung des Prozesses, so kann das Gericht den Vormund anweisen oder allenfalls dem Pflegebefohlenen einen Spezial-Kurator bestellen. Im umgekehrten Falle aber würde nach §. 502 der Versuch der Klage unmöglich sein. Um aber für diesen Fall das Interesse des Pflegebefohlenen zu wahren, ist dem Vormunde durch §§. 515. 516 die Möglichkeit gegeben, auch wider Willen des vormundschaftlichen Gerichts zu klagen, und ein Erkenntniß in der Sache selbst zu extrahiren. Die Bestimmung des §. 515 ist somit eine Ausnahme von der Regel des §. 501 und nur dahin zu verstehen, daß in jenen Fällen der Vormund zu seiner Legitimation des obervormundschaftlichen Dekrets nicht bedarf. Ueber die Wirkungen der res judicata ist hier nichts bestimmt, und namentlich ist in §. 502 keine Abweichung von den in Bezug darauf geltenden allgemeinen Grundsätzen zu finden. Vielmehr steht auch im Falle des §. 502 ein wenn auch zu Unrecht in der Sache selbst ergangenes Erkenntniß dem Pflegebefohlenen und beziehungsweise dessen Gegner entgegen. §§. 66. 67 Einl. z. A.G.O. und §. 1. I., 16 A.G.O.; der Pflegebefohlene kann dasselbe aber mit dem betreffenden Rechtsmittel oder mit der Nullitätsklage anfechten, soweit es ihm nachtheilig ist, §. 2 Nr. 4 §. 11. I., 16 a. a. O. Im Falle des §. 515 dagegen gebührt dem Pflegebefohlenen die restitutio ex capite minorennitatis aus §§. 12. 13 a. a. O. gegen ein ihm nachtheiliges Erkenntniß, und außerdem ist der Vormund für allen Schaden verantwortlich. Vergl. übrigens auch die Bedenken des Ges.-Rev. (Pens. VII. Mot. S. 197). —

472) §§. 504 ff. d. T.

473) §§. 51. 52 I., 3 A.G.O. Er muß der Vollmacht beglaubigte Abschrift seiner Bestallung beifügen.

474) §§. 85. 260 ff I., 10 A.G.O.; Präj. d. Ob.-Trib. 1456 (Entsch. Bd. 11 S. 383). — In einem Erk. vom 12. März 1857 (Strieth. Arch. Bd. 24 S. 116) hat aber das Ob.-Trib. folgenden Satz ausgesprochen: „Das von dem Vormunde des Pflegebefohlenen erfolgte Anerkenntniß einer eingeklagten ungültigen Schuld des letzteren hat keine Wirkung." In dieser Allgemeinheit ist der Satz nicht richtig. Nur so weit, als der Vormund die eingeklagte Schuld ohne obervormundschaftliche Genehmigung nicht eingehen könnte, kann er sie auch durch sein Anerkenntniß im Prozesse nicht gültig machen. Dieses ist wohl auch nur gemeint, wie sich aus der Begründung des Erkenntnisses ergiebt.

475) §. 258 I., 10 A.G.O.

476) §. 292b. a. a. O. e contrario. — Vergl. oben Anm. 468.

ableisten,[477]) Vorladungen und Erkenntnisse in Empfang nehmen[478]) und Rechtsmittel einlegen und fortsetzen.[479]) Wegen des Oberaufsichtsrechts des vormundschaftlichen Gerichts ist aber der Vormund verpflichtet, dem ersteren von den ergehenden Erkenntnissen und davon, ob er dagegen ein Rechtsmittel einlegen will oder nicht, sowie von jeder gegen den Pflegebefohlenen angestellten Klage Mittheilung zu machen und nähere Anweisung einzuholen.[480]) Letztere bindet ihn zwar nicht; er wird aber wegen deren Nichtbeobachtung dem Pflegebefohlenen für Schaden und Kosten verantwortlich,[481]) während er andernfalls blos für ein grobes Versehen bei Einziehung der Information und für ein mäßiges Versehen bei Mittheilung der erheblichen Umstände an das vormundschaftliche Gericht haftet.[482]) Dieses letztere haftet für ein mäßiges Versehen bei der rechtlichen Beurtheilung der Sache, und hat bei der Zulassung unnützer oder offenbar ungegründeter Prozesse oder Rechtsmittel Strafe und Kosten aus eigenen Mitteln zu entrichten, welche jedoch den Vormund treffen, wenn dieser die Genehmigung des Gerichts durch unrichtige oder unvollständige Anzeigen bewirkt hat.[483])

---

477) §§. 96. 140—143. 260 ff. a. a. O.; §. 16 I., 22 a. a. O. Der Eid muß dem Vormunde deferirt werden: a. wenn der Pflegebefohlene ein Wahn- oder Blödsinniger, oder Taubstummer ist, §. 260 I, 10 A.G.O.; b. wenn der Pflegebefohlene das 18. Jahr noch nicht zurückgelegt hat, §. 262 a. a. O., in welchem Falle jedoch, wenn der letztere diesem Zeitpunkte so nahe ist, daß durch dessen Abwartung keine erhebliche Verzögerung der Sache erwächst, oder wenn nach Bewandtniß der Umstände die streitige Thatsache dem Pflegebefohlenen besser, als dem Vormunde bekannt sein kann, der Gegner die Aussetzung der Eidesabnahme bis zu jenem Zeitpunkte verlangen kann, §. 264 a. a. O. — c. wenn der Vormund de veritate schwören kann, §. 261 a. a. O. Kann der Vormund nicht de veritate schwören, und der Pflegebefohlene hat das 18. Jahr zurückgelegt, so steht dem Gegner die Wahl zu, ob er den Eid von dem Vormunde oder dem Pflegebefohlenen fordern will, §. 263 a. a. O. — d. wenn der Pflegebefohlene ein Verschwender ist und es sich um eine eigene Handlung des Vormundes handelt, oder der Prozeß Schulden betrifft, welche der Pflegebefohlene aus Darlehnen oder aus gegebenem Kredit gemacht hat, und in diesem Falle der Vormund den Pflegebefohlenen zum Eide nicht lassen will. In allen anderen Fällen hat der Gegner die Wahl, ob er dem Vormunde oder dem Pflegebefohlenen den Eid deferiren will. Thut er letzteres, so kann der Vormund einen anderweiten Beweis führen, ohne den sonst mit der Gewissensvertretung verbundenen nachtheiligen Folgen ausgesetzt zu sein, §§. 266. 255 a. a. O.

Die Frage, ob der dem Pflegebefohlenen bestellte Litiskurator, oder der eigentliche Vormund die in dem vom Litiskurator geführten Prozesse vorkommenden Eide zu leisten habe, ist streitig. Da jedoch der §. 953 d. T. dem Kurator alle Rechte und Pflichten eines Vormundes in Ansehung des ihm übertragenen Geschäfts beilegt, der Litiskurator also in dem von ihm geführten Prozesse die Person des Pflegebefohlenen ebenso vertritt, als wenn er selbst Vormund wäre, nicht aber dem eigentlichen Vormunde blos substituirt ist, so werden die Eide vom Litiskurator zu leisten sein. Anders ist es bei einem bloßen Offizialmandatar; hier muß der Vormund schwören §. 23 I., 3 A.G.O. Vergl. Rescr. vom 8. April 1839 (J.M.Bl. S. 143), und für die entgegengesetzte Ansicht Koch (Prozeß-Ordnung III. Aufl. S. 254. 255 Anm. 18).

478) §§. 3. 34 I., 7 A.G.O.; §. 4 Verordn. v. 5. Mai 1838 (G.S. S. 273).

479) §. 507 d. T.

480) §§. 505. 506. 508 d. T.

481) §§. 509—512 d. T. — Rescr. v. 2. Juli 1798 (Rabe Bd. 5 S. 151; Erg. a. a. O. Bd. 6 S. 809).

482) §. 513 d. T.

483) §§. 514. 517—520 d. T.

Ein Compromiß auf Entscheidung eines Rechtsstreites des Pflegebefohlenen mit einem Dritten kann der Vormund nur mit obervormundschaftlicher Genehmigung eingehen.[484])

Der befreite Vormund ist bei der Prozeßführung von allen vorgedachten Beschränkungen entbunden.[485])

Auch bei solchen Prozessen, welche der Vater für seine Kinder in väterlicher Gewalt und der Mann für seine Ehefrau führt, tritt eine Mitwirkung des vormundschaftlichen Gerichts nur insofern ein, als dieses durch eine bereits bestehende Vormundschaft oder Curatel bedingt wird.[486])

C. Beendigung der Vormundschaft.

1. Gründe der Beendigung.

§. 70. a. Endigung der Vormundschaft überhaupt.

Jede Vormundschaft wird aufgehoben durch den Wegfall des Grundes oder der wesentlichen Voraussetzungen derselben. Die Gründe sind bei den verschiedenen Vormundschaften verschieden. Die Voraussetzungen sind aber bei allen Vormundschaften dieselben: Die Existenz des Pflegebefohlenen und seine Eigenschaft als Preußischer Unterthan.[487]) Demnach hört

1) mit dem Tode des Pflegebefohlenen[488]) und

2) mit dem Verluste seiner Eigenschaft als Preuß. Unterthan[489])

jede Vormundschaft auf.

In Betreff der Vormundschaft über einen Abwesenden vertritt die Todeserklärung[490]) die Stelle des natürlichen Todes, indem der Tag der

---

484) §. 521 d. T. — §. 167 I., 2 A.G.O.

485) §§. 681 ff. d. T.

486) §§. 13 ff. I., 1 A.G.O. §§. 189 ff. Thl. II. Tit. 1 A.L.R.

487) §. 1 d. T.; §§. 1. 22 ff. Einl. z. A.L.R.; §. 32 I., 1 a. a. O.

488) §. 860 d. T. — Im Falle des §. 149 des Str.G.B. erlischt das Recht des Strafantrages durch den Tod der Verführten so wenig für den Vormund, als für die Eltern derselben. Erk d. Ob.-Trib. vom 9. Novbr. 1859 (J.M.Bl. 1860 S. 54).

489) Vergl. §. 15. — §. 129 Thl. II., 17 A.L.R. Die nach §. 129 cit. zur Auswanderung des Pflegebefohlenen erforderliche „besondere Einwilligung des Staates" ist nicht die vormundschaftliche Genehmigung, — dieser bedarf es nach §. 328 d. T. noch besonders, — sondern eine landespolizeiliche Erlaubniß. Vergl. §§. 15 ff. Ges. v. 31. Dezbr. 1842 (G.S. 1843 S. 15). — Ist der Pflegebefohlene nach den Gesetzen des Auslandes selbstständig, so ist die Vormundschaft aufzuheben, andernfalls aber ist sie an das competente ausländische Gericht abzugeben. Resc. vom 12. Januar 1837 (Jahrb. Bd. 49 S. 167) und Rescr. vom 25. Juni 1855 (J.M.Bl. S. 299 Nr. 6). —

490) Ueber die Voraussetzungen, Verfahren und Wirkungen vergl. §§. 34—39 Thl. I. Tit. 1 A.L.R.; §§. 823—855 d. T.; Ges. vom 22. Mai 1822 betreffend die Todeserklärung der aus den Kriegen von 1806—1815 nicht zurückgekehrten Militairpersonen (G.S. S. 148); Ges. vom 2. August 1828 zur Erleichterung der Todeserklärung der aus den Kriegen von 1806—1815 nicht zurückgekehrten Personen (G.S. S. 93); Ges. vom 24. Februar 1851 betreffend die Todeserklärung in See gegangener verschollener Personen (G.S. S. 23) und Tit. 37 Thl. I. A.G.O.

Rechtskraft des Erkenntnisses für den Todestag angenommen wird.[491]) Dem Vormunde steht jedoch das Recht zur Provokation auf Todeserklärung erst dann zu, wenn entweder keine Verwandte des Verschollenen bekannt sind, oder die bekannten nächsten Verwandten, der an sie ergangenen Aufforderung seitens des vormundschaftlichen Gerichts ungeachtet, von der Provokation keinen Gebrauch machen.[492])

Wegen Wegfalles ihres Grundes wird die Vormundschaft in folgenden Fällen aufgehoben:

I. Die Altersvormundschaft hört auf, sobald der Pflegebefohlene das vierundzwanzigste Lebensjahr zurückgelegt hat, d. h. großjährig geworden ist.[493]) Dieser Termin kann verlängert und verkürzt werden.[494])

1) Dem Vater und jedem anderen Erblasser des Pflegebefohlenen steht das Recht zu, die Fortführung der Vormundschaft über den gesetzlichen Termin hinaus anzuordnen. Nur die Anordnung des Vaters hat das vormundschaftliche Gericht, jedoch nur auf die Dauer von sechs Jahren, ohne weitere Untersuchung zu befolgen. Für eine längere Dauer, oder bei der Anordnung eines anderen Erblassers hat dasselbe von Amtswegen zu prüfen, ob gesetzmäßige Ursachen vorhanden sind, welche die Fortsetzung der Vor-

---

491) §§. 834. 835 d. T.; §. 6 Ges. v. 2. August 1828; §. 6 Ges. v. 24. Febr. 1851. In den Fällen des §. 1 Ges. v. 22. Mai 1822 wird nicht erkannt, sondern blos ein Todtenschein ausgefertigt. Hier gilt, wenn die Meyerschen Listen nicht den Tag des Todes, sondern nur das Jahr angeben, der 31. Dezember, wenn sie auch den Monat angeben, der letzte Tag dieses Monats und in Ermangelung jeder Angabe der 31. Dezember 1814 als der Todestag, § 2 a. a. O.

492) §§. 824—826 d. T.; Anh. §. 282 zu §. 3 I., 37 A.G.O.

493) §. 696 d. T.; §. 26 Thl. I., Tit. 1 A.L.R. — In Betreff der Juden gilt dasselbe. Decl. vom 24. Januar 1844 (G.S. S. 51), Ges. vom 23. Juli 1847 §. 1 (G.S. S. 263) und Art. 4. 12 des Staatsgrundgesetzes vom 31. Januar 1850 (G.S. S. 17). Auch die Prinzen des Königl. Hauses werden erst mit vollendetem 24. Jahre volljährig. Präj. des Ob.-Trib. vom 24. Dezbr. 1806 (Mathis Bd. 8 S. 109); der König aber mit dem vollendetem 18. Lebensjahre, Art. 54 des Staatsgrundgesetzes vom 31. Januar 1850 (G.S. S. 17). — Die K.-O. vom 10. Februar 1825 betreffend die Selbstständigkeit minorenner Soldaten in Bezug auf ihren Entschluß, im stehenden Heere fortdienen zu wollen (G.S. S. 15), vergl. oben §. 47. — Für Erfurt und Wandersleben cfr. V. v. 1. August 1817 (G.S. S. 201), und für Neu-Vorpommern und Rügen V. v. 6. Juni 1831 (G.S. S. 68).

K.-O. vom 16. Juni 1808 (Rabe Bd. 13 S. 782). Rescr. vom 26. Juni 1808 (Rabe Bd. 9 S. 221); Rescr. vom 24. November 1808 (a. a. O. S. 377) vergl. Erg. Bd. 1 S. 139. 140.

Nach dem Rescr. vom 21. Oktober 1831 (Jahrb. Bd. 31 S. 287; Gräff Bd. 6 S. 1) kann ein noch nicht 24 Jahre alter, nach den Gesetzen seines Landes großjähriger Ausländer über Grundstücke im Inlande selbstständig verfügen. Dieses kann auch nach §. 23 Einl. zum A.L.R. nicht bezweifelt werden.

Wenn der Majorennitätstermin nicht auszumitteln ist, so sollen nach einem Rescr. vom 26. April 1801 (Rabe Bd. 6 S. 493; Erg. Bd. 6 S. 833) diejenigen Personen, welche möglicherweise Kenntniß von dem Alter des Pflegebefohlenen haben könnten, vernommen und nöthigenfalls auch andere Ermittelungen angestellt, im Zweifel aber der späteste Termin angenommen werden.

Der Anfang des 25. Geburtstages ist der Augenblick, mit welchem die Wirkungen der Großjährigkeit eintreten, §. 46 Thl. I. Tit 3 A.L.R.; §. 18 I., 5 a. a. O.; vergl. Gruchots Beiträge Bd. I. S. 123.

494) Im Röm. Recht fand eine Verlängerung nicht statt, l. 1 §§. 2. 3 D. de minor. IV., 4.

mundschaft nothwendig machen. Gesetzmäßige Gründe sind in diesem Falle nur:

a. Umstände, welche hinreichen würden, auch einen Volljährigen als Verschwender unter Vormundschaft zu setzen;

b. eine erhebliche Gemüthsschwäche, wenngleich dieselbe zur Begründung einer Provokation auf Wahn- oder Blödsinnigkeitserklärung noch nicht hinreicht.[495]) —

Gegen jede derartige Anordnung ist dem Pflegebefohlenen rechtliches Gehör zu verstatten, wodurch indeß die Fortsetzung der Vormundschaft nicht unterbrochen wird.[496]) Die Verlängerung muß ebenso, wie eine Prodigalitätserklärung öffentlich bekannt gemacht werden.[497])

Bloße Dispositionsbeschränkungen des Pflegebefohlenen über seinen Erbtheil verpflichten den Vormund und das vormundschaftliche Gericht nicht zu einer ferneren Aufsicht oder Administration. Doch muß das Gericht, ehe es die Vormundschaft aufhebt, von Amtswegen dafür sorgen, daß solche Einschränkungen, wenn sie Grundstücke betreffen, in das Hypothekenbuch eingetragen, und wenn sie Kapitalien betreffen, den Schuldnern bekannt gemacht werden.[498])

2) Die Verkürzung des Großjährigkeitstermines tritt ein durch Majorennitätserklärung (venia aetatis),[499]) welche eine vollständige oder eine unvollständige sein kann.

---

495) §§. 698—701 d. T. Die Anordnung des Vaters oder Erblassers setzt voraus, daß schon während der Minderjährigkeit eine Vormundschaft eingeleitet sei. Ueber einen bis dahin nicht Bevormundeten kann, wenn derselbe inzwischen großjährig geworden ist, auf Grund einer solchen Anordnung eine Vormundschaft nicht eingeleitet werden.

Das vormundschaftliche Gericht kann nicht auch aus andern Gründen, als wegen der Anordnung des Erblassers, namentlich nicht von Amtswegen eine solche Untersuchung anstellen und auf Grund derselben die Vormundschaft fortsetzen. Es hat vielmehr, wenn sich anderweite Gründe bezüglich des großjährig gewordenen Pflegebefohlenen finden, das Provocationsverfahren gemäß Tit. 38 Thl. I. A.G.O. zu veranlassen, in Folge dessen dann eine neue Vormundschaft einzuleiten ist. Rescript vom 11. März 1822 (Jahrb. Bd. 19 S. 172; Gräff Bd. 1 S. 293).

496) §§. 702. 703 d. T. Beruht die Fortsetzung der Vormundschaft auf einer Anordnung des Vaters, so wird der Pflegebefohlene dagegen nur insofern klagen können, als er die Gültigkeit der betreffenden Verordnung überhaupt anzufechten vermag, wenn nicht bestimmte Gründe vom Vater angegeben sind, in welchem Falle die Widerlegung derselben genügt. Hat ein anderer Erblasser die Anordnung getroffen, so muß über den Widerspruch des Pflegebefohlenen, wenn Verschwendung der Grund ist, nach §§. 35 ff. I., 38 A.G.O. und wenn Geistesschwäche die Veranlassung gewesen, nach §§. 816. 817 d. T. verfahren werden. Hat der Pflegebefohlene sich bei der Fortführung der Vormundschaft beruhigt, so steht einem Dritten dagegen kein Einwand zu, Erk. d. Ob.-Trib. vom 13. Septbr. 1860 (Strieth. Arch. Bd. 39 S. 46). In diesem Erk. ist der Einwand des verklagten Wechselschuldners, daß er zur Zeit des Wechselzuges unter verlängerter Vormundschaft gestanden, dies öffentlich bekannt gemacht und er daher nicht wechselfähig gewesen sei, für zulässig erachtet.

497) §. 704 d. T., §. 34 I., 38 A.G.O.; — Anh. §. 59 zu §. 43 I., 7 A.G.O. und Ges. vom 21. Dezbr. 1849 (G.S. S. 441).

498) §§. 707—711 d. T. Im Uebrigen gehören die in dieser Beziehung etwa entstehenden Streitigkeiten vor den Prozeßrichter. Die Wirkungen solcher Einschränkungen richten sich nach §§. 14—19 Thl. I., Tit. 4 A.L.R.

499) Auch im Röm. Recht konnte die venia aetatis erst mit dem 18. resp. 20. Jahre erlangt werden; sie war aber stets beschränkt, so daß der für großjährig Erklärte

a. Die vollständige Majorennitätserklärung ist unbeschränkt oder beschränkt. Im ersteren Falle hat sie mit der wirklich erreichten Volljährigkeit gleiche Wirkung.[500]) Die Beschränkungen können sich nur auf die Veräußerung und Verpfändung bereits vorhandener unbeweglicher Güter beziehen und müssen in das Hypothekenbuch eingetragen werden; der gewesene Pflegebefohlene muß demnächst zu dergleichen Handlungen die Genehmigung desjenigen Gerichts, unter dessen Obervormundschaft er gestanden hat, nachsuchen.[501])

Die Majorennitätserklärung wird vom vormundschaftlichen Gerichte ertheilt,[502]) findet aber bei Personen weiblichen Geschlechts vor zurückgelegtem achtzehnten, und bei Personen männlichen Geschlechts vor zurückgelegtem zwanzigsten Lebensjahre niemals statt.[503]) Abgesehen von dem Falle, wo der verstorbene Vater des Pflegebefohlenen die Abkürzung des Großjährigkeitstermins gewollt hat, und der Vormund keine Gründe anführt, welche die Fortsetzung der Vormundschaft zum Besten des Pflegebefohlenen rathsam machen,[504]) muß der Großjährigkeitserklärung stets eine Untersuchung des vormundschaftlichen Gerichts vorausgehen, zu welcher der Vormund, die anwesenden nächsten Verwandten und diejenigen Personen zuzuziehen

---

nur mit decretum judicis Grundstücke verkaufen oder verpfänden konnte. l. 1—3 C. de his qui ven. II. 45. Andererseits gebührte ihm aber auch die restitutio ex capite minorennitatis. l. 5 pr. C. de temp. in integr. II., 53.

500) §. 724 d. T. Jedoch kann der für großjährig erklärte Minorenne nicht Vormund werden, §. 131 d. T. — Der §. 339 Thl. I. Tit. 21 A.L.R enthält keine Ausnahme, sondern giebt blos eine Interpretationsregel.

„Die bloße Majorennitätserklärung einer unter väterlicher Gewalt stehenden unverheiratheten Tochter bewirkt nicht deren Entlassung aus der väterlichen Gewalt." Erk. d. Ob.-Trib. vom 23. November 1852 (Entsch. Bd. 24 S. 124; Strieth. Arch. Bd. 7 S. 155).

„Die Majorennitätserklärung tritt erst von dem Zeitpunkte der erfolgten Aushändigung der gerichtlichen Ausfertigung an in Wirksamkeit. Die Majorennitätserklärung, die in der stillschweigenden oder ausdrücklichen Entlassung aus der väterlichen Gewalt enthalten ist, behält ihre Wirkung, wenn auch nach des Vaters, während der Minderjährigkeit des Sohnes erfolgten Tode etwa eine Vormundschaft angeordnet ist." Erk. des Ob.-Trib. vom 25. Febr. 1843 (Entsch. Bd. 8 S. 384).

Vergl. die Uebereinkunft zwischen der Königl. Preußischen und der Königl. Sächsischen Regierung bezüglich der Großjährigkeitserklärnng solcher Personen, welche im Königreich und im Herzogthum Sachsen Vermögen besitzen, vom 15. März 1821 (G.S. S. 39).

501) §§. 725—727 d. T. — Persönliche Verpflichtungen, z. B. Wechselschulden kann der gewesene Pflegebefohlene auch in diesen Fällen eingehen. Rescr. v. 12. Oktbr. 1801 (Rabe Bd. 6 S. 631).

502) §. 720 d. T.; K.-O. vom 14. Oktbr. 1807 (Rabe Bd. 13 S. 758); K.-O. vom 3. April 1808 (Rabe a. a. O. S. 766); K.-O. vom 16. Juni 1808 (Rabe Bd. 9 S. 221). Die beiden ersteren K.-O. sind abgedruckt in den Erg. II. Ausg. Bd. 6 S. 835. 836.

Für die Hohenzollernschen Lande ist das Appellations-Gericht zur Ertheilung der Majorennitätserklärungen ermächtigt, K.-O. vom 22. Oktbr. 1853 (J.M.Bl. S. 382). Nach dem Rescr. vom 10. März 1834 (Jahrb. Bd. 44 S. 79) sollen die vormundschaftlichen Gerichte bezüglich der Majorennitätserklärungen der Oberaufsicht des Justizministers unterworfen sein und dessen Anweisungen zu befolgen haben. Dieses ist jetzt durch §. 35 alin. 2. 3 Ges. v. 2. Januar 1849 (G.S. S. 1), wonach die Appellationsgerichte die zuständige Beschwerde-Instanz sind, abgeändert.

503) §. 719 d. T.

504) §. 717 d. T.

sind, unter deren Aufsicht der Pflegebefohlene bis dahin gestanden hat. Trägt der Pflegebefohlene selbst, oder der Vormund auf die Majorennitätserklärung an, so erstreckt sich die Untersuchung darauf, ob nachgewiesen ist, daß der Pflegebefohlene sich selbst vorzustehen vollkommen fähig sei, und die Aufhebung der Vormundschaft seinen wahren und dauernden Vortheil mehr, als deren Fortsetzung befördern werde.[505]) Wenn aber der Vater für sein Kind die Majorennitätserklärung nachsucht, so ist die Untersuchung nur darauf zu richten, ob eine Collision zwischen dem Interesse des Kindes und dem des Vaters und ein daraus dem Kinde erwachsender Schaden zu befürchten steht.[506]) Jedes Gesuch um Majorennitätserklärung ist unstatthaft, wenn der Vater dasselbe verboten oder auch nur ausdrücklich erklärt hat, daß die Vormundschaft bis zur erlangten Volljährigkeit fortdauern solle.[507])

b. Die unvollständige Majorennitätserklärung besteht darin, daß jedem Pflegebefohlenen nach zurückgelegtem zwanzigsten Lebensjahre der von den Einkünften seines Vermögens nach Abzug der Zinsen und Administrationskosten verbleibende Ueberschuß zur Verwendung,[508]) und sogar

---

505) §§. 713. 714 d. T. — Eine strikte Befolgung des §. 713 führt dahin, daß die venia aetatis fast niemals ertheilt wird, weil sich der Nachweis, daß die Aufhebung der Vormundschaft den wahren und dauernden Vortheil des Pflegebefohlenen mehr, als deren Fortsetzung befördern werde, selten vollständig wird führen lassen. Im Röm. Recht bedurfte es in dieser Beziehung eines Nachweises überhaupt nicht, l. 2 C. de his qui ven. II., 45. — Vernunftgemäß kann unsere Bestimmung nur dahin verstanden werden, daß die Nützlichkeit der Majorennitätserklärung dargethan werden soll, und daß in dieser Beziehung es schon genügt, wenn den Umständen nach anzunehmen ist, daß der Pflegebefohlene durch die Aufhebung der Vormundschaft mehr Vortheil hat, als durch deren Fortsetzung. Vergl. hierüber den Aufsatz von Silberschlag sub. I. (Gruchots Beiträge Jahrg. IV. S. 54—58). Für diese Auffassung spricht auch der §. 604 d. T.

506) §§. 715. 716 d. T. Es ist vielfach über die Vereinigung dieser Bestimmungen mit der Vorschrift des §. 216 Thl. II. Tit. 2 A.L.R., wonach es blos der Verlautbarung der Entlassung aus der väterlichen Gewalt bedarf, gestritten. Da es sich aber hier nur um die Fälle handelt, wo der Vater für sein Kind die Majorennitätserklärung nachsucht, im Falle des §. 216 a. a. O. der Vater aber blos die Entlassung aus der väterlichen Gewalt verlautbart, ohne etwas anderes, als allenfalls das Attest über die Verlautbarung (§. 217 a. a. O.), nachzusuchen, so kann der Widerspruch im Wortlaut des Gesetzes nicht gefunden werden. Daß er aber auch dem Sinne nach nicht vorhanden ist, hat das Ob.-Trib. in dem Erk. v. 3. Juni 1847 (Entsch. Bd. 18 S. 289) überzeugend ausgeführt. Vergl. übrigens die verschiedenen Ansichten in den Erg. II. Ausg. Bd. 3 S. 319—321.

Nach dem Rescript vom 22. Juli 1833 (Jahrb. Bd. 42 S. 122; Gräff Bd. 6 S. 165) soll es der Einleitung einer Vormundschaft nicht erst bedürfen, wenn der Vater in seinem Testamente den Antrag auf Majorennitätserklärung seines Sohnes gemacht hat, und letzterer zur Zeit der Testamentserrichtung bereits 20 Jahre alt war und die venia aetatis beansprucht. Koch (Commentar z. A.L.R. Anm. 45 zu §. 716 d. T.) hält das nicht für richtig. Allein da dieser Fall, dessen speziell im Gesetze keine Erwähnung gethan ist, den Voraussetzungen des §. 717 d. T. am nächsten kommt, hiernach aber eine Untersuchung nicht erst erforderlich ist, so ist die in dem Rescripte ausgesprochene Ansicht die richtigere. Hat jedoch der Vormundschaftsrichter im konkreten Falle ein Bedenken, ob nicht das Wohl des Pflegebefohlenen gefährdet sei, so muß er die Vormundschaft einleiten und den Vormund darüber vernehmen, ob derselbe erhebliche Gründe anführen kann, welche die Fortsetzung der Vormundschaft für den Pflegebefohlenen rathsam machen.

507) §. 718 d. T.

508) §. 728 d. T.

auf sein Verlangen die Vermögenssubstanz selbst zur Verwaltung[509]) überlassen werden kann. In beiden Fällen aber muß er auf Erfordern jederzeit dem Vormunde und dem vormundschaftlichen Gerichte von der Führung seiner Administration und von der Verwendung seiner Einkünfte Rede stehen.[510]) In Ansehung seiner Person, der Substanz seiner unbeweglichen Güter und der ausstehenden Kapitalien bleibt er bis zur Volljährigkeit eben den Einschränkungen unterworfen, wie jeder andere Pflegebefohlene, und kann auch ohne Genehmigung des vormundschaftlichen Gerichts keine neuen Darlehne kontrahiren oder außerordentliche, den gewöhnlichen Etat übersteigende Holzverkäufe vornehmen. Andere Verträge kann er selbstständig insofern schließen, als er ohne dieselben die ihm überlassene Verwaltung nicht würde führen können.[511])

§. 71. Fortsetzung.

II. Die Vormundschaft über Rasende, Wahn- und Blödsinnige muß aufgehoben werden, wenn durch eine vom vormundschaftlichen Gerichte unter Zuziehung des Vormundes, eines Sachverständigen und der anwesenden nächsten Verwandten oder in deren Ermangelung eines dem Pflegebefohlenen besonders zu bestellenden Kurators angestellte sorgfältige Untersuchung ermittelt ist, daß der Pflegebefohlene den völlig freien Gebrauch seines Verstandes wieder erlangt hat.[512])

III. Die über einen Taubstummen eingeleitete Vormundschaft hört auf, wenn eine ebensolche Untersuchung wie zu II. ergiebt, daß der Pflegebefohlene sowohl in Ansehung seines körperlichen Gebrechens, wie in

---

509) §. 729 d. T. — Der Vormund muß dann Schlußrechnung legen, §. 862 d. T.

510) §. 730 d. T.

511) §§. 731—735 d. T. §§. 20. 21 Thl. I. Tit. 5 A.L.R. Die Vertragsfähigkeit ist die Regel. Die Vorschriften der §§. 731—733. 735 sind die Ausnahmen davon. Nach §. 732 könnte es scheinen, als wenn der Pflegebefohlene über Immobilien und Kapitalien mit Zuziehung des Vormundes ohne Weiteres verfügen könnte. Koch scheint dieses auch anzunehmen, vergl. Privatrecht III. Aufl. Bd. 2 S. 696. Allein dies ist nicht richtig. Nach §. 731 ist der Pflegebefohlene in dieser Beziehung eben den Einschränkungen, wie jeder andere Pflegebefohlene, unterworfen, d. h. also es sind die Vorschriften §§. 497 ff. 549 ff. d. T. zu beobachten. Außerdem muß im Falle des §. 732 d. T. der Vormund mit kontrahiren, oder doch das Geschäft des Pflegebefohlenen genehmigen. Zur Aufnahme von Darlehnen aber bedarf der Pflegebefohlene der Assistenz des Vormundes nicht, es genügt die obervormundschaftliche Genehmigung allein. — Die §§. 732. 733. 735 hätten also nicht, wie Koch (Commentar zum A.L.R. Anm. 48 zu §. 734 d. T.) meint, wegbleiben können.

512) §§. 815—817 d. T. Eines förmlichen Erkenntnisses bedarf es nicht, Rescr. vom 31. Oktober 1831 (Jahrb. Bd. 38 S. 303; Gräff Bd. 6 S. 167). Vergl. §. 37 I., 38 A.G.O.

Das Gericht kann auch mehrere Aerzte zuziehen und ein Gutachten des Medizinal-Kollegii einholen. Rescr. vom 17. Oktober 1840 (J.M.Bl. S. 338). — Die Untersuchung des Gemüthszustandes wird in diesem Falle in derselben Art zu veranlassen sein, wie bei der Provokation auf Wahn- und Blödsinnigkeitserklärung, Tit. 38 Thl. I. A.G.O. jedoch vor dem vormundschaftlichen Gericht. — Im Röm. Recht hört die cura furiosi ipso jure auf, wenn der Pflegebefohlene sanae mentis wird. l. 1 D. de cur. fur. XXVII., 10. Sie tritt aber bei einem Rückfalle sofort wieder ein. l. 6 C. de cur. fur. V., 70.

Betreff seines Gemüthszustandes die Fähigkeit erlangt hat, seinen Geschäften selbst vorzustehen.[513])

IV. Auf dieselbe Art wird die Vormundschaft über einen Verschwender aufgehoben, wenn derselbe eine durch zwei Jahre erprobte vollständige Besserung nachweist.[514])

V. Die Vormundschaft über das Vermögen eines Abwesenden endlich hört auf, wenn derselbe zurückkommt oder von seinem Leben und Aufenthalte Nachricht giebt. Letzteren Falls ist er vom vormundschaftlichen Gerichte zur Rückkehr oder Bestellung eines Bevollmächtigten zur Verwaltung seines Vermögens aufzufordern.[515])

§. 72. b. Theilweise Aufhebung der Vormundschaft.[516])

I. Die Verheirathung des Pflegebefohlenen hebt die Vormundschaft nicht auf. Inwiefern die Verheirathung einer weiblichen Pflegebefohlenen auf die vormundschaftliche Administration ihres nicht vorbehaltenen Vermögens von Einfluß ist, ergeben die §§. 50. 53. —

II. Durch die Adoption des Pflegebefohlenen wird die Vormundschaft nur in Betreff der Person desselben aufgehoben, bezüglich des Vermögens wird sie unverändert fortgeführt.[517])

III. Erlangt der Pflegebefohlene ein Amt, so gilt er in Bezug auf seine Amtshandlungen für großjährig, in seinen eigenen Angelegenheiten aber bleibt er den gesetzlichen Einschränkungen der Minderjährigen unterworfen.[518])

IV. Wenn der Pflegebefohlene mit vormundschaftlicher Genehmigung eine eigene Wirthschaft angestellt, oder sich zu einem gewissen Zwecke oder Geschäfte bestimmt hat, so ist er fähig, alle Verträge zu schließen, welche zur Führung der Wirthschaft unmittelbar gehören, oder ohne welche der bestimmte Zweck nicht erreicht werden könnte.[519])

---

513) §§. 818—820 d. T.

514) §§. 856—859 d. T. Wegen des Verfahrens vergl. §§. 35 ff. I., 38 A.G.O. — Eine öffentliche Bekanntmachung der Aufhebung der Vormundschaft ist nicht vorgeschrieben, also auch nicht erforderlich. Das nach §§. 859. 705 d. T. dem gewesenen Pflegebefohlenen zu ertheilende Attest genügt. — Die Unfähigkeit des Verschwenders, sich durch Verträge zu verpflichten, hört mit der Mittagsstunde desjenigen Tages auf, an welchem die Aufhebung der Vormundschaft verfügt wird. §. 17 Thl. I., Tit. 5 A.L.R. — Im Röm. Recht hört die cura prodigi, wie die cura furiosi, ipso jure auf. l. 1 pr. D. de cur. fur. XXVII., 10. —

515) §§. 821. 822 d. T. Bis zur Rückkehr des Verschollenen oder Bestellung eines Bevollmächtigten ist die Vormundschaft fortzuführen.

516) Wegen der Wirkung der unvollständigen Majorennitätserklärung vergl. den vorigen Paragraph I., 2 b.

517) §. 814 d. T.; §§. 681—690. 696 Thl. II. Tit. 2 A.L.R.

518) §§. 810. 811 d. T.

519) §§. 20. 21 Thl. I. Tit. 5 A.L.R. — „Minderjährige, unter Vormundschaft stehende Personen, welche mit vormundschaftlicher Genehmigung ein, die Entnahme von Waaren auf Credit bedingendes kaufmännisches Geschäft betreiben, sind in Betreff ihres dieses Geschäft unmittelbar betreffenden Verkehrs für wechselfähig zu erachten." Erk. d. Ob.-Trib. vom 21. Juni 1860 (Strieth. Arch. Bd. 38 S. 58). —

§. 73. c. Endigung des Amtes des Vormundes.

Der Vormund kann sein Amt selbst dann, wenn er eins von denjenigen Vorrechten erlangt, welche ihn von der Uebernehmung der Vormundschaft befreien würden, nicht eigenmächtig niederlegen,[520]) von demselben aber auch gegen seinen Willen nur aus bestimmten Gründen entsetzt werden.[521]) Wenn er aber die Eigenschaft eines Preußischen Unterthanen verliert, so ist er auf sein Verlangen von dem Amte zu entbinden.[522]) Nur in folgenden Fällen hört das Amt des Vormundes noch während der Fortführung der Vormundschaft selbst auf.

I. Durch den Tod des Vormundes. Der Mitvormund, die großjährigen Erben und in Ermangelung derselben das Nachlaßgericht haben dem vormundschaftlichen Gerichte sofort Anzeige von dem Todesfalle zu machen, worauf dieses für die Sicherstellung des Mündelvermögens und die Bestellung eines neuen Vormundes, oder allenfalls eines Interims-Kurators sorgen muß. Dem letzteren muß von den Erben, wenn sie sämmtlich großjährig sind, innerhalb sechs Wochen, andernfalls aber innerhalb dreier Monate nach dem Ablaufe der Deliberationsfrist über die Verwaltung des verstorbenen Vormundes Schlußrechnung gelegt werden,[523]) und das Vermögen des Pflegebefohlenen ist sofort, ohne die Rechnungslegung abzuwarten, nach der Anweisung des vormundschaftlichen Gerichts gegen Empfangsschein herauszugeben.[524]) Bei dieser Auseinandersetzung und Rechnungslegung gelten dieselben Grundsätze, welche zwischen dem Vormunde und dem Pflegebefohlenen bei gänzlicher Aufhebung der Vormundschaft zur Anwendung kommen.[525]) Der neue Vormund vertritt dabei die Stelle des Pflegebefohlenen und haftet bei Abnahme der Rechnung für ein mäßiges Versehen.[526])

II. Dasselbe tritt ein, wenn der Vormund selbst unter Vormundschaft gesetzt werden muß,[527]) oder wenn er ein Ordensgelübde ablegt.[528])

III. Durch Entlassung. Diese findet statt:

---

520) §. 941 d. T.

521) §§. 918 ff. 942 ff. d. T.

522) §§. 1. 109. 156. 157 d. T.; §§. 1. 22 ff. Einl. z. A.L.R.

523) §§. 900—908 d. T. — Vergl. §. 3 J. quib. mot. tut. fin. I. 22.

524) §. 915 d. T.

525) §§. 910. 916 d. T. Entsteht ein Rechnungsprozeß, so müssen sich die Erben des Vormundes darauf bei demjenigen Gerichte einlassen, welchem der Erblasser in Ansehung der vormundschaftlichen Angelegenheiten unterworfen war, §. 913 d. T. §. 155 Thl. I., Tit. 2 A.G.O.

526) §§. 910. 911 d. T. — Dagegen trifft ihn wegen unterlassener Erinnerungen gegen die vorhergehenden von dem vormundschaftlichen Gerichte schon abgenommenen Rechnungen keine Vertretung, wenn er nur nachträglich die Rechte des Pflegebefohlenen gehörig wahrnimmt. § 912 d. T. Vergl §§. 285. 895—897 d. T.

527) §. 946. §§. 130 ff. d. T.; §. 11 St.G.B. vom 14. April 1851.

528) §. 134 d. T. — Im Röm. Recht hat die capitis deminutio maxima oder media mit dem Tode gleiche Wirkung, §. 4 J. qui. mod. tut. fin. I., 22. Nach genanntem Recht hat sie in der Regel die Entfernung des Vormundes vom Amte zur Folge. l. 3 §§. 12. 18. D. XXVI., 10. — Die minima cap. demin. bewirkt nur die Aufhebung der tutela legitima agnatorum, §. 4 J. cit., l. 5 §. 5 D. de legit. tut. XXVI., 4.

1) wegen Ablaufs der Zeit, für welche die Bestellung erfolgt war, oder wegen Eintritts der der Bestellung beigefügt gewesenen Resolutivbedingung;[529])

2) wenn das vormundschaftliche Gericht die Bestellung eines anderen Vormundes dem Besten des Pflegebefohlenen für zuträglich erachtet.[530]) Ist aber der Vormund zur Führung dieser Vormundschaft vorzüglich berechtigt (§. 32), so darf er nur auf Grund des Nachweises entlassen werden, daß seine Beibehaltung dem Pflegebefohlenen schädlich oder gefährlich sein würde.[531]) In keinem Falle kann ihm das rechtliche Gehör versagt werden.[532])

3) wenn der Vormund ein Amt oder eine Anstellung erlangt, welche seine Bestellung zum Vormunde von der Erlaubniß einer vorgesetzten Dienstbehörde abhängig gemacht hätte, und die Behörde die Erlaubniß zur Beibehaltung der Vormundschaft verweigert, oder das vormundschaftliche Gericht dieselbe nicht annehmen kann.[533])

4) wenn der Vormund in Umstände geräth, wo er überhaupt nicht mehr Vormund sein, oder doch seinem Amte nicht mehr gehörig vorstehen kann.[534])

---

529) §§. 125—128 d. T. — Im Röm. Recht hörte die Vormundschaft sofort auf, und es wurde gleich das judicium tutelae gegeben, ohne daß die Entlassung des Vormundes erforderlich war. §§. 2. 5. J. eod. I., 22; l. 14. §§. 3. 5. D. de tutel. XXVI., 1. l. 9 §§. 2. 3. D. de tut. act. XXVII, 3. —

530) §§ 918. 937 d. T. Ebenso im Röm. Recht l. 3 §. 12. D. XXVI., 10. — Beispielsweise sind als Gründe der Entlassung angeführt: schuldbare Zögerung in Beibringung der Rechnungen und Prozesse zwischen dem Pflegebefohlenen und dem Vormunde, §§. 922. 923 d. T.

531) §. 920 d. T.

532) §. 919 d. T. — Das Verfahren, vergl. §§. 13 ff I, 39 A.G.O. — Danach findet ein prozessualisches Verfahren nur statt, wenn die Entlassung des Vormundes wegen schlechter Amtsführung, Nachlässigkeit oder Unredlichkeit erfolgen soll. In den Fällen aber, wo die Entlassung aus anderen Gründen erfolgen soll, z. B. weil das Gericht es für rathsam hält, oder weil der Vormund in Umstände gekommen ist, in denen er seinem Amte nicht mehr gehörig vorstehen kann, ist ein entstehender Streit von dem vormundschaftlichen Gericht durch Verfügung zu erledigen. Insbesondere gilt letzteres von dem Falle, wenn der Vormund aus der evangelischen Landeskirche aus- und zur s. g. freien Gemeinde übergetreten ist. Vergl Erk. d. Ob.-Trib. vom 26. Novbr. 1858 (Strieth. Arch. Bd. 33 S. 4) und vom 16. Juni 1856 (Entsch. Bd. 33 S. 158).

Im Röm. Recht erfolgt die Entlassung nach gehöriger Prüfung durch richterliches Dekret, gegen welches Appellation zulässig ist. Während der Verhandlung wird dem Vormunde die Verwaltung genommen und ein Interimskurator resp. Vormund bestellt. §§. 1. 7. J. de susp. tut I. 26; l. 1 §§. 3 u. 4; l. 4 §§. 1—3; l. 10. D. XXVI., 10; l. 7. C. V. 43; l. 17. §. 1. l. 20. D. de appell. XLIX., 1. Das Verfahren kann von Amtswegen, oder auf Antrag eingeleitet werden, l. 3 §. 4 D. eod. Zu dem Antrage ist jeder, auch verwandte Frauen und der Pflegebefohlene selbst, berechtigt. l. 1 §§. 6. 7. l. 7. D. eod.; §§. 3, 4. J. eod.; l. 6 C. eod.

533) §§ 942. 943. 158—163 d. T. — Im Röm. Recht befreit nur die Aufnahme in das consistorium principis von der einmal übernommenen Vormundschaft. l. 11 §. 2. D. de minor. IV., 4; l. 30 pr. D. de excus. XXVII., 1.

534) §§. 944. 945. 165 d. T. Vergl. oben §. 30. — Ebenso im Röm. Recht. Als Gründe gelten dort insbesondere: 1) wenn der Vormund im Dienste des Staates über Meer geht, l. 11 §. 2. D. IV., 4. Bei anderer Abwesenheit im Staatsdienste wird ein Interimsvormund ernannt, §. 2. J. de excus. I., 25; l. 10 §. 2. D. de excus. XXVII., 1. 2) Armuth, wegen deren alle Thätigkeit für den eigenen Unterhalt in Anspruch genommen wird, §. 6. J. eod.; l. 7. 11. D. eod. 3) Krankheit, welche die Be-

5) wenn der Vormund der bürgerlichen Ehre verlustig wird und es sich nicht um seine eigenen Kinder handelt, in welchem Falle er mit Genehmigung des vormundschaftlichen Gerichts im Amte belassen werden kann,[535])

6) wenn die zur Vormünderin bestellte Mutter sich wieder verheirathet.[536])

IV. Durch Remotion wegen Unredlichkeit und Untreue des Vormundes in Bezug auf seine Amtsführung.[537]) Sobald das Gericht von derartigem Benehmen des Vormundes Kenntniß erlangt und der Verdacht bescheinigt ist, oder sich bei einer vorläufigen Prüfung bestätigt, hat dasselbe die Sache zur weiteren Verfolgung an den Staats-Anwalt abzugeben, für die Dauer der Untersuchung aber durch Bestellung eines Nebenvormundes oder Aufsehers, durch Inhibitionen an die Pächter und Schuldner, durch Erhöhung der Kaution und auf sonstige Art für die Sicherung des Pflegebefohlenen zu sorgen. Zu diesem Behufe sind die Ehren- oder Mitvormünder, sowie diejenigen Verwandten des Pflegebefohlenen, welche für seine Bevormundung sorgen müssen (§. 29), bei eigener Vertretung zur Anzeige einer von ihnen wahrgenommenen Unredlichkeit des Vormundes verpflichtet.[538]) Wird der Vormund removirt, — was in dem strafrechtlichen Erkenntnisse neben der Untersagung der Ausübung der bürgerlichen Ehrenrechte nicht besonders auszudrücken ist, — so muß er dem neuen Vormunde das noch in seinen Händen befindliche Mündelvermögen ausantworten und Schlußrechnung legen.[539])

In allen Fällen, wo der Vormund seines Amtes entlassen werden soll, ist derselbe, in Ermangelung anderer Anordnungen des vormundschaftlichen Gerichts, befugt und schuldig, sein Amt bis zur Bestellung des neuen Vormundes fortzusetzen.[540])

---

sorgung der eigenen Geschäfte dauernd hindert. l. 40. D. eod.; §. 7. J. eod. 4) Verlegung des Domizils auf Befehl oder mit Erlaubniß des Regenten. l. 12. §. 1. D. eod.

535) §. 12 Nr. 5 d. Str.G.B. vom 14. April 1851.

536) §§. 947. 948. 188 d. T. Der Mann haftet für das, was die Mutter aus der Vormundschaft zu vertreten hat, als Selbstschuldner, und der Pflegebefohlene hat in seinem Vermögen eben die Rechte, wie in dem Vermögen eines Vormundes, wenn die Mutter von ihrer Wiederverheirathung nicht vorher Anzeige gemacht hatte. Entlassen muß die Mutter im Falle der Wiederverheirathung immer werden, auch wenn sie die Anzeige gemacht hat, §. 188 d. T. Die nach §. 948 im Falle der unterbliebenen Anzeige erforderliche Untersuchung bezieht sich nur auf die Art der Entlassung. Vergl. Ges.-Rev. Pens. VII. S. 259 — Im Röm. Recht verliert die Mutter in Folge der Wiederverheirathung als poena secundarum nuptiarum nicht blos die Vormundschaft über ihre Kinder, nov. 22 cap. 40; nov. 94 cap. 2, sondern auch den vorzugsweisen Anspruch auf die Erziehung, nov. 22 cap. 38; l. 1. C. ubi pup. V., 49, und erleidet, wenn sie nicht vorher einen anderen Vormund erbeten, Rechnung gelegt und ihren übrigen Verbindlichkeiten genügt hat, alle Nachtheile des verletzten Trauerjahres, nov. 22 cap. 40.

537) §. 924 d. T. Insbesondere wenn der Vormund Gelder und Vermögen des Pflegebefohlenen ohne Vorwissen des Gerichts für sich selbst genutzt hat, §. 925. Vergl. oben §. 55. — Im Röm. Recht (cfr. Anm. 532) wird der wegen dolus abgesetzte Vormund infam, wenn der Grund im Dekret angegeben ist. §. 6. J. de susp. tut. I., 26; l. 4 pr. §§. 1. 2. D. XXVI., 10; l. 9. C. V., 43.

538) §§. 926—932 d. T. — Wird er blos eines Versehens für schuldig befunden, so kann das vormundschaftliche Gericht ihn dennoch entlassen, §§. 918 ff. 937 d. T. — Ist das Versehen ein grobes gewesen, so verliert der Vormund die ihm etwa vom Erblasser ausgesetzte Belohnung, §. 938 d. T.

539) §. 934 d. T.; §. 12 Nr. 5 Str.G.B. vom 14. April 1851.

540) §. 950 d. T. — Nicht so im Röm. Recht, vergl. oben Anm. 532.

2. Folgen der Beendigung.

§. 74. a. Rechte des Pflegebefohlenen.

A. Der Vormund hat dem Pflegebefohlenen oder dessen Erben die Schlußrechnung zu legen[541]) und die letztere zu diesem Behufe längstens innerhalb zwei Monaten[542]) nach Aufhebung der Vormundschaft oder der gänzlichen Beendigung seiner Verwaltung[543]) dem vormundschaftlichen Gerichte einzureichen, welches dieselbe mit dem Inventarium, den einzelnen Jahresrechnungen und den verhandelten Vormundschaftsakten dem Rechnungsnehmer vorzulegen hat.[544]) Dem Letzteren steht jedoch auch frei, die eigentliche gerichtliche Rechnungsabnahme durch den Prozeßrichter[545]) zu verlangen, worauf der Vormund und das vormundschaftliche Gericht nur dann antragen können, wenn der Rechnungsnehmer mit Ertheilung der Verzicht länger als ein Jahr nach Vorlegung der Rechnung zögert.[546]) Der Rechnungsnehmer kann bei Abnahme der Schlußrechnung auch noch Erinnerungen gegen früher bereits gelegte Rechnungen nachbringen; soweit diese aber über zehn Jahre hinaus zurückgehen und vom vormundschaftlichen Gerichte bereits quittirt sind, kann er nur noch solche Verletzungen rügen, die ihm durch Vorsatz oder grobes Versehen zugefügt sind.[547]) Auch ein testamentarischer Vormund hat die Schlußrechnung zu legen,[548]) sofern nicht aus der Verordnung des Erblassers erhellt, daß er auch davon hat befreit sein sollen.[549]) Die Entbindung von der Rechnungslegung in allgemeinen Ausdrücken gilt nicht als eine solche Befreiung, hat aber zur Folge, daß der Rechnungs-

---

541) §. 863 d. T. Die jährlichen Rechnungen werden dem vormundschaftlichen Gerichte auf Grund des Oberaufsichtsrechts desselben gelegt. §§ 662. 871 d. T. — Auch im Röm. Recht muß der Vormund Schlußrechnung legen, l. 1 §. 3 D. de tut. et rat. XXVII., 3; l. 9 C. arbitr. tut. V., 51.

542) §. 861 d. T. Bei der jährlichen Rechnungslegung ist ihm eine dreimonatliche Frist gestattet. Der Ges.-Rev. (Pens. VII. S. 261) weist aus den Materialien nach, daß diese Verschiedenheit eine zufällige, nicht beabsichtigte ist.

543) §§. 862. 869 d. T. vergl. §. 729 d. T.

544) §. 864 d. T. — L. 1 §. 3 D. cit. — Das vormundschaftliche Gericht muß für die Legung der Schlußrechnung sorgen, ohne daß es dazu eines Antrages des Rechnungsnehmers bedarf, denn dieser ist erst nach gelegter Schlußrechnung zur Dechargeleistung verpflichtet, §. 885 d. T.

545) §. 867 d. T. §. 6 Tit. 45 Thl. I. A.G.O. — Der Ges.-Rev. (a. a. O. S. 262) sucht aus den Materialien nachzuweisen, daß im §. 867 d. T. lediglich die Abnahme der Rechnung vor dem vormundschaftlichen Gerichte gemeint sei. Indessen dann wären die §§. 867. 868 überflüssig, da schon aus §§. 861. 864 klar hervorgeht, daß die Rechnung in der Regel bei dem vormundschaftlichen Gericht zu legen ist. Dafür, daß vielmehr das prozessualische Rechnungsverfahren gemeint sei, spricht insbesondere die dem §. 868 beigefügte ausdrückliche Hinweisung auf §. 894, in welchem vom Rechnungsprozesse die Rede ist.

546) §§. 868. 894 d. T.

547) §§. 865. 866 d. T. — 150. 151 Thl. I. Tit. 14 A.L.R.

548) §. 870 d. T.

549) §§. 874. 682 d. T. Die Befreiung setzt voraus, daß der Erblasser dem Pflegebefohlenen nicht blos einen Pflichttheil hinterlassen hat, §. 683 d. T. — Im Röm. Recht war eine solche Befreiung unzulässig, selbst wenn sie vom Vater ausging. Einen tutor anecloglstus gab es nicht. l. 5 §. 7. D. de admin. XXVI., 7.

nehmer gegen die Schlußrechnung nur solche Ausstellungen machen kann, die eine von dem Vormunde aus Vorsatz oder grobem Versehen ihm zugefügte Verkürzung betreffen.[550]) Ist der Vormund von der Verpflichtung zur Legung der Schlußrechnnng befreit, so muß der Pflegebefohlene sich mit einer allgemeinen Nachweisung der Vermögenssubstanz zur Zeit der angetretenen und beendigten Vormundschaft begnügen, kann aber bei bestimmten Anzeigen einer ihm vom Vormunde bei einem einzelnen Geschäfte vorsätzlich zugefügten Verletzung über dieses Auskunft und Rechenschaft verlangen. Auch dieser befreite Vormund muß über seine ganze Verwaltung vollständig Rechnung legen, wenn er auch nur bei einzelnen Geschäften eines unredlichen Verhaltens überführt wird. Kann oder will derselbe die Rechnung nicht legen, so muß er von der in seine Verwaltung übernommenen, in Ermangelung anderer Beweise durch den Schätzungseid (juramentum in litem) des Rechnungsnehmers zu ermittelnden Vermögenssubstanz sechs Prozent Zinsen zahlen.[551])

B. Dem Pflegebefohlenen muß sofort nach beendigter Vormundschaft, wenn auch die Schlußrechnung noch nicht abgenommen ist, sein gesammtes Vermögen gegen Empfangsbescheinigung ausgehändigt werden.[552])

C. Dem unter Altersvormundschaft befindlich gewesenen Großjährigen und dem als gebessert aus der Vormundschaft entlassenen Verschwender soll über seine Entlassung zu seiner Legitimation von dem vormundschaftlichen Gerichte ein schriftliches Zeugniß ertheilt werden.[553])

D) Wenn an einem Orte, wo allgemeine Gütergemeinschaft gilt, diese bei der Verheirathung einer weiblichen Pflegebefohlenen ausgesetzt geblieben ist (§. 50), so muß das vormundschaftliche Gericht die Letztere gleich nach Aufhebung der Vormundschaft, unter Assistenz des gewesenen Vormundes oder eines anderen Beistandes und nach gehöriger Belehrung über ihre Gerechtsame, über die Folgen der Gemeinschaft und die Nothwendigkeit der öffentlichen Bekanntmachung im Falle der Ausschließung derselben, zu Protokoll darüber vernehmen, ob sie nunmehr die Gütergemeinschaft eingehen will oder nicht.[554]) Gegen ihre Entscheidung steht dem Ehemanne

---

550) §§. 871—873 d. T.

551) §§. 875—879 d. T.; §§. 9 ff. I., 22 A.G.O. — Vergl. §. 830 Thl. I. Tit. 11 A.L.R. — Im Röm. Recht wird der großjährig gewordene Pflegebefohlene stets wegen Arglist oder grober Fahrlässigkeit des Vormundes zum juramentum in litem gelassen. L. 7 pr. D. de adm. XXVI., 7; Cod. de in lit. V., 53.

552) §§. 880. 881 d. T. — Wegen der vom Vormunde wegen des Gebrauchs der Mündelgelder zum eigenen Nutzen, wegen verzögerter Herausgabe derselben rc. zu zahlenden Zinsen, vergl. oben §. 55. — — L. 1 pr. l. 5. D. de tut. et rat XXVII., 3; l. 1 §. 1. D. de fidejuss. tut. XXVII., 7; l. 2. 7. C. arbitr. tut. V., 51.

553) §§. 705. 706. 710. 788. 859 d. T. — Das Attest ist auf die Selbstständigkeit des gewesenen Pflegebefohlenen nicht von Einfluß, §§. 17—19 Thl. I. Tit. 5 A.L.R. und §. 706 d. T. Deshalb wird dasselbe, wenigstens bei Beendigung der Altersvormundschaft, in der Regel nicht ertheilt, wenn es nicht besonders verlangt wird.

554) §§. 785—787 d. T. — Es muß in dem Atteste (vergl. vorige Anm.) ausgedrückt sein, daß die Erklärung der Pflegebefohlenen abgefordert ist, und ob und wie letztere sich erklärt hat. §. 788 d. T.

Wenn die eheliche G.G. wegen der Minderjährigkeit der Braut ausgesetzt geblieben ist, so kann mit dem Zeitpunkte der erreichten Volljährigkeit und bei definitiver Aus-

in keinem Falle ein Widerspruchsrecht zu.[555]) Entscheidet sie sich für die Ausschließung, so hat das vormundschaftliche Gericht sofort das zur öffentlichen Bekanntmachung Erforderliche zu veranlassen.[556]) Will sie aber die Gemeinschaft eingehen, so erstrecken sich die Wirkungen derselben auf den Anfang der Ehe zurück.[557]) Dasselbe gilt dann,

1) wenn sie nicht innerhalb dreier Monate nach der ihr vom Richter ertheilten Belehrung, oder in Ermangelung der letzteren, nach erreichter Volljährigkeit sich für die Ausschließung der Gütergemeinschaft erklärt und die öffentliche Bekanntmachung nachsucht, wobei ihr jedoch der Regreß an den Vormund und das vormundschaftliche Gericht wegen eines nachträglich daraus entstehenden Schadens bleibt, wenn diese sie zu der Erklärung nicht aufgefordert haben;[558])

2) wenn die Ehe nach beendigter Vormundschaft und vor erfolgter ausdrücklicher Ausschließung der Gemeinschaft durch Tod oder richterliches Erkenntniß getrennt wird.[559]) Erfolgt eine solche Trennung während der Vormundschaft, so ist keine Gemeinschaft vorhanden.[560])

Auch der männliche Pflegebefohlene kann, wenn die Gütergemeinschaft während der über ihn geführten Vormundschaft ausgesetzt geblieben ist, nach erlangter Selbstständigkeit diese ausschließen, doch bedarf es dazu der Mitwirkung des vormundschaftlichen Gerichts nicht.[561])

---

schließung der G.G. eine Morgengabe auch nach längerem Bestehen der Ehe noch gültig versprochen werden. Erk. des Ob.-Trib. v. 13. Oktbr. 1845 (Entsch. Bd. 12 S. 304).

555) § 792 d. T.

556) §. 789 d. T. d. h. die Erklärung der gewesenen Pflegebefohlenen behufs der öffentlichen Bekanntmachung an den persönlichen Richter abzugeben. Vergl. §§. 356. 422 Thl. II. Tit. 1 A.L.R.; Anh. §. 76 zu §. 356 cit. und Ges. v. 20. März 1837 (G.S. S. 63). Unterbleibt die öffentliche Bekanntmachung, so gilt Dritten gegenüber die G.G.

557) §. 790 d. T.

558) §§. 791. 794. 795 d. T. — Vergl. Rescr. vom 14. Mai 1806 (N. Arch. Bd. 4 S. 288; Rabe Bd. 8 S. 592; Erg. Bd. 6 S. 845); und Rescr. v. 23. Juli 1814 (Jahrb. Bd. 3 S. 275; Gräff Bd 1 S. 296). Das letztere Rescript nimmt an, daß die dreimonatliche Frist stets von dem Tage der erlangten Volljährigkeit an gerechnet werden müsse, auch wenn eine Aufforderung zur Erklärung ergangen sei. Das widerspricht jedoch dem Wortlaute der §§. 791. 794 d. T. — Ergeht die Aufforderung an die gewesene Pflegebefohlene erst nach Ablauf von drei Monaten nach erlangter Volljährigkeit, so kann diese durch eine darauf abgegebene Erklärung die Wirkung der §§. 790. 794 nicht mehr beseitigen. Ueberhaupt beziehen sich die Fristen der §§. 791. 794 lediglich auf das Verhältniß zu dritten Personen; dem Ehemanne gegenüber kann die Ehefrau auch eine erst später erfolgte, an sich rechtsgültige Erklärnng über die Ausschließung der G.G. wider dessen Willen blos aus dem Grunde, daß zur Zeit der Abgabe der Erklärung die dreimonatliche Frist bereits verstrichen gewesen sei, nicht widerrufen. Vergl. Präj. des Ob.-Trib. No. 631 (Präj.-Samml. S. 223).

559) §. 797 d. T., auch wenn die dreimonatliche Frist noch nicht verlaufen ist.

560) §. 796 d. T. Dieses bezieht sich blos auf den Fall, wo die G.G. gesetzlich ausgesetzt geblieben war. Contraktliche Rechte werden dadurch nicht berührt, §§. 783. 793 d. T. Ges.-Rev. (a. a. O. S. 228).

561) §§. 781—784 d. T. Vergl. oben §. 50. — Weil die §§. 785 ff. d. T. sich ausdrücklich nur auf Pflegebefohlene weiblichen Geschlechts beziehen, ist es zweifelhaft, welche Frist der männliche Pflegebefohlene nach erlangter Großjährigkeit zur Abgabe seiner Erklärung über Ausschließuug oder Eingehung der G.G. habe. Die Rescr. vom 14. August 1820 (Jahrb. Bd. 16 S. 34; Erg. Bd. 6 S. 844) und v. 29. Mai 1835

E. Wegen seiner einzelnen Ansprüche an den Vormund hat der entlassene Pflegebefohlene die entsprechenden Klagen,[562]) z. B. die Klage auf Rechnungslegung, die Vindikation, die Bereicherungsklage u. a. m. Diese Klagen sind nach den allgemeinen Grundsätzen zu beurtheilen. Da aber der Vormund bei der Vermögensverwaltung lediglich als Beamter fungirt und zu dem Pflegebefohlenen nicht in einem kontraktlichen Verhältnisse steht, so sind die Regreßklagen des Pflegebefohlenen (§. 19 VII.) solche, die sich auf außerkontraktliche Beschädigungen beziehen, sie verjähren also in drei Jahren, ebenso wie die Klagen des Pflegebefohlenen gegen das vormundschaftliche Gericht.[563]) Gegen den Protutor sind solche Klagen auf

---

(Erg. a. a. O. S. 846) nehmen an, daß die Erklärung „sogleich" nach erlangter Volljährigkeit abgegeben werden müsse, und das letztere Rescript führt dabei aus, daß die Erklärung noch im Termine zur Vorlegung der Akten und Dechargeleistung erfolgen könne, wenn dieser auch erst später angesetzt werde. Das Ob.-Trib. ist dieser Ansicht in dem Erk. vom 10. Oktober 1854 (Entsch. Bd. 30 S. 123) beigetreten, indem es den Ausdruck „sogleich" dahin erklärt: „sobald der gewesene Pflegebefohlene die Möglichkeit hat, nach Prüfung seiner Vermögensverhältnisse eine Entscheidung darüber zu treffen, ob ihm die G.G. vortheilhaft sei oder nicht." Von diesem Gesichtspunkte ist aber das Gesetz in Betreff der weiblichen Pflegebefohlenen nicht ausgegangen, indem es ganz abgesehen von der Rechnungslegung und Dechargeleistung, die sich überdies viel länger als drei Monate verzögern können, (§. 894 d. T.), eine dreimonatliche Präklusivfrist bestimmt hat. Es ist dem gegenüber nicht einleuchtend, warum der männliche Pflegebefohlene so viel günstiger gestellt sein sollte. Entweder muß man annehmen, daß der letztere an gar keine Frist gebunden ist, weil das Gesetz keine solche vorschreibt, oder man muß die dreimonatliche Frist auch für männliche Pflegebefohlene gelten lassen, weil die ratio legis in dieser Beziehnng für Pflegebefohlene beiderlei Geschlechts dieselbe ist. Letzteres nimmt Koch, und wohl mit Recht, an (Commentar z. A.L.R. Anm. 58 zu §. 785 d. T.).

562) Im Gerichtsstande der geführten Vormundschaft oder Verwaltung. §. 154 I., 2 A.G.O.

563) §. 54 Thl. I. Tit. 6 A.L.R., Dekl. vom 31. März 1838 (G.S. S. 252). Anderer Ansicht ist Koch (Privatrecht III. Aufl. Bd. 2 S. 704), der den Vormund als Bevollmächtigten des Pflegebefohlenen ansieht und deshalb ganz konsequent die Klage als actio ex stipulatu erst in 30 Jahren verjähren lassen will. Für die hier vertretene Ansicht hat sich das Ob.-Trib. in dem Präj. Nr. 356 vom 31. Oktbr. 1837 (Jur. W. 1839 S. 1 Präj.-Samml. S. 20) entschieden.

Im Röm. Recht findet das judicium tutelae erst nach Beendigung der Vormundschaft statt, l. 4 pr. §. 1; l. 9 §. 4; l. 16 §. 1. D. de tut. et rat. XXVII., 3; wogegen im Preuß. Recht schon während der Vormundschaft durch einen Nebenvormund oder einen besonders zu bestellenden Kurator geklagt werden kann, §§. 669—671 d. T., §§. 26. 27 I., 29 A.G.O. — Im Röm. Recht hat der Pflegebefohlene oder dessen Erbe folgende Klagen: A. gegen den Vormund und dessen Erben 1) die actio tutelae directa auf Rechnungslegung, Herausgabe des Vermögens und Ersatz der Nachtheile und Beschädigungen, l. 1 pr. §. 3. l. 5. D. cod.; l. 2 7. 9. C. arbitr. tut. V., 51, l. 1 §. 1. D. de fidej. tut. XXVII., 7. — 2) dieselbe utiliter adversus cessantes wegen der durch Unterlassungen dem Pflegebefohlenen zugefügten Beschädigungen. — 3) neben der actio tutelae auch wegen Unterschlagung die actio de rationibus distrahendis auf Ersatz des doppelten Werths der unterschlagenen Sache, l. 1 §. 19—23 l. 2. D. de tut. et rat. XXVII., 3. — 4) die actio ex stipulatu, wenn satisdatio geleistet war. — B. gegen das vormundschaftliche Gericht die tutelae actio subsidiaria (oder utilis), auf alles worauf die tutelae actio directa geht, wenn dasselbe vom Vormunde oder den für denselben haftenden Personen nicht zu erlangen ist. Die Klage setzte voraus, daß das Gericht schuldbarerweise nicht für die Caution gesorgt oder gar die Bestellung eines Vormundes unterlassen hatte. l. 1 §§. 2. 5. 6. 9. 11—13. l. 8 l. ult. D. de mag. conven. XXVII., 8; §. 2. J. de satisd. tut. I., 24; l. 1. 5. 6. C. de mag. conven. V., 75. Nach heutigem Rechte haftet der Obervormund für jede Ver-

die Geschäftsführung ohne Auftrag gegründet und verjähren in 30 Jahren.[564]) Im Uebrigen vergl. §. 19 VII.

F. Der Pflegebefohlene hat wegen seiner Forderungen an den Vormund einen Titel zum Pfandrecht, und im Konkurse über das Vemögen des Vormundes wegen seines gesetzlich in die Verwaltung des letzteren gekommenen Vermögens das Vorrecht der 8. Klasse, sofern die Forderungen binnen 2 Jahren nach Beendigung der gesetzlichen Vermögensverwaltung geltend gemacht und bis zur Konkurseröffnung ununterbrochen verfolgt worden sind.[565]) In dem Vermögen der Beamten des vormundschaftlichen Gerichts steht ihm kein Vorrecht zu.

§. 75. b. Rechte des Vormundes und des vormundschaftlichen Gerichts.

A. Innerhalb eines Jahres nach erfolgter Vermögensausantwortung und, wo diese erforderlich, nach gelegter Schlußrechnung hat der gewesene Pflegebefohlene oder dessen Erbe dem Vormunde und dem vormundschaftlichen Gerichte gerichtlich zu quittiren (Decharge zu leisten) und den Vormund von der bestellten Caution zu entbinden.[566])

---

nachlässigung, aber ebenfalls nur subsidiär. — C. gegen den Protutor die der tutelae actio analoge protutelae actio, Tit. D. de eo qui pro tutore. XXVII., 5; C. h. t. V., 45. — D. gegen fidejussores und affirmatores die actio ex stipulatu, l. 4 in fin. D. de fidei. tut. XXVII., 7; l. 12. D. rem pup. XLVI, 6. — E. Zuletzt können auch die postulatores und die nominatores belangt werden, l. 2. D. de fid. tut. XXVII., 7; l. 4. C. de mag. conven. V., 75; l. 1 §§. 5. 10. D. ibid. XXVII., 8. — Die Mutter haftet jedoch nur, wenn ihr dieses durch das Dekret ausdrücklich auferlegt ist, l. 1. 3. C. si mater indemn. V., 46.

564) §§. 227—230 d. T., §. 228 ff. Thl. I. Tit. 13 A.L.R.

565) §§. 295 ff. d. T.; §§. 80. 81. Konk.-Ordn. — Den Kindern steht wegen ihres nicht nach gesetzlicher Anordnung in die Verwaltung des Vaters gekommenen Vermögens ein Vorzugsrecht in dem Konkurse über das Vermögen des Vaters nicht zu. Erkannt vom Ob.-Trib. am 19. Juni 1860 (Strieth. Arch. Bd. 38 S. 54).

566) §§. 885. 888. 899 d. T. — Nach Ablauf dieses Jahres kann der Rechnungsnehmer auf Ertheilung der Decharge verklagt werden, §. 894 d. T. Das Ob.-Trib. hat am 11. Septbr. 1845 (Entsch. Bd. 11 S. 398), Präj. Nr. 1611, erkannt, daß das im §. 894 dem vormundschaftlichen Gericht ertheilte Klagerecht diesem als solchem, nicht aber den Mitgliedern als einzelnen, zustehe. Koch (Comm. z. A.L.R. Anm. 93 zu §. 894 d. T.) erklärt dieses mit Recht für unrichtig, weil der Fiskus bei der Ertheilung der Decharge nicht interessirt ist, vielmehr lediglich die Mitglieder des vormundschaftlichen Gerichts für sich ein Vermögensinteresse haben, §§. 301 ff. 896 d. T. — Die Decharge kann nur dann gefordert werden, wenn eine wirkliche Vermögensverwaltung stattgefunden hat. Allg. Verf. d. J.-M. vom 17. März 1844 (J.M.Bl. S. 82). Dasselbe gilt bei Auseinandersetzungs- und anderen Kuratelen, mit denen keine Vermögensverwaltung verbunden ist. Rescr. vom 16. Juni 1834 (Jahrb. Bd. 43 S. 460; Gräff Bd. 8 S. 161) und Rescr. vom 22. Juni 1835 (Erg. a. a. O. S. 851). Von diesem Gesichtspunkte aus erklärt das Rescr. vom 24. Juni 1844 (J.M.Bl. S. 158) jede Zurückweisung einer Requisition um Aufnahme der Decharge für gerechtfertigt, wenn a. der gewesene Pflegebefohlene kein Vermögen besitzt, oder b. das vorhandene Vermögen ihm noch nicht ausgefolgt ist. Ueber die Voraussetzungen solcher Requisitionen ist in dem Rescript Folgendes bemerkt:

„Auf die Art der Ausantwortung (des Vermögens) kommt es übrigens nicht an, es möge dieselbe durch Aushändigung des im Depositorium oder in den Händen des Vormundes befindlichen Vermögens oder durch Anweisung auf den Inhaber desselben geschehen, wenn im letzteren Falle nur klar und vollständig

Wenn noch einzelne Punkte aus der Administration streitig sind, oder einer besonderen Erörterung bedürfen, so kann der Quittungsleister dieselben in der Quittung besonders ausnehmen; er kann aber nicht deshalb die Ausstellung der Quittung überhaupt verweigern.[567]) In Ansehung solcher Vorbehalte verbleibt dem Quittungsleister das Vorzugsrecht in dem Vermögen des Vormundes, und die bestellte Caution muß soweit stehen bleiben, als es zur Deckung der vorbehaltenen Ansprüche erforderlich ist und der Vormund nicht anderweit Deckung gewähren will.[568]) Soweit aber die Quittung ohne Vorbehalt ausgestellt ist, erlischt mit dem Tage der Ausstellung derselben das Vorzugsrecht in dem Vermögen des Vormundes[569]) und der Quittungsleister kann nur noch solche Forderungen geltend machen,

a. welche aus Angelegenheiten und Geschäften herrühren, die in den Rechnungen und den vorgelegten Akten nicht vorgekommen sind,

b. welche in einem vom Vormunde begangenen Betruge, oder in einer vorsätzlichen Verkürzung ihren Grund haben,

c. welche sich aus eigentlichen Rechnungsfehlern im Zusammenrechnen oder Abziehen ergeben.[570])

B. Der Vormund ist wegen aller nach der Schlußrechnung ihm gebührender Forderungen für Vorschüsse und Auslagen sogleich zu befriedigen, und er kann dieserhalb, wenn darüber Streit entsteht, die gelegte Rechnung aber überall mit unverdächtigen Belägen versehen ist, ein verhältnißmäßiges Quantum des auszuantwortenden Vermögens, allenfalls durch Eintragung einer Protestation auf die Grundstücke des Pflegebefohlenen, mit Arrest belegen.[571])

C. Die Kosten der Rechnungslegung, der Quittung und der Löschung der Caution,[572]) sowie die durch die Führung der Vormundschaft entstandenen gerichtlichen Kosten[573]) trägt der Pflegebefohlene. — In Bezug auf die gerichtlichen Kosten ist zu unterscheiden:

1) Die Kosten der Vormundschaften über Minderjährige, Taubstumme oder Geisteskranke werden erst nach beendigter Vormundschaft erhoben, und zwar nur soweit, daß sodann dem gewesenen Pflegebefohlenen, außer dem Bettzeuge, den Kleidungsstücken und Geräthschaften, welche ihm zu seinem

---

ausgesprochen worden ist, worin das gesammte Vermögen des gewesenen Pflegebefohlenen besteht und von wem er dasselbe zu fordern hat. Jede dieser Arten der Ausantwortung des Vermögens setzt aber eine aktenmäßige, kalkulatorische Darstellung, Berechnung oder Vermögensübersicht, deren bereits erfolgte Mittheilung an den gewesenen Pflegebefohlenen und die Uebersendung der Akten an das requirirte Gericht voraus. Ohne die pünktliche Befolgung dieser Erfordernisse kann die Quittungsleistung und der Generalverzicht nicht gefordert werden, da es nicht zu den Obliegenheiten des requirirten Gerichts gehört, sich die Materialien der Quittungsleistung selbst aus den Akten zusammenzustellen.

567) §§. 886. 887 d. T.

568) §§. 890. 891 d. T.

569) §. 888 d. T.

570) §§. 895—897 d. T.; §. 151 Thl. I Tit. 14 A.L.R.

571) §§. 882—884 d. T. Vergl. §. 151 I., 2 A.G.O. und §. 48 I., 29 a. a. O.

572) §. 898 d. T. — Entsteht ein Defektatorium, so wird über die darauf bezüglichen Kosten nach den allgemeinen Regeln erkannt.

573) §. 7 Ges. vom 10. Mai 1851 (G.S. S. 622) und §§. 42. 43 des Tarifs dazu. Ges. vom 23. Dezbr. 1846 (G.S. 1847 S. 3).

persönlichen Gebrauche schon verabfolgt oder angeschafft sind, noch ein reines Vermögen von 50 Thlr. verbleibt.[574]) Diese Stundung der Kosten fällt fort:

a. bei allen Kosten, welche vor Einleitung der Vormundschaft für darauf nicht bezügliche vormundschaftsgerichtliche Akte entstanden sind;[575])

b. bei allen baaren Ausgaben und Kalkulaturgebühren, bei letzteren jedoch nur soweit, als das Vermögen zur Zeit der angefertigten Kalkulaturarbeit den Betrag von 50 Thlr. in der oben angegebenen Art übersteigt;[576])

c. bei den Kosten eines durch Adjudikatoria beendigten Subhastations-Prozesses, wenn und sobald sich eine Unzulänglichkeit des Vermögens zur Befriedigung der Gläubiger ergiebt;[577])

d. bei allen Kosten, α. wenn nach Bestreitung des Unterhalts und der Erziehung des Pflegebefohlenen und nach Berichtigung der baaren Auslagen noch Revenüenüberschüsse vorhanden sind,[578]) β. wenn weibliche Pflegebefohlene heirathen.[579])

Die Verjährung rücksichtlich aller von dem Pflegebefohlenen zu zahlenden Kosten beginnt erst mit dem Ablaufe desjenigen Jahres, in welchem die Vormundschaft beendet ist.[580])

2) Die Kosten anderer,[581]) als der zu 1. gedachten, Vormundschaften sind stets sogleich nach ihrer Entstehung zu liquidiren[582]) und der Anspruch darauf unterliegt der Verjährung nach den allgemeinen Regeln.[583])

D. Der Vormund hat wegen seiner Vorschüsse und sonstigen Aufwendungen gegen den gewesenen Pflegebefohlenen die Klage aus der Geschäftsführung oder nützlichen Vorwendung[584]) und wegen seines Honorars

---

574) §. 7 Nr. 5 a. a. O. — Dieses bezieht sich auf das Vermögen jedes einzelnen Pflegebefohlenen besonders. Instr. vom 10. Septbr. 1851 zu §. 7 Nr. 5 cit.

575) §. 7 Nr. 1a. a. a. O. z. B. Kosten der Prozesse wegen Blödsinnigkeits- oder Wahnsinnigkeitserklärungen. Dahin gehören nicht die Kosten der Inventur und Siegelung von eingeleiteten Vormundschaften. cfr. Instr. a. a. O.

576) §. 7 Nr. 1b. a. a. O. Bei der Berechnung des Vermögens behufs Ansatzes der Kalkulaturgebühren sind andere baare Auslagen vorweg abzuziehn. Instr. a. a. O.

577) §. 7 Nr. 1c. a. a. O.

578 §. 7 Nr. 2. 3. 4 a. a. O. — Ob und welcher Revenüenbetrag als Ueberschuß anzusehen ist, wird vom vormundschaftlichen Gerichte a. nach den am Jahresschlusse oder sonst gelegten Rechnungen, b. in Ermangelung solcher nach Vernehmung des Vormundes arbitrirt. Instr. a. a. O.

579) §. 7 Nr. 6 a. a. O. Auch in diesem Falle sind der Pflegebefohlenen 50 Thlr. freizulassen. Instr. a. a. O.

580) §. 7 Nr. 7 a. a. O. Auch bezüglich derjenigen Kosten, welche nicht zu stunden waren.

581) Dieses sind Vormundschaften über Abwesende, Verschwender, und die nach erreichter Großjährigkeit des Pflegebefohlenen fortgesetzte Altersvormundschaft, sofern dieselbe nicht wegen Taubstummheit oder Geisteskrankheit fortgesetzt wird.

582) §§. 42. 43 des Tarifs a. a. O. — Die von den Revenüen zu berechnenden Kosten werden nach §. 43 des Tarifs jährlich, beziehentlich nach Abnahme der Rechnung, und die nach der Vermögenssubstanz zu berechnenden Kosten nach §. 42 das. bei Beendigung der Vormundschaft liquidirt, §. 10 Nr. 3 a. a. O.

583) §§. 2 Nr. 8, 5 Nr. 3, 6; Ges. v. 31. März 1838 (G.S. S. 249).

584) §§. 255—262 d. T. — Im Röm. Recht hat der Vormund und dessen Erbe nach Beendigung der Vormundschaft die actio tutelae contraria gegen den Mündel und dessen Erben, l. 3 §. 9. l. 5. D. de contr. tut. XXVII., 4, und zwar auf Ersatz der

die dem Grunde dieser Forderung entsprechende Klage.[585]) Wegen Ausstellung der Quittung gebührt außer dem Vormunde auch dem Vormundschaftsrichter eine Klage.[586]) Die Gerichtskosten werden, sofern sie nicht bei der Vermögensausantwortung zurückbehalten sind, durch Exekution eingezogen. —

E. Nach Beendigung sämmtlicher, in denselben Akten verhandelter Vormundschaften werden die Akten als geschlossen bei Seite gelegt (reponirt). Ihre Kassation und öffentliche meistbietende Veräußerung[587]) erfolgt, sofern nicht besondere Gründe ihre längere Aufbewahrung angemessen erscheinen lassen:[588])

1) wenn keine Vermögensverwaltung stattgefunden hat, nach Ablauf von 5 Jahren,[589])

2) in allen anderen Fällen nach Ablauf von 10 Jahren.[590])

Die Kassationsfrist läuft vom Tage der erreichten Großjährigkeit, beziehungsweise der erfolgten Majorennitätserklärung des jüngsten Pflegebefohlenen.[591]) Bei der Kassation sind jedoch die Erbrezesse und die Verhandlungen über Anerkennung derselben aus den Akten herauszunehmen und noch fernere 20 Jahre aufzubewahren.[292]) Befindet sich ein anderer Akt der freiwilligen Gerichtsbarkeit in den Akten, so muß ihrer Kassation so lange Anstand gegeben werden, bis nach Ablauf des Jahres, in welchem der Akt aufgenommen, ein 30jähriger Zeitraum vergangen ist.[593])

---

zu vormundschaftlichen Verwaltungszwecken angemessen gemachten Auslagen und auf Befreiung von den in dieser Beziehung eingegangenen Verbindlichkeiten, l. 1 §. 4—6. l. 3. 6. D. eod.; l. 3. C. de contr. jud. V, 58. Consequent konnte der Vormund auch mit seinen Forderungen an den gewesenen Pflegebefohlenen kompensiren, l. 1 §. 4. D. eod.

585) Aus dem Vertrage, aus dem Testamente oder aus der Geschäftsführung. §§. 262—274 d. T. Im Röm. Recht ging die actio tutelae contraria unter Umständen ebenfalls auf Zahlung einer Remuneration, l. 33 §. 3. D. de adm. XXVI., 7.

586) §. 894 d. T Vergl. oben Anm. 566.

587) C. Rescr. vom 21. Juli 1848 betreffend die Kassation unbrauchbarer Akten (J M.Bl. S. 224). —

588) VI. a. a. O.

589) IV. Nr. 9 a. a O.

390) III. Nr. 4 a. a. O. Ebenso die Akten betreffend die Auseinandersetzung zwischen dem Vater und seinen Kindern.

591) III. Nr. 4 IV. Nr. 9 a. a. O. Die Bestimmung ist nicht genau; es sollte darin heißen: „vom Tage der Aufhebung der zuletzt in den Akten verhandelten Vormundschaft.“ Der jüngste Pflegebefohlene kann während der Fortführung der Vormundschaft über einen älteren für großjährig erklärt werden, oder die Vormundschaft über den letzten Pflegebefohlenen kann durch dessen Tod, Wiederherstellung rc. beendigt werden, und für solche Fälle enthält das Rescript in seinem Wortlaute keine Bestimmung.

592) a. a. O. Unter IV. Nr. 9 ist dieses zwar nicht gesagt, muß aber des Grundes wegen auch dort gelten.

593) II. Nr. 2 a. a. O.

Zweiter Abschnitt.

Von den Curatelen.

§. 76. 1. Im Allgemeinen.

Bei Kuratoren findet alles statt, was von Vormündern verordnet ist, insofern nicht besondere Vorschriften, oder die Natur ihres nur ein einzelnes Geschäft betreffenden Amtes, davon Ausnahmen begründen.[594]) Insbesondere kommt die Bestellung eines Kurators eben dem Gerichte zu, welchem die Bevormundung gebühren würde, wenn es sich um eine solche handelte.[595]) Hiervon gelten jedoch folgende Ausnahmen:

1) Auswärtigen[596]) Pflegebefohlenen,[597]) welche in Preußen einen Prozeß oder ein einzelnes Rechtsgeschäft haben, kann von demjenigen inländischen Richter, bei welchem der Prozeß oder das Geschäft zu betreiben ist, ein Kurator bestellt werden.

2) der Prozeßrichter bestellt den Kurator

a. wenn eine Provokation auf Wahn- oder Blödsinnigkeitserklärung eingeleitet wird,[598])

b. wenn bei Einleitung oder Fortsetzung eines Prozesses die Nothwendigkeit der Bevormundung einer Parthei eintritt, und die Sache einen Aufschub bis zur Bestellung des Vormundes durch den kompetenten Richter nicht zuläßt,[599])

c. wenn minderjährige, noch unter väterlicher Gewalt oder Vormundschaft stehende Dienstboten, Lehrlinge, Gesellen, Handlungsdiener, Kunstgehülfen, Hand- und Fabrikarbeiter, deren Vater oder Vormund an einem anderen Orte wohnt, in Injurien-, Alimenten- und Entschädigungs-Prozessen,

---

594) §. 956 d. T. §§. 472 ff. Thl. I. Tit. 9 A.L.R.

595) §. 954 d. T.

596) d. h. „Ausländischen". §. 955 d. T.

597) Wenn nicht der Fall der §§. 71. 72 d. T. vorliegt, so kann nur solchen Ausländern ein Kurator bestellt werden, welche in ihrer Heimath unter Vormundschaft stehen, nicht auch solchen, welche nach den Gesetzen ihrer Heimath selbstständig sind. Koch Commentar, Anm. 5 zu §. 955 d. T.

598) §. 5. I., 38 A.G.O. und Anh. §§. 283. 284 dazu.

599) §§. 11. 12 I., 1 A.G.O. — Schr. des J.-M. vom 25. Juli 1831 (Erg. zu §. 12 I., 1 A.G.O.). —

oder in Rechtsstreitigkeiten, welche aus ihren Dienst-, Erwerbs- und Contractsverhältnissen entspringen, als Parthei auftreten.[600])

3) Der Subhastationsrichter bestellt den unbekannten Interessenten einen Kurator,

a. wenn sich zu einer bei der Vertheilung der Kaufgelder zur Hebung gelangten Realforderung kein legitimirter Gläubiger gemeldet hat,[601])

b. wenn bei der Kaufgeldervertheilung eine Spezialmasse aus dem Grunde gebildet werden muß, weil auf der liquidirten Forderung nach Ausweis des Hypothekenbuchs Rechte haften, deren gegenwärtige Inhaber unbekannt sind.[602]) —

4) Der Richter der Sache bestellt, — jedoch nur auf Ansuchen des vormundschaftlichen Gerichts, — den Spezial-Kurator zur Verwaltung desjenigen Vermögens eines Bevormundeten, welches sich in einer von dem Sitze des vormundschaftlichen Gerichts verschiedenen Provinz befindet.[603])

Das Geschäft oder die Angelegenheit, zu welchen der Kurator verordnet ist, muß in der demselben zu ertheilenden Bestallung deutlich ausgedrückt werden.[604]) —

II. Bei seiner Amtsführung hat der Kurator in Ansehung der ihm aufgetragenen Geschäfte und Angelegenheiten die Rechte und Pflichten eines Vormundes.[605]) Daraus folgt,

1) daß er, wenn mit seinem Auftrage eine Vermögensadministration verknüpft ist, zur Einreichung eines Inventars, zur Cautionsbestellung und zur Rechnungslegung ebenso, wie ein Vormund, verbunden ist, und

2) daß für die Dauer der Administration der Pflegebefohlene in seinem Vermögen eben die Vorrechte hat, wie in dem Vermögen eines Vormundes.[606])

III. Das Amt des Kurators hört auf, sobald das Geschäft, zu welchem er bestellt ist, beendigt und in Richtigkeit gesetzt worden,[607]) oder sobald der Kurator aus einem der in §. 72 angegebenen Gründe abgeht oder entlassen wird. Sobald das vormundschaftliche Gericht, oder der inzwischen selbstständig gewordene Pflegebefohlene das Geschäft für berichtigt ausdrücklich oder stillschweigend angenommen haben, erreicht das Vorrecht des Pflegebefohlenen in dem Vermögen des Kurators sein Ende.[608])

---

600) K. O. vom 4. Juli 1832 (G.S. S. 175); K.-O. vom 5. Dezember 1835 (G.S. S. 294).

601) §. 405 Konk.-Ordn. vom 8. Mai 1855.

602) §. 414 a. a. O.

603) §. 82 d. T.

604) §. 957 d. T. — Wenn der Kurator nur ein einzelnes Geschäft zu besorgen hat und dabei nicht etwa einer besonderen Legitimation nach außenhin bedarf, so kann die Ertheilung eines Kuratorii unterbleiben, da er nach §. 227 d. T. dem Pflegebefohlenen gegenüber auch ohne vorschriftsmäßige Bestellung in Ansehung des einzelnen Geschäfts die Pflichten eines Kurators hat. Vergl. Koch Privatrecht III. Aufl. S. 707 Anm. 7. —

605) §. 953 d. T.

606) §§. 958. 959 d. T.

607) §. 960 d. T.

608) §. 961 d. T.

§. 77. 2. Einzelne Fälle.[609])

Die Fälle, in welchen ein Kurator zu bestellen ist, sind oben in §. 12 speziell aufgeführt.

I. Cura ventris et bonorum.[610]) Diese umfaßt zwei an sich verschiedene Curatelen, die nicht nothwendig zusammengehören.[611])

1) Die cura ventris besteht in der Sorge für die gehörige Verpflegung der unverheiratheten, wenn auch verheirathet gewesenen, Mutter einer noch ungeborenen, aus ehelicher oder unehelicher Zeugung herrührenden Leibesfrucht, und in der Sorge für die Conservirung des der letzteren für den Fall ihrer Geburt zustehenden Vermögens.[612]) Zur Einleitung der Curatel bedarf es nur einer Anzeige der vorhandenen, oder auch nur vermutheten Schwangerschaft der Mutter.[613]) Der Kurator einer aus unehelicher Schwängerung erzeugten Leibesfrucht hat insbesondere deren Rechte

---

609) Koch (Privatrecht Bd. 2 S. 713. 714) behandelt hier auch den Massenverwalter im Konkurse. Allein dieser ist kein Kurator, sondern lediglich ein Privatbeamter. Er übt als Bevollmächtigter der Gläubiger das diesen durch die Konkurseröffnung zugefallene Verwaltungs- und Verfügungsrecht über das Vermögen des Gemeinschuldners aus (§§. 4. 131—133. 215 Konk.-Ordn.). Daß das Gericht den Verwalter verpflichtet und die Aufsicht und Direction bei seiner Amtsführung ausübt (§§. 130. 132. 214 Nr. 3. 215. a. a. O.), hat darin seinen Grund, daß der Konkurs ein Exekutionsverfahren, also vom Gericht zu leiten ist. Bei der Anstellung des interimistischen Verwalters ist das Konkursgericht zwar an die Vorschläge der Gläubiger nicht gebunden; dies hat aber darin seinen Grund, daß die Gläubiger noch nicht legitimirt sind. Hier übt das Gericht das Wahlrecht für die Gesammtheit der Gläubiger aus (§. 128 alin. 3 a. a. O.). Dagegen sind bei der Bestellung des definitiven Verwalters allerdings die Vorschläge der bis dahin legitimirten Gläubiger maßgebend, woraus klar erhellt, daß der Verwalter nur ein Bevollmächtigter der Gläubiger ist. Damit stimmt auch die Ausführung in Wentzel und Klose Konk.-Ordn. S. 63. 64 überein. — Die Frage, ob die Massenverwaltung eine Kuratel sei, oder nicht, ist nicht unwichtig. Denn, ist ersteres der Fall, so müssen auf das Verhältniß überall da, wo die Konk.-Ordn. keine besonderen Bestimmungen enthält, die Vorschriften von Vormundschaften zur Anwendung kommen (§§. 953. 956 d. T.), z. B. würde ein Zwang zur Uebernahme der Massenverwaltung stattfinden (§§. 202 ff. d. T.). Im Röm. Recht wurde allerdings auch der curator bonorum im Konkurse auf Vorschlag der Mehrheit der Gläubiger angestellt (l. 2 pr. D. de cur. bon. XLII., 7). Allein dort wurde unter cura bonorum jede Geschäftsführung verstanden, die nicht bloße Privatsache, sondern zugleich Gegenstand des öffentlichen Interesses war, und deren Eintritt und Ausrichtung unter obrigkeitlicher Mitwirkung und Aufsicht stand (Puchta Pand. §. 330). Es war aber auch ausdrücklich ausgesprochen, daß die Uebernahme einer cura bonorum in der Regel freiwillig war (l. 2 §. 3. D. de cur. bon. XLII., 7).

610) Das Röm Recht und die Abweichungen davon vergl. oben §. 12.

611) §. 963 d. T.; §§. 372. 378 Thl. I. Tit. 9 A.L.R.

612) §. 962 d. T. Koch (Privatrecht Bd. 2 S. 708) will die cura ventris auch bei verheiratheten Frauen zulassen, wenn deren Ehemann ein widerstreitendes Interesse hat. Er bezieht sich dafür auf §§. 42—49 Thl. II. Tit. 2 A.L.R. und §§. 42. 44. 77 II., 4 a. a. O. Dort ist dieses jedoch nicht vorgeschrieben. Die §§. 42—49 II., 2 a. a. O. enthalten Verordnungen zum Besten des geschiedenen oder von der Frau getrennt lebenden Mannes, und die §§. 42. 44. 77 II., 4 a. a. O. beziehen sich lediglich auf die Vornahme eines einzelnen Geschäfts. Wird in diesen oder ähnlichen Fällen der Leibesfrucht ein Kurator bestellt, so ist er kein curator ventris im eigentlichen Sinne.

613) §. 11 d. T. — Im Röm. Recht war der Nachweis der Schwangerschaft erforderlich, l. 1 §§. 1. 17. D. de ventre in poss. XXXVII., 9.

wegen Ernährung der Mutter und Ausmittelung der Entbindungs- und Verpflegungskosten wahrzunehmen.[614]) Wird demnächst die Mutter von einem lebenden Kinde entbunden, so hat der Kurator, wenn dasselbe aus ehelicher Zeugung herrührt, für dessen ordentliche Bevormundung zu sorgen,[615]) wenn es aber aus unehelicher Schwängerung erzeugt ist, bis zur erreichten Volljährigkeit die eigentliche Vormundschaft zu führen, sofern das Kind nicht unter die Gewalt seines natürlichen Vaters kommt, oder dessen Mutter noch unter väterlicher Gewalt steht.[616]) Wird innerhalb der gesetzlichen Frist kein Kind geboren, oder kommt ein todtes Kind zur Welt, so hört die Curatel auf.[617])

2) Die cura bonorum ist in der Regel mit der cura ventris verbunden[618]) und muß dem curator ventris oder dem gesetzlichen Vertreter der noch ungeborenen Leibesfrucht übertragen werden, wenn es sich um die Verwaltung eines Nachlasses handelt, bezüglich dessen die Leibesfrucht, wenn sie zur Welt käme, alle Anderen ausschließen würde.[619]) Wenn die Leibesfrucht, falls sie lebend zur Welt käme, nur mit Anderen zugleich an der Erbschaft Theil nehmen würde, so können die Letzteren die Verwaltung des Nachlasses für sich in Anspruch nehmen. Bei der Führung der Verwaltung müssen sie den curator ventris zuziehen, und sind überall denselben Einschränkungen unterworfen, wie ein Verlassenschafts-Kurator.[620]) Ein solcher hat unter Aufsicht des Gerichts den Nachlaß für die Leibesfrucht zu verwalten, hat dabei aber die für einen Kurator unbekannter oder abwesender Erben geltenden Vorschriften[621]) zu beobachten und darf über die Substanz nur mit Zuziehung und Einwilligung derjenigen verfügen, welche in Ermangelung der Leibesfrucht die nächsten zur Erbschaft sein würden.[622]) Sind Miterben vorhanden, so muß die Theilung des Nachlasses so lange ausgesetzt bleiben, bis entschieden ist, ob die Leibesfrucht lebend zur Welt kommt.[623]) Wenn in der gesetzlichen Frist kein lebendes Kind geboren wird, so ist der Nachlaß mit allen seit dem Tode des Erblassers gezogenen Nutzungen denjenigen auszufolgen, welche nächst oder mit

---

614) §. 967 d. T. Koch (Privatrecht Bd. 2 S. 709 Anm. 8) macht darauf aufmerksam, daß nach §. 7. des Ges. v. 24. April 1854 (G.S. S. 193) die Tauf-, Entbindungs- und Wochenkosten eine der Mutter, nicht dem Kinde, zustehende Forderung seien. Nichtsdestoweniger ist die Bestimmung, daß der Kurator der Leibesfrucht für Ausmittelung derselben zu sorgen habe, gerechtfertigt. Der Kurator hat für das Wohl der Leibesfrucht und also wesentlich auch dafür zu sorgen, daß die zu einer ordnungsmäßigen Entbindung erforderlichen Mittel vorhanden sind. Deshalb sind auch die Tauf- und Wochenkosten in §. 967 cit. nicht mitgenannt. Wegen dieser gebührt dem Kurator kein Klagerecht. Die Entbindungskosten aber wird er einklagen können, wenn er dieses für erforderlich hält und die vermögenslose Mutter selbst nicht klagen will.

615) §. 965 d. T.

616) §§. 968. 969 d. T.; Anh. §. 95 zu §. 614 Thl. II. Tit. 2 A.L.R.

617) §. 964 d. T.

618) §. 963 d. T.

619) §. 372 Thl. I. Tit. 9 A.L.R.

620) §§. 378. 379. 373. 374 a. a. O.

621) Vergl. III. Nr. 1 dieses Paragraphen.

622) §§. 373. 374 Thl. I. Tit. 9 A.L.R.

623) §. 380 a. a. O.

der Leibesfrucht zu Erben berufen waren.[624]) In allen Fällen aber, insbesondere auch dann, wenn Miterben vorhanden sind und die lebend geborene Leibesfrucht an der Erbschaft Theil nimmt, sind die Administrations-, sowie die Verpflegungskosten der Leibesfrucht und der Mutter von der Nachlaßmasse vorweg abzuziehen.[625])

II. Die Kuratel über Kinder in väterlicher Gewalt in Fällen, wo das Interesse der letzteren mit dem des Vaters in Collision geräth.[626]) Hierher gehört besonders die Curatel zum Zwecke der Auseinandersetzung zwischen dem Vater und seinen minderjährigen Kindern, welche oben in §. 51 II. 3 des Näheren behandelt ist. — Ist der Kurator zugleich zur Verwaltung des eigenthümlichen Vermögens der Kinder bestellt, so finden auch hierauf alle für eigentliche Vormundschaften geltende Grundsätze Anwendung. Der nicht wegen seines schlechten moralischen Verhaltens, sondern aus anderen Gründen von der Verwaltung ausgeschlossene Vater, steht zu dem Kurator in demselben Verhältnisse, wie ein Ehrenvormund zu dem verwaltenden Vormunde, und derselbe muß insonderheit mit seinem Gutachten vernommen werden, wenn von der Veräußerung oder dem Ankaufe von Immobilien die Rede ist.[627]) Soweit dem Vater der Nießbrauch verblieben ist, muß der Kurator, wenn nicht der Erblasser oder Wohlthäter der Kinder ein Anderes ausdrücklich verordnet hat, über die in der Art der Verwaltung zu treffenden Hauptveränderungen mit ihm Rücksprache nehmen,[628]) wobei jedoch dem Vater ein Widerspruchsrecht nur insoweit zukommt, als ein solches einem Nutzungsberechtigten überhaupt gegen Veranstaltungen gebührt, wodurch sein Nießbrauch geschmälert wird.[629]) Diese Curatel wird ebenso wie eine wirkliche Vormundschaft geendigt. Tritt der Fall einer eigentlichen Bevormundung ein, so hängt es von dem Ermessen des Gerichts ab, den bisherigen Kurator zum wirklichen Vormunde zu bestellen, oder ihm die besondere Administration auch ferner zu belassen, oder ihn von der Curatel zu entbinden und die Administration dem Vormunde zu übertragen.[630])

III. Die Curatel für unbekannte oder verhinderte Interessenten. Hierher gehören:

---

624) §§. 375. 376 a. a. O.

625) §§. 377. 381 a. a. O. — Ebenso im Röm. Recht nach l. 9. D. de ventre in poss. XXXVII., 9.

626) Oben §. 12 Nr. 2. Hieher gehört auch der Fall des Anh. §. 153 zu §. 33. d. T., wonach in Ehescheidungsprozessen den minderjährigen Kindern der streitenden Eheleute ein Kurator zu bestellen ist, wenn es sich aus den Verhandlungen ergiebt oder dem Gerichte bekannt ist, daß ein oder beide Ehegatten sich der Verschwendung des Vermögens oder der Vernachlässigung der Erziehung verdächtig machen. Vergl. oben §. 12 Nr. 3. —

627) §§. 977. 978 d. T.

628) §. 979 d. T. „Insonderheit muß dieses geschehen, wenn unbewegliche Güter verpachtet, oder aus der Pacht in Administration gesetzt, neue Baue oder Hauptreparaturen vorgenommen, Meliorationen gemacht, Capitalien eingezogen oder von Neuem belegt werden sollen," §. 980 d. T.

629) §. 981 d. T. Vergl. §§. 99. 100. 106—109 Thl. I. Tit. 21 A.L.R.

630) §§. 982. 983 d. T.

1) Die cura hereditatis jacentis.[631]) Wenn sich zu einer Erbschaft innerhalb dreier Monate[632]) nach dem Tode des Erblassers kein Erbe meldet, ein solcher auch nicht bekannt ist, so ist den unbekannten Erben ein Kurator (der sg. Nachlaß- oder Verlassenschafts-Kurator) zu bestellen, welcher wegen Antretung der Erbschaft und Aufnehmung eines Inventars die Rechte des unbekannten Erben zu beobachten, den Nachlaß zu verwalten, und für die Ausmittelung und Entdeckung des eigentlichen Erben möglichst zu sorgen hat. Die Curatel kann ausnahmsweise auch früher eingeleitet werden, wenn die Umstände des Nachlasses dieses erfordern.[633])

Bei der Verwaltung des Nachlasses steht der Kurator einem Vormunde gleich Er muß vorzüglich auf die Conservirung der Masse in dem Stande bedacht sein, in welchem sie sich beim Tode des Erblassers befunden hat. Er darf deshalb keine Grundstücke veräußern, keine sicher ausstehende Capitalien aufkündigen, keine neuen Geschäfte unternehmen und auch das bewegliche Vermögen nur so weit versilbern, als dieses wegen Gefahr des Verderbens oder wegen unverhältnißmäßig hoher Kosten der Aufbewahrung nothwendig wird.[634])

Sind die Bemühungen des Kurators wegen Ermittelung des Erben drei Monate lang fruchtlos, und hat der Richter keine Hoffnung, den Erben auf andere Art auszuforschen, so muß der unbekannte Erbe, oder seine Erben oder nächste Verwandten nach Art der Ediktalcitation Verschollener öffentlich vorgeladen werden. Wenn jedoch von keinem Blutsverwandten des Erblassers Nachricht vorhanden ist, und der überlebende Ehegatte an Eidesstatt versichert, daß ihm keine Verwandten des Erblassers bekannt sind, so kann Ersterem der Nachlaß überlassen werden, ohne daß es dazu eines Aufgebots bedarf; es sei denn, daß die Erbschaft von Belang und der Erblasser aus einem entfernten Lande gebürtig, oder sonst den Umständen nach wahrscheinlich ist, daß die Erkundigungen des Kurators eine längere Zeit erfordern, in welchen Fällen der Richter die dreimonatliche Erkundigungsfrist verlängern muß.

Hat das Aufgebot stattgefunden und meldet sich in dem anberaumten Termine Niemand, so gilt der Nachlaß für herrenloses Gut, und ist dem Fiskus oder dem sonst Berechtigten auszuantworten, womit dann das Amt des Kurators seine Endschaft erreicht.[635])

---

631) Vergl. oben §. 12 Nr. 6 Anm. 31 Nr. 2.

632) Die längste Ueberlegungsfrist §. 385 Thl. I. Tit. 9 A.L.R.

633) §§. 471 ff. a. a. O. Wegen der Natur dieser Curatel und ihrer Verschiedenheit von der cura hereditatis jacentis des Röm. Rechts vergl. oben §. 12 Anm. 31 Nr. 2. —

634) §§. 473—475 a. a. O.

635) §§. 476—481 a. a. O. und Anh. §. 11 zu §. 477 a. a. O. entnommen aus dem Reser. vom 12. Februar 1798 (Rabe Bd. 5 S. 40; Erg. zu dies. Paragr.). — Nach einer K.-O. vom 7. Mai 1818 (Jahrb. Bd. 11 S. 195; Gräff Bd. 3 S. 301) soll das rückständige Gnadengehalt verstorbener Invaliden in Ermangelung bekannter Erben ohne Aufgebot ganz den Wittwen gezahlt werden. — Ueber das Verfahren bei dem Aufgebote: Tit. 37 Thl. I. A.G.O. und §. 146 I., 51 a. a. O. nebst Anh. §. 390 dazu. —

Wenn sich kein Erbe meldet, so ist in der Präklusoria der Nachlaß dem Fiskus zuzusprechen. Zur Abfassung der Präklusoria bedarf es aber nach §. 10 Nr. 3 I., 37 A.G.O.

Meldet sich vor oder in dem Termine, oder auch außer dem Falle eines Aufgebots, ein Erbe, so hat derselbe dem Nachlaßrichter[636]) sein Erbrecht gehörig nachzuweisen,[637]) und wenn das Vorhandensein noch anderer näherer oder gleich naher Verwandten nicht zu vermuthen ist,[638]) so muß ihm gegen seine eidesstattliche Versicherung,[639]) daß ihm keine nähere oder

---

der Ableistung des Diligenzeides Seitens des Kurators. Wenn derselbe die Leistung des Eides verweigert, so soll dieses nach dem Rescr. v. 11. Januar 1839 (J.M.Bl S. 58) als Ablehnung der Curatel angesehen, und sodann nach §. 202 d. T. weiter verfahren werden.

636) §§. 482 ff. a. a. O — Ausnahmsweise ist die Legitimation in foro rei sitae zulässig, wenn der Erblasser seinen Gerichtsstand im Auslande gehabt hat und der auswärtige Richter die Ausstellung eines Erbeslegitimationsattestes verweigert, auf Grund dessen die Erben sich zum Besitze eines auf sie vererbten diesseitigen Grundstückes legitimiren können. — Der Lehnserbe legitimirt sich beim Lehnshofe und der Fideikommißfolger bei dem kompetenten Appellationsgerichte; Rescr vom 8. Januar 1834 (Erg. zu §§. 482—484 a. a. O.); §. 25 Nr. 4 Verordn. vom 2 Januar 1849 (G S. S. 1).

Wenn die Legitimation des Erbprätendenten zweifelhaft ist, so muß die Sache im Prozeßwege zwischen dem Prätendenten und dem Nachlaß-Kurator entschieden werden. Gegenstand des Prozesses ist die Feststellung des Verwandschaftsverhältnisses und des Grades desselben. Vergl. Erk des Ob.-Trib. vom 9. Oktbr. 1854 und 19. Februar 1855 (Strieth. Arch. Bd 13 S 307; und Bd. 17 S. 32) und Präj. Nr. 2528. —

637) Die Legitimation geschieht durch Vorlegung des Testaments, Adoptions- oder Erbvertrages, Erbeslegitimationsattestes, oder durch Beibringung anderer Beweise, z. B. Zeugen über das Verwandtschaftsverhältniß des Prätendenten zum Erblasser. Vergl. Rescr. vom 6. Oktober 1826 (Erg. zu §§. 484—486 a. a. O) und vom 2. März 1835 (Jahrb Bd. 45 S. 179). Das bloße Anerkenntniß der einander gegenüberstehenden Erbprätendenten reicht in der Regel nicht aus, es sei denn, daß vollständig bewiesen wäre, daß der Anerkennende der alleinige Erbe sein würde, wenn seine Gegner wegfielen. Vergl. hierfür Ges.-Rev. (Pens. XVI. S. 39) und Koch Commentar-Bd. 1 S. 510 Anm. 95 zu §. 484 a. a. O

In der Rheinprovinz werden Erbeslegitimationsatteste nicht ausgestellt. Die Friedensrichter haben durch eidliche Vernehmung unterrichteter Zeugen in einem Notorietätsakte die Familien- und Erbverhältnisse festzustellen und eine Ausfertigung des Akts zu ertheilen, worin sie sich darüber aussprechen müssen, daß dem Gerichte nichts den von den Zeugen angegebenen Thatsachen Entgegenstehendes bekannt sei. Ein solcher Notorietätsakt ersetzt die in den älteren Provinzen auszustellenden Erbeslegitimationsatteste. Rescr. vom 14. Juli 1837 (Jahrb. Bd. 50 S. 238; Gräff Bd 13 S. 165)

Nach dem Rescr. v. 3. April 1835 (Erg. zu §§ 482—484 a. a. O) soll es zum Nachweise der ehelichen Abstammung der Kinder der Beibringung des Kopulationsscheines der Eltern nicht bedürfen, weil die außereheliche Abstammung eine Ausnahme und nicht zu vermuthen sei. Koch (Commentar Anm. 95 zu §. 484 a. a O) ist entgegengesetzter Ansicht, und mit Recht. Es wird von den sonst erbrachten Beweisen abhängen, ob der Kopulationsschein noch erforderlich ist. —

Wer der Erbschaft unbedingt entsagt, ist zur Führung seiner Legitimation nicht verpflichtet, Rescr. vom 30. Januar 1836 und vom 6 Juli 1840 (J.M.Bl 1840 S. 239. 240). —

638) §§. 485. 486 a a O — Daß Jemand verheirathet gewesen sei und Kinder hinterlassen habe, wird nicht vermuthet Rescr vom 15. Februar 1796 und der daraus entnommene Anh § 106 zur A.G.O. §. 28 I., 13. —

639) Diese Versicherung ist vor Gericht abzugeben; Rescr. vom 2. März und 4. Februar 1835 (Jahrb Bd 45 S 179; Gräff Bd 8 S 10—12). Die Versicherung muß von sämmtlichen Erben abgegeben werden, weil gerade diejenigen, von denen sie nicht abgegeben wird, Umstände wissen können, welche die Existenz näherer oder gleich naher Verwandten wahrscheinlich machen. Vergl. Ges.-Rev. Pens XVI. S. 41. Anderer Meinung sind die Rescr. vom 1. Juli und 16. September 1836 (Erg. zu §. 486 a. a. O.). — Der Justiz-Minister geht davon aus, daß es der Versicherung überhaupt nicht

gleich nahe Verwandten des Erblassers bekannt sind, der Nachlaß verabfolgt werden.[640]) Wenn Vermuthungen für das Vorhandensein solcher Verwandten obwalten, so kann der sonst legitimirte Erbe in der Regel nur verlangen, daß er zum Kurator des Nachlasses bestellt und ihm in dieser Eigenschaft die Verwaltung desselben übertragen werde.[641]) Damit hört dann jedoch das Amt des bisherigen Kurators nicht auf; derselbe hat vielmehr sodann noch die gedachten Vermuthungen mit dem Erbprätendenten zu erörtern, wobei nach richterlichem Ermessen außer dem obengedachten Aufgebote noch eine besondere öffentliche Vorladung der näheren oder gleich nahen Verwandten angeordnet werden kann.[642]) Erst wenn solche Vermuthungen nach richterlichem Ermessen hinlänglich gehoben sind, ist die Curatel beendigt.[643])

2) Die Curatel für unbekannte oder verhinderte Interessenten im engeren Sinne. Wenn Fälle vorkommen

a. wo man noch nicht weiß, wer es sei, der bei einer Sache oder bei einem Geschäfte ein Interesse habe, oder

b. wo der Interessent zwar bekannt, aber an Wahrnehmung seiner Rechte bei dem keinen Aufschub zulassenden Geschäfte verhindert ist,

so ist den unbekannten oder dem verhinderten Interessenten ein Kurator zu bestellen.[644]) Zu dem Amte dieses Kurators gehört in dem Falle zu a. die Ausmittelung der unbekannten Interessenten und die Sorge für die Erhaltung der Sache oder den Betrieb des Geschäfts, und in dem Falle zu

---

bedarf, wenn für vollständig bewiesen anzunehmen ist, daß der Prätendent der alleinige nächste Erbe sei, Rescr. v. 6. Oktober 1826 (oben Anm. 637) Allein da §. 486 a. a. O. die Versicherung dann fordert, wenn der Erbe seine eigene Legitimation geführt hat und keine Vermuthung für das Vorhandensein näherer oder gleich naher Verwandten obwaltet, so wird die Versicherung doch von allen Erben abzugeben sein, zumal der Begriff des vollständigen Beweises, z. B. durch zwei Zeugen, ebenfalls auf einer Fiktion beruht. Der Justiz-Minister hat jedoch noch im Rescr. v. 17. Septbr 1840 (J.M.Bl S. 321) sich dahin ausgesprochen, daß die Verweigerung der Versicherung seitens der mit Seitenverwandten konkurrirenden Wittwe die Ausstellung des Erbeslegitimationsattestes nicht hindern könne. Es empfiehlt sich in der Praxis überhaupt, die Ansicht des Justiz-Ministers zu adoptiren, weil sich andernfalls der Legitimation der Erben unter Umständen die erheblichsten Hindernisse entgegenstellen. — Auch darin ist dem Rescr. vom 16. September 1836 und Koch (Commentar Bd. 1 S. 510 Anm. 97 zu §. 486 I., 9) nicht beizutreten, daß die eidesstattliche Versicherung durch einen Bevollmächtigten abgegeben werden könne. Vergl. (Ges.-Rev. (Pens. XVI., S. 41). Dieses ist nur in den Fällen zulässig, wo die Ableistung des Eides selbst durch einen Mandatar gestattet ist, §. 314 I., 10 A.G.O.

640) §. 486 a. a. O.

641) §. 490 a. a. O. „Doch bleibt dem Richter frei, nach dem Gewichte der dem Anmelder entgegenstehenden Vermuthungen, oder wenn derselbe zu denjenigen Personen gehört, die im Prozesse einen Kostenvorstand leisten müssen, die Verwaltung des Nachlasses durch den bisherigen Kurator fortsetzen zu lassen, oder Cautionsbestellung zu fordern", §. 491 a. a. O.

642) §§. 487. 488 a. a. O. Wegen des Verfahrens bei diesem Aufgebote vergl. §§. 150 ff. I., 51 A.G.O. — „Erhellet so viel, daß zwar nähere oder gleich nahe Verwandte vorhanden gewesen sind, es ist aber ungewiß, ob sich dieselben noch am Leben befinden, so muß auf den §. 38 I., 1 A.L.R. vorgeschriebenen Grundsatz Rücksicht genommen werden," §. 489 a. a. O.

643) §. 492 a. a. O.

644) §§. 49. 50 d. T.

b. ebenfalls die Sorge für den Betrieb des Geschäfts und dafür, daß dem Interessenten die erforderlichen Nachrichten zugebracht werden.[645])

Hierher gehören insbesondere die vom Subhastationsgerichte anzuordnenden Curatelen:

α. wenn bei der im Falle der nothwendigen Subhastation stattfindenden Vertheilung der Kaufgelder sich Niemand mit Ansprüchen auf eine bestimmte zur Hebung gelangende Hypothek oder andere Realforderung gemeldet hat, oder wenn der Gläubiger sich nicht durch Vorlegung des Hypothekendokuments legitimiren kann. Der Kurator muß zu ermitteln suchen, ob die Forderung schon getilgt ist; auch hat er sich zu bemühen, das fehlende Hypothekendokument und den Inhaber desselben, oder diejenigen zu erforschen, denen Eigenthumsrechte, Pfandrechte oder andere Rechte an der Forderung zustehen. Haben die Nachforschungen des Kurators keinen Erfolg, und versichert derselbe, daß er nach bestem Wissen und mit sorgfältiger Benutzung der ihm von den Interessenten an die Hand gegebenen Mittel sich um die vorgedachte Ausmittelung bemüht habe, so muß auf seinen Antrag das Aufgebot der für die Forderung angelegten Spezialmasse oder des auf die Post angewiesenen Kaufgelderrückstandes bei dem Subhastationsgerichte erfolgen. Außer jener Versicherung kann nicht noch der Diligenzeid von dem Kurator gefordert werden.[646]) Sobald der legitimirte Gläubiger ermittelt ist, oder in dessen Ermangelung mit der Rechtskraft des Präklusionserkenntnisses, von welchem dem Kurator eine Ausfertigung zu insinuiren, und gegen welches nur das Rechtsmittel der Restitution zulässig ist, hört die Curatel auf.[647])

β. wenn bei der Kaufgeldervertheilung eine Spezialmasse aus dem Grunde gebildet werden muß, weil auf der Forderung nach Ausweis des Hypothekenbuchs Rechte haften, deren gegenwärtige Inhaber unbekannt sind. Hier gehört zu dem Amte des Kurators zunächst nur die Vertretung der unbekannten Interessenten bei der Kaufgeldervertheilung. Handelt es sich demnächst aber um die Ermittelung, ob der Hauptgläubiger ohne Zuziehung der unbekannten Interessenten, oder mit wessen Zuziehung, die Spezialmasse oder den auf die Post angewiesenen Kaufgelderrückstand zu erheben befugt sei, so hat der Kurator bei dem hiernächst zu veranlassenden Aufgebote dieselben Obliegenheiten, wie der Kurator zu α.[648]) In beiden Fällen (α. und β.) werden die Gebühren und Auslagen des Kurators, sowie die Kosten des Aufgebotsverfahrens aus der Spezialmasse oder dem Kaufgelderrückstande entnommen.[649])

---

645) §§. 1003. 1004 d. T. — Erk. des Ob.-Trib. v. 21. Novbr. 1855 (Strieth. Arch. Bd. 19 S. 100).

646) §§. 405—408 Konk.-Ordn. v. 8. Mai 1855. — Vergl. oben §. 12 Anm. 31 Nr. 3. — Das Gericht kann den Kurator anhalten, seinen Obliegenheiten nachzukommen und das Aufgebot zu beantragen, aber es kann ihn auch, wenn er dieses nicht thut, entlassen und einen anderen bestellen, §§. 918. 956. 1003 d. T. Wentzel und Klose Konk.-Ordn. S. 488. —

647) §§. 411—413 a. a. O.

648) §. 414 a. a. O. — Dieses Verfahren findet nicht Anwendung, wenn das Perzipiendum mit Arrest belegt und der Arrestant nicht zu ermiteln ist. Vergl. Wentzel und Klose Konk.-Ordn. S. 492 Nr. II.

649) §. 415 a. a. O.

IV. Die Curatelen über Bevormundete und über großjährige Ehefrauen unterliegen lediglich den allgemeinen Regeln.[650])

V. Die Lehnscuratel wird eingeleitet, wenn zu dem Vermögen eines Bevormundeten ein Lehn gehört.[651]) Auf dieselbe hat der nächste Agnat oder Mitbelehnte, wenn er sie zu übernehmen fähig ist, ein vorzügliches Recht. Zu dem Amte des Kurators gehört, außer der Ausübung des Patronats und anderer mit dem Lehne verbundener Ehrenrechte, nur dasjenige, was zur Ausübung der Lehnrechte und Lehnpflichten des Pflegebefohlenen beim Lehnshofe und zur Erhaltung der Substanz des Lehns erforderlich ist. Die gewöhnliche Verwaltung des Lehns und der Einkünfte desselben gebührt dem ordentlichen Vormunde. Angelegenheiten, welche weder die Administration allein, noch die Substanz allein betreffen, sondern auf beides zugleich Einfluß haben, müssen von dem Vormunde und dem Kurator gemeinschaftlich besorgt werden.[652])

---

650) Die Fälle, wann solche Curatelen anzuordnen sind, vergl. oben §. 12 Nr. 4. 5.

651) §. 996 d. T. — Es giebt nur noch Thronlehn und feuda extra curtem, §. 2 Ges. vom 2. März 1850 (G.S. S. 77).

652) §§. 998—1001 d. T. — Wenn also das Lehn verpfändet, wenn Holzungen in Aecker, Teiche in Wiesen, oder umgekehrt verwandelt, oder sonst die Gestalt oder Hauptbestimmung einzelner Stücke oder Zubehörungen des Lehns verändert, oder Verbesserungen in der Substanz, unter dem Vorbehalte des künftigen Ersatzes der Kosten, vorgenommen werden sollen, so ist die Mitwirkung des Vormundes und des Lehnskurators erforderlich. §. 1002 d. T. —

Inhaltsverzeichniß.

*

Zweiter Abschnitt.

Von den Kuratelen.

Sachregister.

A.

B.

C.

D.

E.

F.

G.

T.

U.

V.

W.

Z.

Druck von J. C. Huber in Charlottenburg.

FSC
www.fsc.org
MIX
Papier | Fördert
gute Waldnutzung
FSC® C083411

Kolibri 360 GmbH
Ferdinand-Jühlke-Straße 7
99095 Erfurt, Deutschland
produktsicherheit@kolibri360.de